古典文獻研究輯刊

三四編

潘美月・杜潔祥　主編

第 2 冊

宋初吳淑《事類賦》及其自注研究

吳　影　著

國家圖書館出版品預行編目資料

宋初吳淑《事類賦》及其自注研究／吳影 著 -- 初版 -- 新北市：
花木蘭文化事業有限公司，2022〔民111〕
目 4+196 面；19×26 公分
（古典文獻研究輯刊 三四編；第 2 冊）
ISBN 978-986-518-857-3（精裝）
1.CST：類書 2.CST：研究考訂
011.08   110022679

ISBN-978-986-518-857-3

9 789865 188573

古典文獻研究輯刊
三四編 第二冊   ISBN：978-986-518-857-3

宋初吳淑《事類賦》及其自注研究

作　　　者　吳影
主　　　編　潘美月、杜潔祥
總 編 輯　杜潔祥
副總編輯　楊嘉樂
編輯主任　許郁翎
編　　　輯　張雅淋、潘玟靜、劉子瑄　美術編輯　陳逸婷
出　　　版　花木蘭文化事業有限公司
發 行 人　高小娟
聯絡地址　235 新北市中和區中安街七二號十三樓
　　　　　電話：02-2923-1455／傳真：02-2923-1452
網　　　址　http://www.huamulan.tw 信箱 service@huamulans.com
印　　　刷　普羅文化出版廣告事業
初　　　版　2022 年 3 月
定　　　價　三四編 51 冊（精裝）台幣 130,000 元　　版權所有・請勿翻印

宋初吳淑《事類賦》及其自注研究

吳影　著

作者簡介

吳影，北京大學中文系文藝學博士，主修中國文學批評史方向。博士修學期間曾參加歐洲漢學研究協會雙年度會議、加拿大 UBC 大學明代研究會議、美國哥倫比亞大學研究生東亞會議等，涉及的研究問題包括漢代文士的身份焦慮、湯顯祖山水賦、清代《古樂經傳》樂論研究、《紅樓夢》與中古體液氣質論等。博士論文研究以宋初吳淑的《事類賦》及其賦注為主要對象和參照點，以進一步發掘中國傳統文化中的物類觀念，以及賦與經學、類書與文學之間的潛在關聯性。

提　　要

　　宋初吳淑所撰《事類賦》及其賦注，因為兼具類書屬性與藝文特徵，而成為一個位於傳統類書和文學史研究之間的邊際文本。長期以來，《事類賦》既沒有成為類書研究的重點考察對象，更沒有被當作純正的文學作品予以文學史的研究，而處於被忽視、被遺忘甚至行將湮滅的尷尬處境當中。本書研究嘗試對吳淑《事類賦》及其賦注，展開盡可能全面、深入而又細緻的考察，並希望在隨時可能吞沒歷史的忘川中，打撈一個凝聚和銘刻著豐富傳統文化基因的獨特文本，照亮中國文學史和文化史上一段即將沉入湮滅的陰影地帶。

　　《事類賦》成書於唐宋類書編纂的鼎盛之際，賦體風格既沿承古賦與律賦的體式特徵，又獨創新制，專以事類為賦，博採成文。根源於中國古人「以類辨物、以禮為序」的認知邏輯和排序標準，《事類賦》以一百個字題為賦，綜輯經史事類，蘊含了一系列諸如物類取象天地、契應陰陽、生於自然與彰顯於人文等獨具中國特色的思維與文化觀念。由於吳淑由南唐入仕宋朝的特殊文士身份，《事類賦》主要採用「隱諫」的方式將經世治道融合於所賦事類，並希望借由賦注實現向經學的隱形引導。《事類賦》及其賦注的研究價值不僅在於所注引的豐富文獻，而且為進一步研究賦與經學、類書與文學之間的潛在融合關係、賦體傳統創新、宋初君臣的博弈等問題都提供了重要的參照。

目次

第一章　緒論：《事類賦》及其賦注研究的學術史和方法論說明

　　《事類賦》一書，初為百篇「一字題賦」，為宋初博士吳淑（947～1002年）所撰並受詔作注。據統計，《事類賦》正文約四萬餘言，合注文約二十五萬字，所引文獻逾四千多種。《事類賦》每篇賦皆以「一字」為題，再綜輯相關事類，比協事對，煥然成賦。吳淑將此賦進呈宋太宗御覽後，頗受嘉賞，於是奉敕作注；賦注本約於淳化四年（993年）完成，共計三十卷。此書依循類書體例，將百篇賦依次歸入天部、歲時部、地部、寶貨部、樂部、服用部、什物部、飲食部、禽部、獸部、草木部、果部、鱗介部和蟲部，並將百篇賦命名為《事類賦》。

　　《事類賦注》與《事類賦》實為同一本書，直至清代《四庫全書總目》中記載所見，仍是沿用《事類賦》一名，而非《事類賦注》。今世所見，似乎只見《事類賦注》這一「類書」，而忽視了此書原為《事類賦》的賦體文學本質。《事類賦》一書的存世很大程度上歸功於賦注中寶貴的經史文獻。近代以來，關於《事類賦》的研究關注點也多在於其文獻價值，而忽視了其賦文學史的意義。「事類賦」一詞，或多寄身於類書研究的簡略詞條之中，或於賦文學史中多隱而弗論。事實上，《事類賦》成書於唐末宋初之際，兼具類書與賦的雙重屬性，其出現看似是歷史的偶然，實則卻是唐代類書經史與文學融合之趨勢與宋初賦體逐步事典化的重要見證。《事類賦》及其賦注的研究不僅具有重要的經史文獻價值，而且對文學史與文化史陰影地帶研究的拓展也具有十分重要的學術意義。

第一節　南宋至明清對吳淑賦的評價和界定

　　《事類賦》成書於北宋淳化年間，於南宋各藏書志中已多有著錄：如鄭樵《通志二十略》第七「類書類」、尤袤《遂初堂書目》「子部‧類書類」、晁公武《郡齋讀書志‧附志》「類書類」、陳振孫《直齋書錄解題》「類書類」、以及王應麟《玉海‧藝文》卷五十九「端拱事類賦」一條。其後，《四庫全書總目》也將《事類賦》歸入「子部‧類書類。」〔註1〕從《事類賦》於各書志的收錄情況可見，一方面《事類賦》自南宋以來多被當作類書收藏，各書目中僅《玉海》將其歸入「藝文」類；另一方面，大部分書錄均將《事類賦》放入「子部」而非「集部」，也肯定了此書有自主創作的部分，而有別於通常性質的類書。

　　《四庫全書總目》提要於「事類賦」一條，將《事類賦》與前代尋詞摘句之類書進行了對比：「朱澹遠《語對》十卷、《對要》三卷、《群書事對》三卷，是為偶句隸事之始」；「唐以來諸本駢青妃白，排比對偶者，自徐堅《初學記》始」；「其聯而為賦者，則自淑始」〔註2〕。此處將吳淑類事賦與前代類書並舉，是從類書編排體例漸趨「俳偶化」的角度，即從南北朝時「偶句隸事」的類書編寫體、到唐代類書的「駢青妃白，排比對偶」、再到吳淑「聯而為賦」。將《事類賦》的編寫體例和類書體例等同視之，事實上是並不公允。《事類賦》自最初以「一字題」為賦，到統名為「事類賦」，皆冠以「賦」之名，而非類書。但要為《事類賦》之「賦」正名，卻並非易事。

　　《事類賦》初無刻本，目前可知存世最早的刻本，約於南宋紹興十六年（1146年）才出現，即《事類賦》含注本完成（993年）之後的150餘年。現存刻本多為明清刻本。據《賦學文獻論稿》中所考證，《事類賦》現存有21種刻本，其中包含宋刻本1種，明刻本10種和清刻本10種。國家圖書館藏有宋代刻本的影印膠卷、明嘉靖錫山蔡弼刻本和白玶刻本、覆刻華麟祥校本、萬曆間徐守銘寧壽堂刻本、清乾隆無錫華氏劍光閣刻本、清道光善成堂本、務本堂刻本、同治刻本等多個版本；北京大學圖書館藏有明刻元代廣平王盤的校勘本、嘉靖新安陸氏刻本、嘉靖華麟祥校刻本、覆刻無錫華氏本、

〔註1〕參見王珂，《《宋史‧藝文志‧類事類》研究》，杭州：浙江大學出版社，2015年，第171～172頁。

〔註2〕（清）永瑢等撰，《四庫全書總目》，北京：中華書局，1965年，卷135，1144頁。參見本書附錄三。

清康熙無錫華氏劍光閣刻本、清乾隆繡谷周氏令德堂刻本、嘉慶文盛堂刻本等。〔註3〕

　　於各刻本所存序跋中，時人對於吳淑此書的看法和今人多視其為「類書」的觀點並不相同。宋刻本罕見於世，僅存刻序只有南宋邊惇德《事類賦序》一篇，該序云：「今觀其書，駢四驪六，文約事備，經史百家，傳記方外之說，靡所不有」〔註4〕。邊氏對於《事類賦》所引事類之完備多有嘉賞，言《事類賦》既可「備士大夫章句檢討之益」，同時亦可備「資暇」之用，以為「退食之娛」。

　　明清刻本中關於《事類賦》的褒貶評價也與今人不盡相同。明代華雲在《刻事類賦敘》中曾寫道，「嘉靖壬辰冬十月，郡公內江趙鷺洲先生屬家君刻宋吳淑《事類賦》，藏郡齋，廣來學之覘。」其中寫到郡公囑託刻《事類賦》之情由在於，「近世文辭學術之陋，甚於蘇子瞻氏所惜」；同時，「賦之體，宋而濫觴，存者十一」。後文又云，「吳氏此編，用心孔勤，當在虞氏《兔園》、李氏《金鑰》、皮氏《家鈔》之上，學者熟覽焉，等而上之，各足其才分，則文辭學術，不患不能倍蓰於昔人」〔註5〕。其中反覆提及之「文辭學術」，當是時人頗為看重吳淑此書之處。此序雖然稱讚《事類賦》要優於虞世南《兔園集》、李商隱《金鑰》與皮日休《皮氏鹿門家鈔》之類，實際上也是將《事類賦》當作提升「文辭學術」的進階之書，而非真正看重其「賦」本身的文學價值。

　　此說一開，後世不熟悉此書者或許會認為，《事類賦》大抵也是兔園冊子一類的獺祭、餖飣之書。如清代王士禎在《居易錄》中曾寫道：「大抵宋人著述，如《事類賦》、《蒙求》之類，皆類俳體，取便記誦云爾」〔註6〕。將《事類賦》與《蒙求》等啟蒙性書籍並舉，並貶斥其俳體形式是出於方便讀者記誦的功利性目的，可謂是極低的評價。近代學者方師鐸在《傳統文學與類書之關係》一書中，對於《事類賦》的負面評價也正是延續這種看法。〔註7〕

〔註3〕參見踪凡：《賦學文獻論稿》，北京：商務印書館，2017年，第234～245頁。
〔註4〕參見冀勤等校點的《事類賦注》，北京：中華書局，1989年，第1頁。
〔註5〕（明）華雲：《刻事類賦敘》，參見《事類賦注》附錄，第589～590頁。
〔註6〕引自清代浦銑撰：《歷代賦話校證》，何新文，路成文校證，上海：上海古籍出版社，2007年，307頁。
〔註7〕參見《傳統文學與類書之關係》一書中對於吳淑《事類賦》的評價：「《事類賦》以駢四儷六之文，將同類之事合成一賦，賦下再加注釋；這麼一來，尋

正是因為《事類賦》有益於「取士」的功效，以至於文士不在「實學」上下工夫，只從此類文章中尋章摘句、應付考試。吳淑在《進注事類賦狀》中，也曾表明其編撰目的在於「取便記誦」〔註8〕，但卻並非意在提供「照搬照抄」之便利。事實上，吳淑所言之「記誦」，指的並非《事類賦》之賦文或賦注，而是希望通過以賦對的形式，幫助讀者更好地去記誦「經史文章」。但後之考生，卻將此意挪作他用，實並編寫者之初衷。因為用者居心不正，卻反過來質疑著者，其實並不公允。

另一篇嘉靖刻本後序作於「嘉靖丁酉清和廿有四日」，比華雲序晚了五年，題字為「錫山秦汴思宋甫撰」。該序云：

> 天下之道，本於天地之大，散於事物之微。其伏也，無盡藏；其出也，無紀極。方以類聚，非文字無以合其離；物以群分，非載籍不能約其博。舉汗牛充棟之書，盡收於駢四儷六之句，極對待流行之用，兼具於比類醜物之言，展卷無茫然之歎，縱目有躍如之妙者，吾於宋吳淑《事類賦》有取焉。夫賦者，直指其事之謂也。句以偶對，事以類收，章以韻協，讀之如見武庫之富，玩之如探滄海之珍。誠後學之師資，詞科之麗澤也。〔註9〕

此篇後序，當是通讀吳淑《事類賦》後慨然有感而作。與前人或將《事類賦》比之類書，或比之《蒙求》、獺祭類書籍所不同，秦氏此篇後序卻是直接將《事類賦》當作「賦」來看。賦雖敷寫萬物，控引天地，所言之理，卻常常隱藏在幽微之間。欲將浩瀚的經籍，化博為約，容納於一「賦」之內，實非易事。吳淑《事類賦》的可取之處，正是在於將經籍中的物事按「類」劃分，再配以偶對、協以聲韻，作為後學師承之資。

後來明代陳全、李濂等人的刻序，也是多從吳淑賦本身而言。陳全在《刻事類賦後序》中提到：「賦以事類名者，蓋宋吳水曹所製，凡百篇，語約而事詳，聲諧而事達。」該後序後文又寫道：「以是將詞翰者流，斂華就實，自博而約，歌風之懷，有光四韻，諧聲之雅，無忝六書，未必不為世道之一助也。」

章摘句之人，就可以按類採用，大鈔特鈔，自己就不必再費什麼事了。《事類賦》和《幼學瓊林》之類的「兔園冊子」，所以能大行其道，就是基於這種原因。」其中，「鈔」非誤字。方師鐸：《傳統文學與類書之關係》，天津：天津古籍出版社，1986年，第229頁。

〔註8〕參見本書附錄二。
〔註9〕參見《事類賦注》附錄，第591頁。

此序著重提及了吳淑類事賦的用語和聲韻，尤其是將繁瑣的事類以簡約的語言寫成賦，強調的反而是賦的「斂收」而非敷陳之義。此外，陳全序末又云，「乃若藝文、事文、類書不一，」即指前人對於《事類賦》的屬性界定不清，但陳氏認為，「視此則精粗自別，不待辨矣。」〔註10〕

同出自明嘉靖十三年白坪刻本的李濂序，對吳淑在經史上的「考核」之精審也是頗為讚賞：「余覽是書，未嘗不嘉其考核之精，敘述之美，而三歎其用心之勞也。」但李濂後文中仍又回到類書的思路，云：「吳氏此書，聚博為約，最便初學，且隱括成賦，諧以音韻，誠類書之憂者也。」又云，其「賦體皆俳，匪古之軌，蓋遵當時取士之制。」〔註11〕《事類賦》通篇雖然多以俳偶為主，但百篇賦所用之體式十分多樣，其中亦不乏仿照《詩經》或騷體賦之句式者，純粹以俳偶體而指其不古，亦有失公允。倘若像清代林聯桂在《見星廬賦話》中所主張的那樣，將唐之前賦皆歸作古賦，那麼始於南北朝之駢儷賦豈非也為「古賦」？該如何界定《事類賦》之賦體，是近古體、近駢體、抑或近於律體？或仍有待於進一步充分研究和探討。

《事類賦》在清代更是廣為流傳，甚至可謂達到了最鼎盛時期。清代喬鶴儔在《蘿摩亭劄記》中曾提到，時人並不喜讀左思《三都賦》，但「若言是吳淑《事類賦》之先聲，故人爭願相睹，則得之矣」〔註12〕。反觀《事類賦》從南宋紹興十六年（1146年）的最初刻本，到明朝嘉靖年間的各種刻本，大多數都為覆刻本，且並無增廣類事賦者。但從清代康熙至道光年間，《事類賦》的增補版出現了至少五個版本，包括清代華希閔的《廣事類賦》（1699年）、吳世旃的《廣廣事類賦》（1769年）、王鳳階的《續廣事類賦》（1798年）、張均的《事類賦補遺》（1811年）和黃葆真的《增補事類統編》（1896年）。清代藏書家黃丕烈在《校補事類賦跋》中，曾提及自己所藏宋刻本《事類賦》有損，想要斥重金請名手謄寫。但再一想，「書止四十頁，字二萬四千五百十六，價五千三百九十四」，請工匠想必頗費金錢，自己雖近暮年，尚可自行填補，況且補的是宋刻本，可謂了無遺憾。〔註13〕可見當時，《事類賦》各種坊間刻

〔註10〕（明）陳全：《刻事類賦後序》，參見《事類賦注》附錄，第593頁。

〔註11〕（明）李濂：《刻事類賦序》，參見《事類賦注》附錄，第594頁。

〔註12〕引自錢鍾書：《談藝錄》，北京：生活・讀書・新知三聯書店，2007年，第546頁。

〔註13〕參見《事類賦注》，第595頁。此篇《校補事類賦跋》原見於宋紹興十六年兩浙東路茶鹽司刻，黃丕烈校補本。

本雖然廣為流傳，但稀世版本亦十分難得。

清代張惠言在《七十家賦鈔錄目序》中雖然並未直言《事類賦》，但論及賦與物象之處卻似是對吳淑所賦內容的概括：

> 言，象也，象必有所寓。其在物之變化：天之謬謬，地之囂囂；日出月入，一幽一昭；山川之崔蜀杳伏，畏佳林木，振硪谿谷，風雲霧霽，霆震寒暑；雨則為雪，霜則為露；生殺之代，新而嬗故；鳥獸與魚，草木之華，蟲走蟻趨；陵變谷易，震動薄蝕；人事老少，生死傾植；禮樂戰鬥，號令之紀；悲愁勞苦，忠臣孝子；羈士寡婦，愉佚愕駭。有動於中，久而不去，然後形而為言。〔註14〕

《事類賦》以天地日月、山川草木、風雲霜雪、鳥獸蟲魚等為百題為賦，所言人事涉及君臣、士婦、孝子等，更重在紀禮樂、時令、刑政等治政經世之言，寓義理於事典之中。清代魏謙升在《賦品·事類》亦曾評價《事類賦》道：「吳淑百篇，博採旁搜。各分門戶，派別源流。此疆爾界，瓜分笒疇。狐集千腋，鯖合五侯。晉卿巨製，類對春秋。揆撇所元，昭明選樓。」〔註15〕《賦品》又稱《二十四賦品》，乃是仿照唐代司空圖《二十四詩品》所作，依次從源流、結構、氣體、聲律、符采、情韻、造端、事類、應舉、程試、駢儷、散行、比附、諷喻、感興、研鍊、雅贍、瀏亮、宏富、麗則、短峭、纖密、飛動、古奧—即賦的源流、結構和修辭風格等角度來評價。其中，唯獨「事類」一門專論吳淑類事賦而不言他賦，可謂是極高的評價。然而，《事類賦》又豈止限於「事類」一門？從《事類賦》管窺賦體之源流，從百篇賦之篇章結構以及其中的用語、用韻、比類用事、諷喻等角度研究《事類賦》，仍有待於發掘和深入。

第二節　近現代對吳淑賦的評價與研究關注點

近現代研究中對於賦學、經學和經史文獻研究愈來愈重視，學者對於《事類賦》一書的關注也逐漸增多。如程章燦在《賦學文獻綜論》一文中曾談及，《事類賦》一書「以突出的姿態，提示我們注意賦與類書、文學與學術之間

〔註14〕（清）張惠言《七十家賦鈔錄目序》，《續修四庫全書》引道光元年合河康氏家塾刻本，參見孫福軒，韓泉欣編輯校點：《歷代賦論彙編》，北京：人民文學出版社，2014年，第643頁。

〔註15〕引自《歷代賦論彙編》，第435頁。

的複雜關係」〔註16〕。另在《〈事類賦注〉引漢魏六朝賦考》一文中，程章燦也提到《事類賦》雖然篇幅不及宋代其他類書，「在編纂體例上卻頗有特色：首創採用賦體文章的形式類列成語故實」，即每一子題即為一篇賦，其「文字工雅，在類書中是極具可讀性的。」〔註17〕雖然程章燦認為《事類賦》有潛在的研究價值，但從本質上仍是將其歸作「類書」，認為《事類賦》的賦體形式，僅是輔助其「類書」功用的獨創別裁。

這種偏重《事類賦》的類書屬性、並認為其賦文「從屬」於類書體例之下的看法，在近代學界似乎已然成為一種潛在的共識。例如，周篤文、林岫在《論吳淑〈事類賦〉》一文中，也將此書稱為「一部以賦體形式精心結撰的類書」〔註18〕。蒲銳志在《吳淑〈事類賦〉體例簡介》一文中也認為，「《事類賦》是一部類書」。但有別於其他官修類書之處在於，《事類賦》為「個人獨立編纂」，因此在類書體例和內容方面都相對更為「自由」，「特別是統治者的約束較少」；其次，《事類賦》採用「賦」的文體形式來「編纂類書」，使語言更為「生動形象」，也「減輕了讀者的閱讀負擔」；其三，《事類賦》中所引用的資料注重「權威性、準確性」，非道聽途說者可比。〔註19〕特別是那些仍存於宋初、卻於後世亡佚的書籍文獻，仍能通過《事類賦》的賦注得以部分存留。因此，《事類賦》也具有十分重要的文獻價值。

然而上述兩點看法，一云《事類賦》因為是吳淑個人獨立編纂而較少官修類書之「約束」，一云賦體的寫作形式「減輕」了讀者的閱讀負擔，皆不十分準確。事實上，考察吳淑生平即會發現，其由南唐入仕宋朝的獨特士人身份，使得吳淑在《事類賦》受到宋太宗嘉賞之前，也曾一度令其十分困窘。《事類賦》大約創作於宋端拱至淳化年間，即吳淑初仕宋朝、主要參與預修類書等事宜的期間。《事類賦》最初的呈覽對象即為宋太宗；後吳淑受詔為賦作注，每句之下皆有注釋，考核精審。相比於那些並非直接進呈君王的官修類書、或並不需要為之作詳細注釋的摘抄式類書，吳淑創作《事類賦》時所

〔註16〕此文見於《歷代賦彙》原序之前，參見（清）陳元龍編：《歷代賦彙》，南京，鳳凰出版社，2004 年，第 34 頁。

〔註17〕程章燦：《〈事類賦注〉引漢魏六朝賦考》，《古籍整理研究學刊》2000 年第 2 期，第 62 頁。

〔註18〕周篤文：林岫，《論吳淑〈事類賦〉》，《文史哲》1990 年第 5 期，第 71 頁。

〔註19〕蒲銳志：《吳淑〈事類賦〉體例簡介》，《安徽文學》2009 年第 6 期，第 363 頁。

承受的心理壓力只可能有過之而無不及。由此不難推測，吳淑在《事類賦》的編撰與創作階段，實則一直處於某種無形的約束之下，最難做到的反而是所謂的「自由」。

另一方面，吳淑以「賦」寫事類的獨特創作形式，是否真的「減輕」了讀者的閱讀負擔？考察前代那些為君王閱覽經籍便利所摘抄的提要式類書，《事類賦》正好反其道而為之。假若不借助賦注而只單純閱讀賦文，《事類賦》中所提及的事典其實並不易理解；其原因恰恰在於，《事類賦》採用的是類似於荀子賦的「隱語式寫作」。再者，《事類賦》各篇賦篇幅雖長，但賦文比之賦注中所徵引的經籍典故，卻實已是化繁為簡，博約成文。因此，吳淑運用以「賦」寫事類的形式，反而給讀者增添了更大的難度和更多誦讀經史的要求。換言之，脫離賦注的《事類賦》，其閱讀難度可能並不亞於經史文章本身。從賦到賦注，即是將關注重點轉移到了經史方面知識的掌握。

從《事類賦》的經史文獻價值來展開多角度的研究，也是近代學者較多關注的方面。比如，《〈事類賦〉與〈增補事類統編〉所見宋清博物觀之演變》一文，即是從博物學的角度考察和對照宋代與清代博物觀念的不同與拓增。作者著重對照了二書的編目體例和部類之不同，也是著眼於《事類賦》作為一部「賦體類書」的屬性。〔註20〕另有以《事類賦·樂部》中的《歌》賦為切入點和線索去探索古代音樂史的研究，也是主要倚重於《事類賦》所提供的文獻材料。〔註21〕

《事類賦》一書，特別是賦注中所引用的四千餘種經史文獻資料，對於後世史料文獻的輯考也頗有助益。例如，陳尚君在《毛文錫〈茶譜〉輯考》一文的考證中，就引用了多個以《事類賦注》為參照的例子。〔註22〕方向東在《「裘」的文化定位考察》中，也是以《事類賦》作為主要參照文本考察古人關於「裘」之文獻記載。〔註23〕

近代以來關於《事類賦》的研究，雖然更為偏重《事類賦》作為「類書」

〔註20〕參見張金銑，韓婷：《〈事類賦〉與〈增補事類統編〉所見宋清博物觀之演變》，《東北農業大學學報》（社會科學版）2016年第3期，第62～67頁。

〔註21〕參見楊珺：《〈事類賦·樂部〉中「歌賦」的音樂歷史》，西南大學碩士論文，2019年。

〔註22〕陳尚君：《毛文錫〈茶譜〉輯考》，《農業考古》1995年第4期，第272～277頁。

〔註23〕方向東：《「裘」的文化定位考察》，《古漢語研究》1998年第3期，第85～86頁。

的文獻價值，但其中亦不乏從賦文學的角度進行詮釋的著作。劉培在《〈事類賦〉簡論》一文中曾明確指出，《事類賦》是「吳淑對漢晉賦藝的繼承和發展」：一方面，就《事類賦》的賦體格局而言，它與漢大賦「控引天地、錯綜古今」的結構很相似，特別是《事類賦》力求圍繞著「某一中心」，將其周圍相關連的物事皆統統「攝入賦中」，以期「構建一個琳琅滿目的藝術世界」；另一方面，從《事類賦》的文思脈絡來看，它與西晉「詠物賦」側重「尋本溯源、考核名物」的理路，也是一脈相承，只不過《事類賦》在名物事類的體量上要更為博雜。〔註24〕

除與漢晉賦的融合發展相關之外，《事類賦》的賦體形式與唐代律賦體最為接近。近代學者王恩保在《吳淑〈事類賦〉用韻研究》一文中，曾對《事類賦》中所運用的 840 個韻腳進行了分類分析，據統計吳淑所用韻部系統約為十八部。〔註25〕這一點似與明代秦汴序中所言遙相呼應，秦序認為《事類賦》通篇「句以偶對、事以類收、章以韻協」，比之於唐代律賦中常常所限制的「官韻」，有過之而無不及。為了達到「聲諧韻達」的效果，《事類賦》在徵引詩賦原句時，常常調換次序，或更以別字，以求韻語之連貫。這一點，與類書直接抄錄原文的做法有相當大的不同之處。

近代學者的賦學論著，如程章燦《賦學論叢》、踪凡《賦學文獻論稿》、孫福軒《中國古體賦學史論》等，雖然已將吳淑的《事類賦》納入賦學史的視野之中，但仍多是從其文獻價值和版本考證等角度，對於賦體本身的「藝文」屬性較少深入探究。近年來，日本學者對於賦的類書屬性與類書中的文學屬性問題關注日益增多。例如，鈴木虎雄在《賦史大要》中曾特別提到，「賦非止作類書為目的」；「類書不止為類書，而帶文學性質」〔註26〕。松尾幸忠也在《關於唐代類書中的詩跡觀點》一文中，重點考察了唐代類書中突出的「詩跡」與潛在的文學審美特質〔註27〕。《事類賦》作為兼具藝文屬性與類書屬性

〔註24〕劉培：《〈事類賦〉簡論》，《濟南大學學報》（社會科學版）2001 年第 5 期，第 47～49 頁。

〔註25〕王恩保：《吳淑〈事類賦〉用韻研究》，《古漢語研究》1997 年第 3 期，第 15～19 頁。

〔註26〕（日）鈴木虎雄著，殷石臞譯：《賦史大要》，太原：山西人民出版社，2015年，第 41 頁。

〔註27〕參見松尾幸忠：《唐代の類書における詩跡的觀點について》，《中國文學研究》2003 年第 29 期，第 25～39 頁。

的類事賦，對於考察類書與賦文學的互動與融合創新，也具有十分重要的參照價值。

　　《事類賦》作為宋初賦體事典化的突出代表著作，近年來也逐步受到越來越多各研究領域的關注。胡建升在《宋賦研究：權力與形式》一書中曾評價道，「吳淑的《事類賦》涉及天地宇宙間一百種物類，是宋代賦體文學學術化、知識化的典型賦作」〔註28〕。此書亦從宋賦與政權的關係上，將吳淑賦看作是「政治權力的賦體書寫意願和需求」的表現，也為《事類賦》的社會學與政治學研究，開啟了新的視角。以《事類賦》作為文本參照，考察吳淑由南唐入仕宋朝的心態轉變、以及與宋太宗之間的君臣博弈，對於研究宋初文士對自身身份之焦慮，及其試圖在新政權重建信心與認同等社會史問題，也具有較高的參考價值。

第三節　本書研究的內在思路與分析方法

　　綜合《事類賦》歷代存世刻本中的序跋評價、以及近代不同學者對於《事類賦》的褒貶觀點來看，《事類賦》或《事類賦注》一書的研究仍有非常大的潛在發掘空間與價值。一方面，從《事類賦》的類書屬性為切入點考察，其文獻價值不僅在於對現存其他著作進行校勘補遺，更可作為探索中國傳統文化主題的索引；另一方面，從《事類賦》的藝文屬性為考察重點，其賦文學價值常常被低估而有待充分的研究闡發：從《事類賦》百篇的賦體體式中，研究者不僅可以窺見荀賦之隱、楚辭之比、漢賦之諫、晉賦之物與唐賦之律，更可預見宋賦重事言理之先聲。以《事類賦》為研究切入點，既能使研究者重新思考和審視類書體例中所隱含的物類觀，亦能得窺賦家之心，即吳淑如何以文學的形式將類書式散置的事典編寫成章。本書希望以較為充實的事例分析，借助賦文與賦注的結合，深入探究《事類賦》的創作初衷、創作方法、創作目的等藝文價值以及深層的經史價值，並試圖在前人研究的基礎上進一步推進類書與文學、特別是類書與賦之間的交叉性研究與互動探索。

　　本書研究的首要目的在於引起學者對於《事類賦》之文學特質與賦體創新的進一步關注。《事類賦》，原本即是以「一字題」為賦，源起於荀子的《禮》、

〔註28〕胡建升：《宋賦研究：權力與形式》上海：上海交通大學出版社，2017年，第31～32頁。

《知》、《雲》、《蠱》、《箴》五篇賦。倣仿荀賦的隱語式寫法，吳淑亦將「字題」隱藏於賦文的各事類之中。若想揭開字題與事類之間的內在關聯性，則必須熟知經史事典，否則只能借助賦注。吳淑選擇「賦」這種鋪敘式文體來類事記言，實際上同陸機作《文賦》談如何作文章、白居易作《賦賦》以賦論賦，在思致方面有頗多相通之處：《文賦》本為文，卻又是論「文」之文；《賦賦》本為「賦」，卻又是論「賦」之賦。《事類賦》與傳統賦最大的不同之處正在於，賦於「事類」之外，並不另外賦予「賦」以他義。其所賦者，即一個個獨立的「事類」本身。這一點，也是古今學者多將《事類賦》排除於賦文學視野之外的主要根由之一。因此，本書研究致力於矯正學界多年以來對《事類賦》這種認識上的偏差，有意將關注的重心偏轉到《事類賦》作為類事「賦」的文學方面。

　　「事類」在最初被運用在文章寫作時，通常被看作依附於「文章之外」的「用事」手段；其存在本身必須有待於更深層意義的闡發。這一點，和類書中記述「事類」本身有著本質的區分。也正因為文學中類事傳統和類書觀念的不同，導致了對賦體鋪陳事類這種寫作方式的問難。但是否只有將種種「事類」依附於某個核心的「文意」才可稱作「賦」？若賦以「事類」為主，而毫不關乎作者「情義」，是否不可稱之為「賦」？對此，吳淑《事類賦》的創作，不啻為對傳統賦文學的定義所提出的極大挑戰。因此，若以傳統詩賦借隸事以言情志的角度去審視《事類賦》，則必將其排除在賦文學的視野之外。諸如此類的疑惑亦關乎文學史疆域的界定和如何確立。而《事類賦》的創作，恰恰是在試圖融合經史與文學、賦與類書之間看似明確卻又模糊的界線。

　　對此，祝尚書於《論賦體類書與類事賦》一文中曾提出「兩棲」的假設：與其讓《事類賦》在類書與文學的邊界游移不定，不如讓其「兩棲」〔註29〕。「兩棲」假設在理論上看似成立，但在現實情況中卻很難達到理想的平衡狀態。縱觀近代學界對於《事類賦》的潛在共識，均莫不偏向於將其列入「賦體類書」之列，而鮮少將其真正納入賦文學的視野之中。後世對於《事類賦》的屬性界定或許和吳淑作此書之時的初衷存在不同，正如祝尚書在文中特別提到，「對於吳淑最初的撰寫動機」、「該書最基本的功能與用途」、以及「產生之原因、背景」等方面的真相，仍有待於揭示、發掘和深入探究。以上問題，也正是本書希望通過各章節的分析和探討而能夠得以解決的核心點。

〔註29〕祝尚書：《論賦體類書及類事賦》，《四川大學學報》（哲學社會科學版），2008年第 5 期：第 78～84 頁。

　　為了重新審視吳淑類事賦的「賦」之屬性，並沿著這條思考主線，本書將依次從以下四個層面展開討論。第二章首先著眼於《事類賦》之「類」，即其部類劃分與編排次序的內在邏輯和文化觀念。借助於和古代辭書、類書體例參照的研究方法，試圖一層層地剖析《事類賦》從天地日月到山川江海、從歲時禮俗到器物人文、從天文星象到禽獸草木的化生等，所不斷延展開並錯綜交織而成的物類邏輯體系。歲時的更迭、物序的輪換、以至於世間物事，莫不遵循著微妙的自然規律和內在禮則。此種規律和法則即古人以類辨物，以陰陽五行、易象占卜、物類相感等多個角度去解釋自然現象的思維邏輯。吳淑作類事賦，也正是關注到自然與人文物器的「應類」關係，並試圖按照「應類」先後之次序將一百個物題進行重新歸類與編排。

　　總體上，《事類賦》十四部類可劃分為「根目」、「文目」與「生目」三大部分。吳淑在根目與生目之間插入文目的獨特編排方法，與其在天與地之間插入歲時、禽獸與鱗蟲之間插入草木等不同於傳統類書體例的有意「錯置」，事實上都遵循著一致的內在邏輯原理。物類之間的錯綜交合、和物類自身的不斷衍生分化，同時存在並且構成了自然與人文認知的基本要素。

　　第三章主要關注《事類賦》之「事」，主要從社會史與文本結合的角度解析吳淑創作類事賦的時代語境，並就《事類賦》「隱諫」的必要性以及所賦事類內容的功效性展開考察和論述。雖然常言「賦」曲終奏雅或勸百諷一，但「諫」依然是賦的核心功能之一。賦事類以「隱諫」，體現了吳淑由南唐入仕宋朝後創作心態的重要轉變。借由類事賦的「隱諫」功能，即通過經史事類向宋太宗隱約傳達其中的經義與事理，比起直接進諫更有助於達到「諫君」之效。一方面，將「字題」隱藏於經史事類之間的巧心設計，使得宋太宗在閱覽時更加關注事典本身，而某種程度上掩蓋了「勸諫」的原本意圖。另一方面，賦通過鋪排事類以達到「博聞而微解」〔註30〕或「微悟」的效能，使「諫」隱於事文，而非將勸諫之心昭然表露。借助經史典籍的記載，吳淑在類事賦中徵引了大量涉及天文地理、物器人文、禮樂服制、仁德性道等與治政禮法相關的事類內容。吳淑在賦與賦注中引錄的經史事類，對於教導學子並促使他們對經學產生進一步的興趣均頗有助益。

　　第四章著重分析《事類賦》之「賦」。試圖以賦文學史為依託並結合賦體

〔註30〕引自晁補之《汴都賦序》，孫福軒，韓泉欣編輯校點：《歷代賦論彙編》，北京：人民文學出版社，2014年，第499頁。

分析，重點關注《事類賦》的藝文或文學特質。本章論述主要分為兩部分展開：上半部分以《事類賦》與前代賦體之對照為主要線索，意在發掘吳淑賦從賦題、格局、句對到音律等方面對賦文學傳統的繼承與創新；下半部分借鑒律賦的解析方法，進一步考察《事類賦》的篇章結構、事對類型、用韻與換意、以及遣詞用語間所隱含的作者情志觀等。其中，《事類賦》與賦文學史的參照分析又依循兩條不同的思路交錯展開。一方面，以詠物單題賦為縱向線索，考察吳淑「一字題賦」的賦源與物題的演變發展：自荀子單題賦篇始，到宋玉《風賦》、再到漢代如傅毅《舞賦》、蔡邕《筆賦》，至魏晉南北朝時期諸如陸機《文賦》、郭璞《江賦》、謝莊《月賦》、謝惠連《雪賦》、江淹《別賦》，再到唐代白居易之《賦賦》等。另一方面，以吳淑類事賦為參照文本，將其與《詩經》、騷賦、駢賦等賦體進行橫向比較，從句式變化——如虛詞增減、語序調換、意象增減等，考察其對前代賦體體式的吸收融合與創新。

　　第五章將重點探討賦與類書之間的共通點、差異性及其相互作用和影響。藝文與類書原本分屬於不同的文類體系，但隨著歷代官修與私修類書對於藝文創作的愈多關注，二者之間也產生了千絲萬縷的聯繫。一方面，文士在閑暇時多積攢經史典故以備隸事之用，或尋拾辭藻以備文章詩賦的創作。另一方面，為君王提供經史閱覽之便利、教導國子經義的摘要式類書也應時而生，並逐漸出現駢偶化的編撰趨勢。這兩種類書的用途雖然各有不同，但卻在不同程度上推進了類書朝向事文並採、甚至專門以藝文為類書的方向發展。吳淑創作《事類賦》之時，恰好處於唐宋類書藝文化發展潮流的鼎盛之際。宋代沿用唐代以賦取士的科舉制度，也從另一個客觀層面促成了《事類賦》的跨文類創作的需求和可能性。《事類賦》以經史事類為主導的賦事觀，事實上對於宋代科考試賦逐步事典化、宋文賦注重經義辭理的整體風向也有著潛移默化的影響。通過對《事類賦》與前後期類似性質的類書進行梳理對照，從類書發展史的角度整體考察《事類賦》的成書必然性及其對後世類書的深遠影響，事實上也正是對《事類賦》這一「雙棲」於類書與文學邊際而往往受到學界忽視的重要文本進行重新挖掘和價值激活。

　　綜上所述，針對《事類賦》以往批評視野中的「類書」共識，本書試圖更多從「賦」所包含的物類文化觀念、藝文審美特質與文學史意義等角度，對《事類賦》進行重新審視與考察，以期進一步拓展和延伸《事類賦》研究的文學維度以及賦注中所隱含的經學維度。

第二章 以類辨物、以禮為序：《事類賦》部類劃分與排序的內在邏輯與文化觀念

　　古人辨物常常講究知「類」。在部類劃分和編排體例上，《事類賦》在借鑒前代類書的基礎上進行了更為精審的提煉。在表層目錄上，《事類賦》總共包含十四個部類和一百個子題；每一個子題即表徵一種物象，並依據自身屬性歸屬於不同的部類。然而，這些「既定」的部類名目（如天、地、歲時、草木等等），最初又是緣於何處？考察《事類賦》部類劃分的原理，事實上也就是探求古人以「類」辨物的認知和序類的邏輯和標準。綜觀《事類賦》的編類名目，整體上可劃分為三個部分：首先，天部、歲時部和地部，這三者構成了《事類賦》的「根」目，即所有賦篇所由之生發的根本；其次，從寶貨部、樂部、服用部、什物部到飲食部，這五個部類作為自然與人文兩大分支的延伸，構成了《事類賦》的「文」目；最後，禽部、獸部、草木部、果部、鱗介部和蟲部，均屬於天地精華所共滋養而生的物類，共同構成了《事類賦》之「生」目。

　　雖然在物類分目上與類書相仿，但《事類賦》部類的劃分和排列次序卻遵循著更為嚴謹的內在邏輯原則。物題之先後，常常取決於「禮」序之先後。「禮序」衍生自中國傳統文化中「氣類相感」的基本觀念：類應在先者，禮序在先；類應在後者，則禮序在後。這一原則首先應用在《事類賦》「生」目之各部類的排序，進而影響到各個部類之中具體物類的先後次序。換言之，《事

類賦》部類及其具體物類之排序，在根源上是基於古人以類辨物之先後順序及其內在的文化觀念。

此外不可忽視的是，《事類賦》賦文學的屬性在編目體例方面的獨特影響和體現。每一篇子賦，既具有其自身的獨立性，同時也是作為一個整體的《事類賦》的重要組成部分。因此，賦篇次序的安排，也直接影響到《事類賦》內部文學空間的構成。吳淑在《事類賦》各篇賦前後物類的呼應和承接方面，埋下了若干條若隱若現的線索。正如通過方位可以辨認不同的星宿一樣，順著這些線索進行梳理，如歲時與草木、自然寶貨與人文器物、星象與生靈等等，就可以逐步辨識出《事類賦》部類編排體系中所隱含的星象式錯綜的文學空間。

第一節　《事類賦》對於前代類書編目體例的借鑒與提煉

吳淑由南唐入仕宋朝之後，曾參與宋初類書的預修事宜，因此對於類書的編目體例並不陌生。《事類賦》添加注釋後，擴充為三十卷：最初的一百篇「一字題賦」依次被編排入天部、歲時部、地部、寶貨部、樂部、服用部、什物部、飲食部、禽部、獸部、草木部、果部、鱗介部和蟲部，共計十四部類。〔註1〕這種編目體例與類書體例十分相仿，但類書體例最初又是以何書體例為參照？《事類賦》與前代類書體例次序上的異同，是否也反映出不同時代物序觀念之轉變？《事類賦》的部類體例與編排次序中，又蘊含了怎樣的物類與物序觀？以下，將初步考察各辭書與類書的編目體例，以進一步與《事類賦》對比分析。

一、從釋言語到釋天地

類書雖然多數稱起源於魏文帝時所編《皇覽》，但類書的編目體例實則最早可追溯至《爾雅》。《爾雅》本是訓詁類的辭書，而非類書；但《爾雅》在解

〔註1〕按冀勤等點校的《事類賦注》今本，雖然在目錄上「草木部」合為一部，但賦文之前的部目標題，卻又將「草部」和「木部」分開寫為兩部。其中，「草部」之下，包括《草》《竹》二篇；其後各篇皆為「木部」。因此《事類賦》三十卷，實際上也可劃分為十五個部類。參見《事類賦注》，第469頁。對照文淵閣四庫全書影印本，亦同。

釋字義上，所採用「分門別類」的體例，實開「後代類書之先河」〔註2〕。《爾雅》目錄共分十九部，依次為：「釋詁、釋言、釋訓、釋親、釋宮、釋器、釋樂、釋天、釋地、釋丘、釋山、釋水、釋草、釋木、釋蟲、釋魚、釋鳥、釋獸、釋畜。」〔註3〕其中，從第八部類開始的「天、地、（丘）、山、水、草、木、蟲、魚、鳥、獸、（畜）」於後世類書的部類編目中常常可見。

　　再看《爾雅》之後的辭書《釋名》之目錄，較之前者在部目分類上更進一步細化：

　　　　　　卷一：釋天、釋地、釋山、釋水、釋丘、釋道；
　　　　　　卷二：釋州國、釋形體；
　　　　　　卷三：釋姿容、釋長幼、釋親屬；
　　　　　　卷四：釋言語、釋飲食、釋綵帛、釋首飾；
　　　　　　卷五：釋衣服、釋宮室；
　　　　　　卷六：釋床帳、釋書契、釋典藝；
　　　　　　卷七：釋用器、釋樂器、釋兵、釋車、釋船；
　　　　　　卷八：釋疾病、釋喪制。

　　和《爾雅》目錄所不同的是，《釋名》將「釋天」部移至卷首位置，同時將親屬、言語、宮室、用器、樂器等部類後置；此外，在單字的分類上，又增添了「雙字」部。雖然魏文帝的《皇覽》和晉代荀勗的《中經新簿》號稱類書的濫觴，但此二書的各卷「分隸何門，今無所考」〔註4〕。唐代之前的類書中尚可考察其部目者，有隋朝杜公瞻所撰《編珠》二卷，原目分「天地、山川、居處、儀衛、音樂、器玩、珍寶、繪彩、酒膳、黍稷、菜蔬、果實、車馬、舟楫」〔註5〕。可見，類書的編目體例雖然起源於《爾雅》，但後世類書中多將「天地山川」列在各部類之先，實際上是對《釋名》體例的某種傚仿和沿用。

二、從天地歲時到草木鱗介

　　唐宋類書體例已逐步趨於完善，其中唐代歐陽詢總編修的《藝文類聚》

〔註2〕劉葉秋：《類書簡說》，上海：上海古籍出版社，1980年，第8頁。
〔註3〕《爾雅》，北京：中華書局，2016年。參見其目錄。
〔註4〕（清）永瑢等撰：《四庫全書總目》，「子部·類書類」總提要，北京：中華書局，1965年，卷135，第1141頁。
〔註5〕（清）永瑢等撰：《四庫全書總目》，「子部·類書類」《編珠》提要，卷135，第1141頁。

當屬「諸類書中，體例最善」〔註6〕者。《藝文類聚》全書共一百卷，分四十八類目。以下僅舉若干與《事類賦》相關之部目和子題目進行參照：〔註7〕

天部上：*天、*日、*月、*星、*雲、*風

天部下：*雪、*雨、霽、*雷、電、*霧、虹

歲時部上：初、*夏、*秋、*冬

......

地部：*地、野、關、岡、岩、峽、*石、塵

......

水部上：總載*水、*海水、*河水、*江水、淮水、漢水、洛水

水部下：塹、四瀆、濤、泉、湖、陂〔註8〕、池、溪、谷、澗、浦、渠、*井、*冰

......

樂部一：論樂

樂部二：樂府

樂部三：*舞、*歌

樂部四：*琴、箏、箜篌、琵琶、箛虡、簫、笙、*笛、笳

......

雜文部四：書、檄、移、*紙、*筆、*硯

......

軍器部：牙、*劍、刀、匕首、鋏、*弓、*箭、弩、彈、槊

......

產業部下：田獵、釣、*錢

衣冠部：*衣冠、貂蟬、玦珮、巾帽、衣裳袍、裙襦、裘、帶

......

服飾部上：帳、屏風、幔、簟、薦席、案、*几、*杖、*扇、塵尾

......

〔註6〕（清）永瑢等撰：《四庫全書總目》，參見「子部·類書類」《藝文類聚》提要，卷135，第1142頁。

〔註7〕（唐）歐陽詢等撰：《宋本藝文類聚》，上海：上海古籍出版社，2013年。參照其目錄。以下標注*者，為與《事類賦》一字題相同或相近者。

〔註8〕陂：意為池塘。

舟車部：舟、車

食物部：食、餅、肉、脯、醬、鮓、酪蘇、米、*酒

……

雜器物部：鼎、槍、缽、堀、盤、樽、卮、杯、碗

……

火部：*火、烽燧、燈、燭、庭燎、灶、薪炭灰、煙

藥香草部上：藥、空青、芍藥、百合、兔絲、女蘿、款冬、天
　　　　　　門冬、茉苡、薯預、菖蒲、術、*草、蘭、菊、杜
　　　　　　若、蕙、蘼蕪、鬱金、迷迭、芸香、藿香、鹿蔥
　　　　　　蜀葵、藍、慎火……

寶玉部上：寶、*金、銀、*玉、圭

寶玉部下：璧、*珠、貝、瑪瑙、琉璃、車渠、玳瑁、銅

……

布帛部：素、*錦、絹、綾、羅、布

果部上：*李、*桃、*梅、*梨、*甘、*橘、櫻桃、石榴、柿、
　　　　櫨、*奈

果部下：*棗、*杏、*栗、胡桃、林檎、甘薯、沙棠、椰、枇杷……
　　　　*瓜

木部上：*木、*松、*柏、*槐、*桑、榆、*桐

木部下：*楊柳……若木、合歡、杉、并閭、荊、棘、黃蓮、栀
　　　　子、*竹

……

鳥部上：鳥、*鳳、鷖、鴻、*鶴、白鶴、黃鵠、雉、鷓

鳥部中：孔雀、鸚鵡、青鳥、*雁、鵝、鴨、雞、山雞、*鷹、
　　　　鷦

鳥部下：*烏、*鵲、*雀、*燕、鳩、鷗、反舌、倉庚、鶺鴒、
　　　　啄木、鴛鴦……

獸部上：*馬、駒騄

獸部中：*牛、驢、駱駝、*羊、*狗、豕

獸部下：*象、犀、兕、駁、貔、熊、*鹿、獐、*兔、狐、獼猴、
　　　　果然、狌狌

鱗介部上：＊龍、蛟、＊蛇、＊龜、鱉、＊魚

……

蟲豸部：＊蟬、蠅、蚊、蜉蝣、蛺蝶、螢火、蝙蝠、叩頭蟲、蛾、

＊蜂、蟋蟀、尺蠖、＊蟻、蜘蛛、螳螂

祥瑞部上：祥瑞、慶雲、甘露、木連理、木芝、＊龍、＊麟

對比《事類賦》與《藝文類聚》的子目和所屬部類會發現，其中存在若干相同和不同之處：首先，《藝文類聚》的四十八部類大致涵蓋了《事類賦》的十四部類，區別僅在於名稱和次序上有所不同。對比前三部目（天部、歲時部、地部），二者的次序是一樣的。所不同的是，在《藝文類聚》中，「樂部」前置於寶玉部、布帛部和產業部，但在《事類賦》的部次中，「樂部」卻被置於「寶貨部」之後。其次，從二者的子目對比來看，《藝文類聚》的七百二十七子目之中並不完全包括《事類賦》的一百個子題。其中在天部下，《事類賦》並未收錄「霽」、「電」、「虹」，而多了「露」、「霜」二題；此外，寶貨部之「絲」、樂部之「鼓」、什物部之「墨」、飲食部之「茶」、與蟲部之「蟲」也皆未收錄於《藝文類聚》的子目之中。

作為官修類書，《藝文類聚》所包含的物類必然更為繁雜和瑣細，以致其編目體例的標準並不完全統一，甚至有部分重合之子目。比如，「龍」既在鱗介部，又被歸入祥瑞部；但「麟」卻只存在於祥瑞部之內，既不見於獸部〔註9〕，亦未見於鱗介部。同樣，「鳳凰」也只見於祥瑞部，而不入鳥部。不難發現，《藝文類聚》的編目原則首先將鳥部、獸部、鱗介部等是按照生物的不同屬性進行歸類，而祥瑞部或災異部則是從物的象徵意義再次劃分，更偏重於人事的角度而非物之本身的屬性。其次，《藝文類聚》的編目中有很大比重都在「人部」，此外另設有帝王部、后妃部、儲宮部。按照部類屬性，後三者豈非「人」乎？再次，《藝文類聚》於治政部之外，又分有禮部、職官部、封爵部、刑法部、武部等，後者是否也可歸屬於「治政」一門？最後，《藝文類聚》單獨劃出靈異部，專錄仙道、神、夢、魂魄之事，再次從事類屬性進行劃分。相較而言，《事類賦》的部目編排更為精審和統一，以物類的不同屬性作為最基本的劃分原則而無重沓之處。

實際上，《事類賦》所賦事類雖然與《藝文類聚》等類書並無大的出入，比如兩者都涵蓋治政禮法、帝王與后妃事蹟、聖賢隱逸、仁德品行、仙道神

〔註9〕《事類賦》將「麟」歸入獸部。

夢、祥瑞災異等事類內容，但《事類賦》對前代類書繁雜多元的部類體系進
行了進一步的提煉和整合；在此基礎上，再根據其不同於類書而更富有文學
意味的邏輯原則對十四部類轄屬之下的一百個子題，進行了自成特色的歸類
和重新編排。這一方面避免了前代類書中「物事相雜」所可能造成的重複或
混亂，使部類與子目之間的層次感更加突顯；另一方面也使得《事類賦》的
編目體例與一般類書截然區分。

三、《事類賦》的編目問題：「誤排」或有意間雜「錯置」？

　　《事類賦》的編目體例，既參照了前代辭書和類書的編目體例，又於具
體細部有諸多不同之處。《爾雅》、《釋名》和《藝文類聚》等字書和類書，雖
然編目間雜天地山川、宮室器樂、器玩珍寶、草木果蔬、車馬舟楫等等，卻並
未有特定的體例依據，多是沿承舊例，分列名目，更在乎類目是否完備，羅
列次序並不十分重要。但對於《事類賦》而言，百篇賦雖各自成篇，卻是一個
整體；雖然多有借鑒前代類書的編目體系，但各部類與子目之間的次序尤為
重要。除了上文所提及的首三部（天、歲時、地）與末六部（禽、獸、草木、
果、鱗介、蟲），中間五部（寶貨、樂、服用、什物、飲食）更像是穿插在自
然天地之象中的人文之象。換言之，類書的編目體例更注重類目是否完備，
於主要部類次序之外，對於瑣細物題的次序並不十分注重。但《事類賦》作
為賦集本身的特殊性，更為要求和注重各篇賦之間的次序、關聯性、以及內
在的邏輯統一。

　　《事類賦》共計十四部目。每個部目之下，再依序排列各篇賦如下：〔註10〕

　　　　天部：天、日、月、星、風、雲、雨、霧、露、霜、雪、雷

　　　　歲時部：春、夏、秋、冬

　　　　地部：地、海、江、河、山、水、石、井、冰、火

　　　　寶貨部：金、玉、珠、錦、絲、錢

　　　　樂部：歌、舞、琴、笛、鼓

　　　　服用部：衣、冠、弓、箭、劍、几、杖、扇

　　　　什物部：筆、硯、紙、墨

〔註10〕 （宋）吳淑撰，冀勤，王秀梅，馬蓉校點：《事類賦注》，北京：中華書局，
　　　　1989年。下文所引《事類賦》原文，若無特殊版本說明皆出自今本《事類賦
　　　　注》，僅標注頁碼與注文出處。

　　*服用部：舟、車、鼎

　　飲食部：茶、酒

　　禽部：鳳、鶴、鷹、雞、雁、烏、鵲、燕、雀

　　獸部：麟、象、虎、馬、牛、羊、狗、鹿、兔

　　草木部：草、竹、木、松、柏、槐、柳、桐、桑

　　果部：桃、李、梅、杏、柰、棗、梨、栗、甘、橘、瓜

　　鱗介部：龍、蛇、龜、魚

　　蟲部：蟲、蟬、蜂、蟻

　　其中最令人困惑的是，為何「服用部」各篇之間並不連貫，反倒插入「什物部」四篇？這種做法是後人在編撰謄抄中的誤排，還是吳淑有意的編排「錯置」？這種間雜的插入式編排手法，乍看之下並不十分明確其原因和用意，但卻是吳淑慣用之手法：比如天部和地部之間並不連貫，而是在其間插入歲時部；寶貨部和樂部之間也不接續，而是在二部之間插入樂部。禽獸、草木原本為天地精氣所生發之物類，但在「根」目（前三部類）與「生」目（末六部類）之間卻插入「文」目（中間五部類）。《草》篇與《木》篇之間又間雜入《竹》篇：竹之物性本身更近於草、還是木？在末六部類中，禽部、獸部與鱗介部、蟲部之間，在物類屬性上更為接近，卻在其中插入物性偏靜的草木部和果部？縱觀以上看似「錯置」的部類次編排次序，如若僅為「什物部」一處，則有可能是排版中的失誤所致；但《事類賦》作為呈覽宋太宗的御詔本，在編目體例的審查上定當十分謹嚴，不容有誤。事實上，通過梳理《事類賦》賦前後的對應線索，就會發現這種看似「錯置」的部類編排方法，正是吳淑的編排用意所在。

第二節　陰陽、歲時與氣「類」相感：《事類賦》的基本編排原理

　　物事之道，並不存在於物事之外，而往往在其本身。古人辨知物事，在於求其本末與知其先後。在萬物混沌之初，物與物之間如何得以區分？萬物以天地始分，然而「天」與「地」的觀念最初又生發於何處？由天地所衍生出的萬物又當如何進行物類的歸屬和界定？《淮南子‧原道訓》中曾言：萬物之道，「若無而有，若亡而存。萬物之總，皆閱一孔；百事之根，皆出一門。

其動無形，變化若神；其行無跡，常後而先」〔註11〕。物事之道，即存在於那些幽微難察的行跡變化之中。將「氣類」的觀念引入到物性的解釋最早見於《易經》，如《易・乾卦》中云：「同聲相應，同氣相求。水流濕，火就燥，雲從龍，風從虎，聖人作而萬物睹。本乎天者親上，本乎地者親下，則各從其類也」〔註12〕。「同聲相應、同氣相求」的物性特徵，促成了不同物「類」的形成：如輕清者上行而形成「天」，混濁之氣下行而形成「地」，正是通過氣類的行跡變化所導致的結果。《事類賦》正是依據「各從其類」這一基本物性原理，將天地間的萬物之中的一百個「物題」進行了部類的劃分和歸屬界定。

《事類賦》中所言之「類」，與《易經》中同類相從、同氣相應的觀念是順承呼應的。如《夏》賦注文曰：「氣至而類動，天地之性也」；「出應其氣，氣動其類」〔註13〕。《月》賦曰：「類在水，故應於潮」〔註14〕。「月」雖歸屬於天部，性質上卻又和「水」相類從，所以月之闕盈望朔又和潮水漲落相互應和。《風》賦曰：「才驚虎嘯」，注中引《淮南子》云「虎嘯而谷風至」；吳淑另注曰：「虎，陽獸也，與風同類」〔註15〕。此處與《易・乾卦》中講到「風從虎」相呼應，並進一步闡釋為何「虎」和「風」歸為同類。另《雲》賦中稱：「杳藹〔註16〕從龍」也和《易・乾卦》中「雲從龍」的說法相呼應。

《易・同人》卦辭曰：「天與火，同人，君子以類族辨物」〔註17〕。以「類族辨物」的認知方式，正是基於物性本身雖然存在不同、卻能「各從其類」的行跡特徵。如水火不融，一濕一燥；雲龍相類，皆從屬於天。由此又進一步產生了「陰」、「陽」這一對正反屬性概念。如《易・五贊・稽類》中云：「奇陽偶陰，各以其類。得位為正，二五為中。陰陽相求，乃得其正」〔註18〕。天屬陽，而地屬陰。「天陽地陰」的類分觀念，可謂貫穿於《事類賦》整個部類編排體系的最基本原理。

〔註11〕（漢）劉安：《淮南子》，上海：上海古籍出版社，1989年，第12頁。
〔註12〕（宋）朱熹：《周易本義》，蘇勇校注，北京：北京大學出版社，1992年，卷9，第163頁。
〔註13〕參見《事類賦・夏》篇「見陽蟲之乍出」注，第78頁。原文出自《論衡》。
〔註14〕原文出自《抱朴子》：「月之精生水，是以月盛而濤潮大。」參見《事類賦注》，第19頁。
〔註15〕參見《事類賦注》，第29頁。
〔註16〕此處「藹」為原文，非誤字。通「靄」。
〔註17〕引自《周易本義》，卷5，第114頁。
〔註18〕引自《周易本義》卷末上，第180頁。

一、「類」始陰陽與物象的基本屬性劃分

《事類賦》以天部為始，和前代類書的編目體例是相仿的。白居易及其門人所編的《白氏六帖》（又名《白氏經史事類》）也是以「天」目為起始，後依次按照「地、日、月、星、明天文、晨夜、律曆」等部目編排。按《白氏六帖》的編目體例，天、地、日、月、星均為同一層級的目錄；參照之下，吳淑「天部」所顯露的層級轄屬觀念卻不盡相同。在《事類賦》中，天部首先與地部相對；其次，天部中除總名「天」之外，另外包括「日、月、星、風、雲、雨、霧、露、霜、雪、雷」十一個子名。在此十一子名中，既包括「形」從屬於天的物象如日、月、星，也包括「氣」從屬於天的氣象物類如風、雲、雨、霧等等。將此十一子名統歸於天部之下，基本上體現了《易經》中所言的「同氣相求」、「各以類從」的物性從屬原則：

在古人看來，天、日、月、星等從屬於天類的物象，皆是由「天之精氣」所凝結，再呈現為不同的物象形態。比如，《事類賦》中《天》賦稱：「天」為「群陽之精，積氣而成」；「懿彼秉陽，本乎親上」〔註19〕。《日》賦云：「日」為「懸象著明，至陽之精」〔註20〕。《月》賦曰：「惟彼陰靈，三五闕而三五盈」〔註21〕。《星》賦云：「萬物之精，上列為星」〔註22〕。古人對星象形成的認知首先是從「氣類」性質不同的角度進行區分：輕清之氣上升形成天，陰濁之氣下沉成為地：其中，至陽之精凝聚成懸日，至陰之靈凝聚成月輪，萬物之精各自凝聚為列星。

天地之間，由於陰陽之氣交匯相合，因此產生了風、雲、雨、霧、露、霜、雪、雷等不同的氣象變化。例如，《風》賦云：「大塊噫氣，其名為風」〔註23〕。《雲》賦曰：「夫雲者，蓋川澤之氣而陰陽之聚也」〔註24〕。《雨》賦云：「夫雨者，蓋陰陽之和，而宣天地之施者也」〔註25〕。《霧》賦云：「霧者，地氣發而天不應者也」〔註26〕。《露》賦云：「夫露者，蓋陰陽之氣，神靈之

〔註19〕參見《事類賦注》，第 1 頁。
〔註20〕參見《事類賦注》，第 11 頁。
〔註21〕參見《事類賦注》，第 18 頁。
〔註22〕參見《事類賦注》，第 23 頁。
〔註23〕參見《事類賦注》，第 28 頁。
〔註24〕參見《事類賦注》，第 34 頁。
〔註25〕參見《事類賦注》，第 39 頁。
〔註26〕參見《事類賦注》，第 45 頁。

精」〔註27〕。霜為「陰氣之始凝」〔註28〕；雪為「陰氣之凝，五穀之精」〔註29〕。雷作於「天地大駭，陰陽相薄」〔註30〕。地氣所發，或聚積成雲，或潝然為雨，應者有風，不應則霧；陰氣下至地表，則進一步凝為露、霜、雪；若陰陽相薄，不相調和，則生震雷，驚駭天地。

同樣依據陰陽精氣始分天地的原理，《事類賦》地部將「本乎地者親下」者另歸為一類，包括「地、海、江、河、山、水、石、井、冰、火」等。相較於「天部」中偏重強調陰陽精氣之凝聚上升的原理，「地部」各篇的次序是按照「氣」是否通塞的原則來確立其先後次序。首先，《地》賦稱，「夫地者，蓋元氣所生，萬物之祖」〔註31〕：「地」稟受坤元之氣，乃是資生萬物的源頭所在。《事類賦‧海》篇首先將「海」稱之為「靈海」，引木玄虛《海賦》中語云「含形內虛」、「蕩雲沃日」、「薈蔚雲霧」，以及梁簡文帝《海賦》「控清引濁」等語，皆是從「氣」的角度突出「海」的特質〔註32〕。《事類賦‧江》篇以「水德靈長」一語冠之篇首〔註33〕，《河》賦則引《書中候》云：「榮光出河，休氣四塞」〔註34〕。同樣都是以「氣」言之。海、江、河三者，一方面從物類屬性上皆從屬於地部；另一方面，其先後次序卻並非依據水的體量龐大與否而定，而是根據大地所生發之元氣，是否能更好地通達四方來衡定。

地部第二部分，包括《山》、《水》、《石》三篇賦，同樣是從「氣」的角度劃定次序。比如，《山》賦云：「夫山者，宣也，宣氣生萬物者也」〔註35〕。《水》賦云：「夫潤萬物者，莫潤乎水」〔註36〕。《石》賦引《易》曰：「艮為山，為小石」，言「石」為「土之精，氣之核」〔註37〕。若按照今人的屬性劃分標準，「水」當與海、江、河三者並為一部，而非與山、石並置。但吳淑為何偏偏將《水》篇放在《山》與《石》二篇之間，而不是將其歸入「地部上」

〔註27〕參見《事類賦注》，第 49 頁。
〔註28〕參見《事類賦注》，第 53 頁。
〔註29〕參見《事類賦注》，第 56 頁。
〔註30〕參見《事類賦注》，第 60 頁。
〔註31〕參見《事類賦注》，第 101 頁。
〔註32〕參見《事類賦注》，第 107 頁。
〔註33〕參見《事類賦注》，第 112 頁。
〔註34〕參見《事類賦注》，第 118 頁。
〔註35〕參見《事類賦注》，第 125 頁。
〔註36〕參見《事類賦注》，第 135 頁。
〔註37〕參見《事類賦注》，第 143 頁。

與《海》、《江》、《河》同屬一個部類？事實上，此篇《水》賦所言之「水」並非泛泛所指，而是特指山石間之泉水。對此，該賦中所徵引的若干事例可證：如「飲玄洲之似蜜」，指的即是北海玄洲之上，有靈芝生於「玄澗」之中使得山澗中的水如蜜，服之可長生不老；下句「味晉安之如醴」引自《名山略記》。說的是有位僧權道人，某日於晉安霍山中晨起，忽見山澗中水白得異常，飲之甘甜如醴酒一般。《水》賦後面還細緻區分了「檻泉」、「沃泉」與「氿泉」之所出，可見該篇所賦之水，當與山、石更近。《水》賦實為「泉」賦，因此歸入地部下，並介於山、石之間，更為妥當。

地部第三部分，依次由《井》、《冰》、《火》三篇賦所構成。井與水、石更為相近，因而次序在前。比如，《井》賦開篇引《風土記》中「靈井」之水「冬暖夏涼」，所言「靈井」即為「石井」。其次，吳淑在《冰》賦與《火》賦中也都各自綴入和「井」相關的事以相連貫。例如，《冰》賦中曾引庾儵作《冰井賦》之事：「余昔宅近南城，有冰井，方夏之月，乃攜友生，登而遊從，彷徨徘徊，淒其以寒，乃作《寒井賦》」〔註38〕。火與冰為相剋之物，《火》賦中曾提及「臨邛之井」一事云：「臨邛有火井，諸葛丞相前往一觀，見火勢轉盛，於火井上放盆煮鹽得熱」〔註39〕。另外，以「火」為地部之終結，亦有取火可蒸騰水氣，使之上升形成各種氣象之義，與天部之氣象分類正好首尾呼應。

從陰陽始分天地的觀念繼而衍生出古人以「類族辨物」來認知物類屬性的方法：物類因為各自的屬性不同，而各從其類，氣質親上者則歸屬於天，氣質親乎下者則歸屬於地。按《說文解字注》，「類」從「犬」部，云：「種類相似，唯犬唯甚」〔註40〕。這一注釋與《易經》中所言的「同聲相應、同類相求」之意亦相近似。換言之，「類」之一詞，實則具有動靜二重屬性。更明確來說，「類」既指事物本身所歸屬的同類性，同時又受到趨同類性的推動。從此角度重新審視古人對於「類書」之界定，則與今人所認為的「百科全書式」之類書在本質上是不同的。「類書」何以為「類」？以「何」為類？古人多是依循「陰陽」、「天地」始分這一基本類從思路來編寫類書的，比如《文選》雖也有文類題材的劃分，卻終歸是「集部」，而非「類部」。從這個角度來

〔註38〕參見《事類賦‧冰》篇「庾儵之賦寒井」注，第158頁。
〔註39〕參見《事類賦注》，第166頁。
〔註40〕（漢）許慎撰，段玉裁注：《說文解字注》，上海：上海古籍出版社，2011年，第476頁下。

看，每一部完整的類書，實則有類於司馬相如之言「賦心」可包括「宇宙」、囊括天地山川之義。

　　《事類賦》仿照類書的編目體例書寫，但部類的劃分與次序卻更為嚴謹而自成一格。「類」分觀念始於天地陰陽與氣類的行跡變化，按此原理所劃分出的物類，相互之間並不是孤立而靜止的。如《淮南子》所言：「物類之相應，玄妙深微，論辯不能解」〔註41〕。由陰陽氣類相感而產生時氣之變化，時氣之變化又對萬物生長產生直接的影響。「歲時」，正是陰陽氣類相感所產生的「時間」結果。因此，將歲時部插入到天部與地部之間，實際上亦是將時間和空間錯雜編排。這一「錯置」法，也是《事類賦》部類編排的另一主要特徵。

二、時氣變化與物類應感之「禮序」

　　在天部與地部之間，吳淑插入「歲時部」，即《春》、《夏》、《秋》、《冬》四篇賦；此種插入法屢見於唐代類書的編目體例，比如《藝文類聚》、《初學記》等，皆依此例。將「四時」這一時間次序插入於天地的空間次序中，到底是出於何種原因和考量？春、夏、秋、冬作為部目之體例，在如《爾雅》、《釋名》之類的早期辭書中並未出現。最早以四時為紀的是《呂氏春秋》，因此也有人以此書為類書之緣起。比如，清代汪中在《呂氏春秋序》中曾言此書據司馬遷云，為呂不韋讓其門客人人「著其所聞」而編集而成。其目的在於「備天地萬物古今之事」，並以此書為後之類書如《修文殿御覽》、《華林遍略》等的仿始之書。〔註42〕汪中此言，側重說的是類書並非出自一人之手，而是雜家之言；亦如白居易所作《白氏六帖》，據稱亦是其門客搜錄而成。〔註43〕

　　然而，《呂氏春秋》作為類書源頭之一，或許也可從春、夏、秋、冬被納入類書編目體例的角度予以進一步考察。《呂氏春秋》共分為十二紀，即在《春紀》、《夏紀》、《秋紀》、《冬紀》之中再分為「孟、仲、季」三階段。十二紀對

〔註41〕參見《事類賦·風》篇「應類或聞於酒溢」注，第31頁。
〔註42〕參見（清）汪中：《述學補遺》，《續修四庫全書·集部》，上海：上海古籍出版社，2002年影印清刻本，1465冊，第423頁。
〔註43〕《楊文公談苑》中稱白居易作《六帖》，「以陶家瓶數千，各題門目作七層架，列置齋中，命諸生採集其事類投瓶，倒取之，抄錄成書，故其所記時代多無次序。」（宋）楊億口述，黃鑒筆錄，宋庠整理：《楊文公談苑·倦遊錄》，上海：上海古籍出版社，1993年，第8頁。

應十二月令，是古時頒布各種政令、進行農事活動、舉辦儀禮祭祀等活動十分重要的時間依據。

《事類賦》之《春》、《夏》、《秋》、《冬》四篇，主要內容都為時氣變化與不同歲時的儀禮風俗。《春》賦由神人治春，如春帝太皞乘震雷而來，春神勾芒執規以治春，寫到人世的治春禮則，包括搖鐸宣令、采詩以觀民風、以龜血占卜、樂舞祭天、農耕等；《夏》賦同樣自炎帝持衡司夏、夏神祝融作輔說起，一直說到「含桃先薦」寢廟之儀。此外，《夏》賦亦多引《禮》中所講時氣對蟄蟲和草木的影響，如《禮》曰：「小滿之日，苦菜秀，後五日靡草死」；「立夏之日，螻蟈鳴。後五日，丘蚓出。後五日，王瓜生」；「季夏之日，蟋蟀居壁。」〔註44〕

《秋》賦亦以敘儀禮之事為主，如八月「命樂正而習吹」、九月「敕司燼而行火令」，又如令籥章氏「歌豳詩以迎寒氣」〔註45〕。古時儀禮政令的頒布通常與時氣變化是相對應的。如《禮》曰：「立秋之日，白露降；後五日，寒蟬鳴」〔註46〕。《冬》賦同樣從陰陽時氣變化的角度切入，先云「感茲陽月」〔註47〕，再言「慨窮陰之殺節」〔註48〕。冬季因「地氣下降，天氣上騰，水澤腹堅，閉塞而成」，因而萬物凋敝。但於禮制上，卻反而是督促將士於小寒之日「習射角力」之時，並且季冬宜「聽獄而論刑」。

綜此四篇觀之，「歲時部」之所以常常被放置於「天部」與「地部」之間，並非偶然為之。部中各篇所列出的儀禮典制，以及依時令而治的正反事例，都在強調知「禮序」的重要性。歲時與禮序為何如此重要？原因之一或許在於立於天地之間的「人」。四時更迭，使人得以感知天地氣象的變化，從而作出相應的應對。如何合於四時而不違背，是古人在安排各種活動時需要首先考慮的問題。例如，《事類賦·硯》篇提到：「學時方俟於凍開」〔註49〕。此句原出自《四民月令》曰：「正月硯凍開，命童幼入小學，十一月硯冰冷，命童幼讀《孝經》、《論語》。」說的是根據歲時天氣冷暖的變化，施行不同的

〔註44〕參見《事類賦·夏》篇「苦菜秀而靡草死，丘（原文，非誤字）蚓出而王瓜生」、「或聞蟋蟀之居壁」等句注，第74頁。

〔註45〕參見《事類賦注》，第86頁。

〔註46〕見《秋》賦「白露斯零，寒蟬則鳴」注，第86頁。

〔註47〕此處「陽月」指十月。正因為自十月起「純陰」而「無陽」，故而將十月命名為「陽月」。

〔註48〕參見《事類賦注》，第93頁。

〔註49〕參見《事類賦注》，第315頁。

學令：硯凍天寒，則令幼童多誦讀《孝經》、《論語》；待正月天氣回暖，再讓學童入學練習寫字。

但更為重要的原因，或許在於歲時與天地星象之方位、陰陽精氣變化的類應關係。比如，《呂氏春秋·孟春》云：「孟春之月，日在營室，昏參中，旦尾中。」說的是日象在孟春時節所對應的星宿方位的變化。這與《事類賦·日》賦中談日象在一日之間的方位移動也是呼應的。按《日》賦云：「既入而息，在中為市。升咸池而擢秀，奄六螭而息轡。」日出而作，日入而息；正午太陽在正中，適合市集買賣。這是日象的起落對於人事活動的影響。太陽自身，又從哪裏升起，落向何處呢？據《淮南子》記載，從日出到日落共分為十六個時刻，並依據時間和方位各自定名如下：

> 日出於陽谷，浴於咸池，拂於扶桑，晨明；登於扶桑之上，爰始將行，是謂朏明；至於曲阿，是謂朝明；臨於曾泉，是謂早食；次於桑野，是謂晏食；臻於衡陽，是謂禺中；對於昆吾，是謂正中；靡於鳥次，是謂小還；至於悲谷，是謂晡時；迴於女紀，是謂大遷；經於隅泉，是謂高舂；頓於連石，是謂下舂；爰止羲和，爰息六螭，是謂懸車；薄於虞泉，是謂黃昏；淪於蒙谷，是謂定昏。日入崦嵫，經細柳，入虞泉之地，曙於蒙谷之浦。日西垂，景在於樹端，謂之桑榆。〔註50〕

從以上所述太陽經過的場所、方位和時刻的關係可以看出，中國古代人與「神話」的關係並不同於西方。《日》篇首句曰：「日，實也，人君象之而臨極者也。」日象，作為天體中彙集凝結陽氣精華的存在，是君王所應當極力傚仿的對象。同理，從日出陽谷到日垂桑榆，是人事活動的依憑。中國古人這種傚仿天象的觀念，與西方神話與人的關係恰恰相反：西方眾神「臨傚」人的模樣，並具備人的喜怒之情；倘若人傚仿神的活動，則無疑會打亂日常的秩序。〔註51〕或許正是由於這種臨象天文的信念，使得「禮」序在中國古代顯得尤為重要。

〔註50〕引自《事類賦注》，第 12 頁。

〔註51〕參見 Valerie Hansen 在第三章 "Understanding the Gods" 開篇提到神是按照人類的理性方式活動的，認為中國古代的神也是非常喜怒無常的（capricious）："Because the gods were thought to reason exactly like the human beings, ...their behavior was explained in highly anthropomorphic terms throughout the Song." *Changing Gods in Medieval China, 1127～1276*, 48～78.

　　隨著時氣的變化，蟄蟲所發出的聲音亦有所不同。如《呂氏春秋‧孟春》云：「孟春之月……其蟲鱗，其音角，律中太蔟」。十二紀，也對應樂聲之「十二律」。對於十二律之名，清代學者李光地在《古樂經傳》卷五中曾從「比類」的角度解釋道：黃鐘之「黃」者，「以中色喻中聲也」；林鐘之「林者，萬物至未而茂盛如林也」；夾鐘之「夾」者，「在中間之謂，時惟中春，四時之首也」；應鐘之「應」者，「窮上反下，聲與氣無不終始相應也」；大呂、小呂、南呂三者中的「呂」有「侶也，助也」之意；太蔟的「蔟」即「奏也」；「姑洗者，外物始生，孤稚而洗潔也」；「蕤賓者，正陽之時，萬物相見，如賓主酬酢，禮容葳蕤也」；「夷則者，生物既盛，平之以法也」；「無射者，陽律之終，終則厭怠，故欲其無射也。」〔註 52〕在此，中國古人「以類族辨物」的觀念，在禮與樂的關係方面表現為某種「應類」的特徵。樂部在《藝文類聚》中僅次於天、歲時、地三部而成為第四部，可見其重要地位；然而，在《事類賦》中，寶貨部被置於樂部之先，其緣由將在下一節中討論。

　　綜上所述，將歲時部置放於天部與地部之間，不僅是基於歲時與人事活動的重要相關性，而更是緣於天地間陰陽精氣之變化的內在因素。春季時，地氣上升，萬物復蘇；至夏季，暖氣使得萬物得以生長；至秋季則淒淒風涼，逐漸迎來寒氣；至冬，陰氣下沉，「萬物於是而終者也。」因此可見，如果把天部、地部看作是陰陽精氣的空間影響，歲時部則是陰陽運行所導致的時間結果；把歲時部插入於天部與地部之間，也正好於其間起到了很好的承上啟下之作用。

第三節　從自然寶貨到人文器物

　　天部、歲時部和地部作為《事類賦》的開篇三部，對於以下各篇賦的編排和次序起到了提綱挈領的作用。天地的形成，是由於輕清之氣上升、陰濁之氣下沉的結果；陰陽精氣之凝積，又形成了不同的物象。比如日象為至陽之精，月象為陰靈之華。地者，亦為「元氣所生」，進而生養出萬物。地上物類繁雜，古人又是如何得以區分和辨別？《地》賦曰：「五土之動植。」賦注中引《周禮》曰：

〔註52〕（清）李光地撰，汪舒旋校訂：《古樂經傳通釋》，成都：四川大學出版社，2015 年，卷 5，第 163 頁。

　　　辨五地之物生：一曰山林，動物宜毛，植物宜阜；二曰川澤，

　　動物宜鱗，植物宜膏；三曰丘陵，動物宜羽，植物宜覈；四曰墳衍，

　　動物宜介，植物宜莢；五曰原隰，動物宜裸，植物宜叢。〔註53〕

　　首先，古人對於動物和植物的區分並不像現代生物學一樣，將兩者截然分開，而是先將它們都看作土地所滋養的生物，然後再根據它們各自與土地的類從關係進行劃分。正如《易經》所言，「隨類相從、應類而生」。首先，土地具備五種不同形態：山林、川澤、丘陵、墳衍、原隰。五種不同形態的土地生養出不同的動植物類：如山林中的動物多生毛髮，植物多為阜木；河川中的動物多生鱗甲，周邊樹木多油脂；丘陵中的動物多生翎羽，樹木果實多有核；水邊沙洲多蟲介，植物多莢草；低濕窪地多裸獸，植物多叢生灌木。《事類賦》後所分禽部、獸部、草木部、果部、鱗介部和蟲部，也皆與地部所言之「五土」具有相互承應的關係。

　　值得注意的是，吳淑在地部之後並未直接寫禽獸草木，而是從寶貨部、樂部、服用部、什物部和飲食部等和人文相關的物事開始。這又是緣於何種考量？不同於《藝文類聚》將「樂部」置於諸部類之前的編目體例，《事類賦》地部之後為「寶貨部」，包括「金、玉、珠、錦、絲、錢」六個子目，緊接著才是「歌、舞、琴、笛、鼓」。這種編排次序，與當時通行的類書體例顯然不同，這究竟又是出於何種原因和編排用意？

一、地生寶貨與人文珍寶的類應

　　在「地部」之後是「寶貨部」——金、玉、珠、錦、絲、錢。「寶貨部」也是順承著前文「五土生物的觀點」來進行排序。如「金」被稱為「生土之精剛」；「玉」被看作「天地精粹之徵」；「珠」則出於「淵泉」。金、玉、珠三者皆為自然所生之寶貨，以「金」為寶貨部之首，再言玉與珠，大抵是因為金生於土、玉生於石，珠生於水，與地部之《山》、《石》、《水》三篇相對應。然而，如上文所述，《水》篇因為所言為山石間之「泉」，故而次序在山石之間。但與《石》對應之《玉》篇卻在與泉對應之《珠》篇之前，是取「玉」比「珠」在「比德」的象徵義上更為重要。

　　以《金》篇為寶貨部之首，亦契合五行之說。《金》賦篇首云：「夫西南之

_____

〔註53〕參見《事類賦注》，第 104 頁。

美者,有華山之金石焉」〔註54〕。此句出自《爾雅・釋地第九・九府》篇。
再看《金》賦第二句解釋道,「斯蓋西方之行,百陶不輕。」吳淑注中引《說
文》云:「五色金,黃為長,久埋不生衣,百陶不輕,從革不違,西方之行也」
〔註55〕。意思是說,「金」位於五行之首,對應著西方;五色金中,又以「黃」
金為最貴重。雖然「金」屬於土之精剛,卻具有「從革」的屬性,即具有順從
工匠的鍛造、形態容易改變等特點。

　　《玉》篇同樣隱含五行之說,見「大秦五色」句之注云:「大秦國出采玉
五色」〔註56〕。但實際上玉作為禮器運用時卻有「六色」。按《周禮》云:「玉
作六器以禮天地四方。蒼璧禮天,黃琮禮地,青珪禮東方,赤璋禮南方,白琥
禮西方,玄璜禮北方」〔註57〕。以六色玉作為禮器來祭祀天地和東西南北四
方,在根源上同樣遵照「應類相從」的思路。除五色玉與六禮器之外,《玉》
賦中也特別談及「五德」:按《五經通義》云,玉「溫潤而澤,似智;銳而不
害,似仁;抑而不撓,似義;有瑕於內,必見於外,似信;垂之如墜,似禮」
〔註58〕。以「玉」的五種屬性對應五種德行,是為「比類」。

　　《珠》賦再次呼應了陰陽精華凝成萬物的觀念,云「雖曰陰精,不能無
纇」〔註59〕。珠,多出自蜯(蚌),為「陰精」所凝結而成;按《管子》云,
「珠者,陰之陽也,故勝火;玉者,陽之陰也,故勝水」〔註60〕。

　　從自然之寶貨,再到人文之寶貨。錦的種類紛繁,織紋「炳爛」;錦之名
亦燦若繁星,如「云昆錦,文如雲霞。有樓堞錦,有雜珠錦,文似佩珠。有篆
隸錦,有列明錦,文如燈燭」〔註61〕。《錦》篇或與《金》篇對應,取「其價
如金」,比素絲要更為貴重。織錦的材質多為素絲,而繅絲養蠶又是當時百姓

〔註54〕參見《事類賦注》,第169頁。
〔註55〕關於「金」字的解釋,今版《說文解字》與吳淑所引不同,作「百鍊不輕」。
　　　　按段玉裁注,「久埋不生衣」與「百鍊不輕」特指「黃金之德」。另,今版《說
　　　　文解字》作「從革不韋」,吳淑作「違」,乃是從舊本。違,即「違背」。按段
　　　　玉裁注,「從革不違」指的是金具有「順人之意以變更成器」的特性。參見(漢)
　　　　許慎撰,段玉裁注,《說文解字注》,上海:上海古籍出版社,2011年:第702
　　　　頁上。
〔註56〕參見《事類賦注》,第177頁。
〔註57〕參見《事類賦・玉》篇「若夫周官六器」注,第177頁。
〔註58〕參見《事類賦・玉》篇「著茲五德」注,第179頁。
〔註59〕纇:指瑕疵。參見《事類賦注》,第191頁。
〔註60〕引自《事類賦・珠》篇「雖曰陰精」注,第191頁。
〔註61〕參見《事類賦・錦》篇「樓堞成形」注,第199頁。

賴以為生的重要手段，貴為民生之本。《絲》篇則與《玉》篇相呼應，皆以素而不華為美。

　　《錢》賦位於寶貨部之末，與寶貨部前面各篇賦最大的不同在於，前五篇所賦之物大多能夠用盡其宜、宗於價值之根本，然而「錢」這一人為貨幣，卻往往有失其本，偏離了其作為「寶貨」甚至金屬本身的中性性質，而變成賣官鬻爵的手段和「鑿山不竭、掘地斯求」這種人性貪婪之表徵。

　　由此再回過來看寶貨部各篇賦的次序編排：以金為始、以錢為終，似乎在言錢之為用，不可失其根本之義。金玉原本只是生於山林之物，以金鑄鼎，以玉為珮，皆不失其本；錦絲亦然。以「錢」為貿易布貨之用，亦不失其本，但若挪作他用，如鬻官逐利，則有失其本。由此，《事類賦》的寶貨部緊接在地部之後的原因約略可見：「寶貨」分為自然與人文，自然部分之「金」「玉」「珠」與與地部之「山」「水」「石」具有較緊密的對應關係，而人文之寶貨雖然為人所造，但為人所用，亦不能偏離其自然質料之根本。

二、樂部之「禮序」：從人聲、舞容到樂器

　　寶貨部之後是樂部，二者之間看似並無直接的關聯性。然而，若同樣從五行的排布來看，從地部之《火》、再到寶貨部之《金》、《玉》（屬土）、《珠》（屬水），樂部之下則多屬木、或與木相關之器物（如琴、笛、鼓、弓、箭、几、杖、扇、筆、紙、墨、舟、車等）。考察樂部五篇——《歌》、《舞》、《琴》、《笛》、《鼓》，將人聲之「歌」、人作之「舞」置於樂器之前，和上文中談到的「禮序」有很大的相關性。

　　樂部以《歌》篇為首，是以《禮記》中「聞匏竹在下，人聲是貴」為標準〔註62〕，取人聲貴於樂器之義。這種排序和前代類書有所不同，如《爾雅》中「釋器」在「釋樂」之前，《藝文類聚》樂部中以「論樂」為首，次為「樂府」，繼以「舞」、「歌」，後再列各種樂器。吳淑在樂部中不取「樂府」，而以「歌」為首，亦是取《毛詩序》中「詩言志，歌永言」之義。若進一步追究，為何以絲竹樂器之音為下，人聲之歌為貴？聲與律之分，最初實際上也是從陰陽的角度來辨別。《古樂經傳》中曾云，「凡陽律言奏，陰律言歌，陽律則尚陰，而樂器陰也，而人聲陽也，陰陽和而後樂成也」〔註63〕。因為人聲屬陽，

〔註62〕參見《事類賦‧歌》篇，第216頁。此語原出自《禮》。
〔註63〕參見《古樂經傳通釋》，第5頁。

樂器屬陰，所以人聲要貴於匏竹之音；但從聲律的配合上來看，人聲卻需配以陰律，如應鍾；而樂器則需配以陽律，如大蔟，以期達到陰陽相和的效果。

《歌》賦之後為《舞》賦，是取「樂以舞為主，舞為樂之容」之義〔註64〕。此賦中所言「舞」，多指的是舉行儀禮或顯象功勳之舞，而非坊間之舞；所謂舞為樂之容，是強調舞蹈「俯仰屈伸」、「綴兆舒疾」〔註65〕與「發揚蹈厲」〔註66〕之姿態。《舞》賦中還特別提及漢高祖時祭廟作《五行之舞》，以及《文始》與《武德》二舞。五行之舞，大抵是由舞者身著五色舞衣，以象徵五行之義。

樂部繼《歌》、《舞》之後，依次為《琴》、《笛》、《鼓》三篇。相比類書以博採樂器名為主，如《藝文類聚》「樂器部」中所提及的「琴、箏、箜篌、琵琶、筍虡、簫、笙、笛、笳」等等，《事類賦》之樂部三篇卻只取樂器中典故最多者。換言之，《事類賦》與類書在所擇物類的基準原則本質上是不同的：類書的重點在物事名號之「廣」納博採，《事類賦》以宜於類事為賦為考量，並不追求物類的全面性，更側重關注那些在經史事類中最為頻繁提及的「物」器。中國古代樂器繁多，《事類賦》在樂部中獨取「琴」、「笛」、「鼓」三者，突顯的恰恰是這三種樂器的重要文化特質。同時需要注意，此三者的排序也是依從「禮」之先後次序：以「琴」音為「聲音之至妙」，笛聲次之，鼓聲再次之。

「琴」被看作是「朱弦雅器」、有「上古遺美」之音〔註67〕。從造琴之材來看，琴身為木，琴弦為筋。按《爾雅・釋地第九・九府》所云，「北方之美者，有幽都之筋角焉」。而吳淑《琴》賦也提及「寒山之幹」，即張協《七命》所提到的生長於寒山的桐木，《七命》說桐木出自「太冥」，也即北方。《琴》賦後言，「則九星而象六合，應八風而法四時」〔註68〕，此二句均出自《琴書》。「則九星」，說的是琴本七絃，後漢蔡邕又加以兩弦，象徵天上的九星列位；「象六合」另出自《琴操》，特指伏羲所造之琴，廣六寸，取象徵天地兼四方之意。下句亦是從琴之制式的象徵意義上來說，按《琴書》云，琴「五分其

〔註64〕參見《事類賦注》，第224頁。
〔註65〕綴兆：指舞者的行列位置。
〔註66〕發揚蹈厲：原指周樂中的舞蹈動作，即舞者舞動手足，用腳猛烈踏地。後多用以象徵太公期望輔佐周武王伐紂的強烈意志。
〔註67〕參見《事類賦注》，第230頁。
〔註68〕參見《事類賦注》，第232頁。

身」，上三下二，取「三天兩地之義」；上部寬而下部狹，是「尊卑之象」。「中翅」寬八寸，則象徵八風；琴腰廣四寸，以象徵四時。

　　《笛》賦寫笛，云其「不假飾於雕鐫兮，稟自然之天資」〔註69〕，與氣有清濁之分相似，笛音亦有「清濁之制」：按《樂纂》云，長笛音更為厚濁，而短笛音則更為清脆。《鼓》賦又再次回到陰陽的解釋。賦首曰：「鼓，動也，含陽而動者也」〔註70〕。此句原出自《古今樂錄》曰：「冬至之陰，萬物含陽而動也。」從《古今樂錄》的原文來看，並未提及「鼓」；將「含陽而動」和「鼓」聯繫起來，倒更像是作者有意為之，與他篇賦文中的陰陽觀點再一次呼應。

三、服用器物的自然與人文屬性

　　樂部之後的服用部極為特殊，即在《事類賦》的編目中分為兩部分，中間插入了「什物部」。〔註71〕服用部上部重在言「服」和服飾佩戴相關之器物，如衣、冠、弓、箭、劍、几、杖、扇等；下部重在言「用」，如舟、車、鼎。其中以《几》賦的位置最為特殊，當屬於「用」部，卻列在《劍》、《杖》二篇之間。此處「錯置」的編排，又是出於何種用意？

　　《衣》賦首句也是順承整體的「取象天地」觀，曰：「黃帝垂衣裳而天下治，蓋取諸乾坤」〔註72〕。又言：「既順序而有文，亦從容而不二。或被之而象天，或斷之而離地」〔註73〕。天地萬物有其次序，服制在古代亦有與天地的象徵關係。比如，君王身穿衮服，取「象天」之徵。此外，從所服衣色也可見陰陽之別。比如，《衣》賦中提到「縞衣綦巾」〔註74〕，原出自《詩經》中《出其東門》一篇；吳淑此處所指，按其注云：「縞，色白，男服也；綦，蒼艾色，女服也。」說的是古時男女服色之別，與《詩經》中原本表達男子思念的貧家女子身穿「縞衣綦巾」，意思大不相同。

〔註69〕參見《事類賦注》，第241頁。
〔註70〕參見《事類賦注》，第245頁。
〔註71〕冀勤等所校點的《事類賦注》版本，在目錄中改「服用部」為「什物部」，和文淵閣四庫全書本不同，或未注意到「什物部」的錯置關係，而延用上一部目之名。從字名上來看，舟、車、鼎並不屬「什物」，即瑣碎之日用器物，如筆墨紙硯等；而更當歸入「服用部」，為「服」部之延續，即所謂「用」部。
〔註72〕按吳淑注，語出自《易經》。參見《事類賦注》，第251頁。
〔註73〕參見《事類賦注》，第254頁。
〔註74〕參見《事類賦注》，第251頁。

古時服制，不僅象徵天地陰陽，而且也有四時之別。比如，《衣》賦說到「齊國亦供其三服」，「三服」分別指的是春服、夏服以及冬服〔註75〕。此外，衣裳又多染以五色、以五采絲線繡上各種不同象徵意義的紋飾，也應和了五行之說；與上文《錦》賦、《絲》賦中語亦多有呼應。

《冠》賦承接《衣》篇而作，在於「表成人之義，盡文章之飾」也〔註76〕；通篇賦以鋪敘不同冠的制式以及對應的禮制為主。比如，其中寫到曹植所想像之衣冠：「夫披翠雲以為衣，戴北斗以為冠，帶虹霓以為紳，連日月以為佩」〔註77〕。雖然此言為虛構之辭，翠雲怎可為衣？但以北斗列星作冠，以虹霓為腰帶，甚至以日、月為腰間的玉佩，顯然皆有取象之意。《冠》賦後文提到的「青雲冠」、「微霧冠」等，也是以所類之物為冠名。《冠》賦多言這一類虛構想像之冠，如上元夫人所戴的「九星靈芝夜光冠」、西王母的「太真晨纓之冠」，都是古人在記載仙道奇事時所編的冠名。這些冠雖然並非真實存在，但《冠》賦賦文卻試圖通過對冠名的細緻鋪排，使讀者能夠望「名」生義地想像出這一類奇冠的可能模樣。《事類賦》中像這一些物類的具體名稱，多取自與所類之物（如「青雲」、「微霧」等）相似之處，讀者如果由名及實，自可在腦海中幻化出相對應的神奇物象。而其所類的根本原型者，則多為天地日月、星辰氣象。

《弓》賦之「弓」名，也是取其象天之形。按照《釋名》的解釋：「弓，穹也。穹，隆然也」〔註78〕。「弓」隆起的拱形部分，取類的即是天空蒼穹之象。又根據《周禮》的記載：「弓人為弓，取六材必以其時」〔註79〕。說的是，弓的製作取材，也必需選擇最合宜的時間。比如，取製弓弦之筋，須待牛筋色深之時；取髹弓之漆，須待霜露之時從漆樹上割取。《箭》賦亦然，與《弓》賦相配。不同於弓、箭多以木為材質，劍多以「金」鍛造而成。

服用部前半部分的末三篇《几》、《杖》、《扇》，與前三篇之《弓》、《箭》、《劍》，正好形成一文一武之對照。《几》賦云：「几，庪也，所以庪物者也」〔註80〕。語出《釋名》，說的是「几」是用以擱放物品的用具。古代君王有賜

〔註75〕據《漢書》記載，「冠幘縰為首服」，即春服。「縰」指包髮用的繒布，夏服多以「輕綃」製成，冬服多以「紈素」製成。參見《事類賦注》，第253頁。

〔註76〕參見《事類賦注》，第268頁。

〔註77〕參見《事類賦‧冠》篇「若夫戴北斗之奇製」注，第262頁。引自曹植《與陳琳書》。

〔註78〕參見《事類賦‧弓》篇「乍得穹隆之狀」注，第270頁。

〔註79〕參見《事類賦‧弓》篇「若乃六材七幹之妙」注，第269頁。

〔註80〕參見《事類賦注》，第293頁。

「几」給老臣的慣例，意在以「古人之物」贈於有「古人之風」者，以示褒賞。吳淑於《几》賦篇末云：「斯所以表王澤之褒，崇憂耆年於閒適也」〔註81〕。《几》賦這一結語並非另有出處，而是吳淑解釋和小結上文所敘事類之言。君王為何以老「几」賜老臣？答案正在於「崇優閒適」一語：尊敬優待老者，希望其餘生能多得一些憑几閒適的時光。但「崇」之一字，卻又似乎暗含幾分「不得」之意。抑或是吳淑自忖，君王可賜几於老臣，許其告老還鄉過閒適自在的日子，自己卻不得身退，何時可憑几而休憩片刻？抑或暗含幾分自歎，期望自己耆年之時也能有幸得到君王賞賜的老「几」歸閒吧！《杖》賦同樣順承「褒元老，彰淑德」的思路而下，且不多言。

《扇》賦所賦之「扇」，可謂居閒之常物。古時多團扇，有「象明月以常滿」之義。扇亦有陰陽二面。《扇》賦還提到舜時所作「五明扇」。按《古今注》云，舜受堯禪位後，希望廣開視聽，得到賢臣的輔佐，因此作「五明扇」〔註82〕。吳淑作《事類賦》，雖然以物為題，實際上寫的卻是事類，而所言事類之中，雖不乏閒適靈異，重點更多地在於聖賢與君臣、仁德與禮義、治政與禮法。哪怕是在《扇》賦之中，通篇的閒雅詩文仍然暗藏著一把「五明扇」。或許他是希望君王能以扇為鑒，廣納賢能的意見吧！

我們不妨先跳過什物部，來看服用部的最後三篇──《舟》、《車》、《鼎》。舟和車都有「濟不通」之用，《舟》《車》兩賦與服用部前半的《衣》與《冠》、《弓》與《箭》、《几》與《杖》等篇相同，皆是兩兩對應為一組。吳淑於《車》賦末特別寫道，「斯國容之為盛，見文物之彰施。」其意為，天地萬物之盛，可見於紛繁的物類；人類文明之盛，亦彰顯於各種各樣的文物。

車之制，同樣取象天地。《車》賦曰：「方象地而圓象天」〔註83〕；此句出自《周禮》：「軫之方也以象地也；蓋之圓也，以象天也。輪輻二十以象日月也。」車軫，指的是車廂底部四面的橫木，呈方形而類似地象；車蓋多為圓形，類似天象。對應五行的觀念，《車》賦亦提到「五路」，即玉路、金路、象路、草路和木路〔註84〕。此處，「路」並非道路之義，而指的是帝王所乘坐的大車。例如「金輅」，也作「金路」，並非指以金鋪路，而是指大車的配飾繯帶

〔註81〕參見《事類賦注》，第294頁。
〔註82〕參見《事類賦注》，第302頁。
〔註83〕參見《事類賦注》，第336頁。
〔註84〕參見《事類賦·車》篇「金輅則樊纓九就」注，第332頁。出自《周禮》：「巾車掌王之五路」。

十分華美，如繫於馬領下的纓帶為九股，並飾以五采。王后所乘之車亦有「五路」之分曰：「一重翟、二壓翟、三安車、四翟車、五輦車」〔註85〕。《車》賦後文亦提及「五色車」。

　　《鼎》賦為服用部末篇，一方面承接《車》賦末句「以文物彰施國容」，因為鼎重紋飾；另一方面，或許更為重要的，是因為鼎具有「象物」的功能：「觀象犧易，利金玉之貞；致用王家，有崇貫之異」〔註86〕。上句出自《易》：「鼎，黃耳金鉉，利貞玉鉉，大吉无不利。」〔註87〕下句出自《禮》：「崇鼎、貫鼎，天子之器也。」〔註88〕鼎，作為皇家最為重要的禮器，然而最初只不過是食器。《鼎》篇首曰：「夫鼎者，鑄九牧之金而調五味者也。」鼎以金鑄成，也呼應了寶貨部首篇《金》與「金」可改易「從革」、為鑄造冶煉之材之義。以金為五行之首，故以《金》賦為寶貨部之首。《金》賦其下諸篇或出於石、出於泉、出於木，出於筋，出於竹。從寶貨部到服用部，最終以《鼎》賦作結，既首尾相承接，又以鼎為重器，更可增強諸賦次序之平衡。

四、文房用具、飲食與類象陰陽

　　什物部以《筆》賦為首。《筆》賦首句曰：筆「能畢舉萬物之形，亦謂之為畢」〔註89〕。筆有「上剛下柔之名」，吳淑此句對筆的形態的描述出自蔡邕《筆賦》：「上剛下柔，乾坤位也；新故代謝，四時次也。圓和正直，規矩極也。玄首黃管，天地色也。」此處對「筆」之形象的描述，亦延續了前文「物以類從」的觀念。《硯》賦中對「硯」之形象的狀寫亦然：「蓮葉馬蹄之狀、圓天方地之形」〔註90〕。這一對句出自繁欽《硯贊》：「或規如馬蹄，銳如蓮葉」、「或薄或厚，乃圓乃方，方如地象，圓似天光。」圓形的硯臺似天光，方形的硯臺如地象，也都暗自應和天地之象。《紙》賦論及各類紙箋，如松花鳳尾、樹葉松根等。《墨》賦再次談及陰陽之象，《墨》賦首句直引「《真誥》曰：「墨者，陰之象」〔註91〕。為何寫字通用墨？因為文章屬陰，而墨屬陰之象。二

〔註85〕參見《事類賦・車》篇「王后重翟之名」注，第339頁。
〔註86〕參見《事類賦注》，第346頁。
〔註87〕鉉，古代橫穿鼎耳用以舉鼎之器具。
〔註88〕崇、貫，為春秋時國名。
〔註89〕引自成公綏《筆賦序》，參見《事類賦注》，第305頁。
〔註90〕參見《事類賦注》，第313頁。
〔註91〕參見《事類賦注》，第321頁。

者同樣是以類相從的關係。

　　服用部後半之《舟》、《車》、《鼎》三篇之後為飲食部之《茶》、《酒》二篇。茶、酒比之舟、車、鼎，於屬性上似更近於「筆、硯、紙、墨」之「什物」，亦為居閒之飲品。吳淑的《茶》賦，可謂中國茶文化之一大觀。《茶》賦從茶最基本的「滌煩療渴」功效寫起，如石楠茶配楊桐草汁拌米而蒸所製的米糕同食可解「煩暑」，一直寫到茶的各種或罕見或新雅的名號，如碧乳、霜華、仙掌、酪奴等。

　　茶之生長環境亦含陰陽之理。《茶》賦曰：「擢彼陰靈，得於爛石」〔註92〕。此二句皆引自於陸羽《茶經》，說的是種茶法如種瓜，應當於「陽岸陰林」之間栽種，以便讓茶樹擢取其中的「陰靈」滋養生長。茶品又可三分，「上者生爛石，中者生壤櫟，下者生黃土。」即從不同土壤產出的茶葉，其品級自有不同：爛石比之腐爛的櫟樹葉和黃土，更利於水和空氣的流通。此處和上文地部的賦篇次序以氣之通塞程度為排列標準，是基於相同的思路。

　　《茶》賦又曰：「先火而造，乘雷而摘」〔註93〕，指的是古代寒食節有禁火令，造茶多於此前進行；採茶的時機也十分重要，大約為春分之前後，待天上響雷之時，集中採摘三日。此外，對應五行，還有一種「五花茶」的烹製之法，大致取早春時節之樹芽〔註94〕和茶一起烹煮，直至芽片展開有如「五出花」之象。

　　酒也與陰陽有關，《酒》賦曰：「既陰陽之相感」〔註95〕。此句化用《春秋緯》的記載：「凡黍為酒陽，據陰乃能動，故以麴釀黍為酒。」古人認為，黍為陽水為陰，二者陰陽相融而為酒。對應五行，祭酒又分為五品：「一泛齊、二醴齊、三盎齊、四緹齊、五沈齊」〔註96〕；五品之分，實際上是通過酒釀成後的滓沫是否上浮或下沉而定。比如，「泛齊」指的是酒色最為渾濁，浮滓較多的酒；而「沈齊」為糟滓下沉之清酒，較之「泛齊」為上品。對照《天》賦中所言最初天地混濁、而輕清之氣上升為天、陰濁之氣下沉為地之說，酒色與酒品之劃分，採用的也相仿的標準。

〔註92〕參見《事類賦注》，第349頁。
〔註93〕參見《事類賦注》，第349頁。
〔註94〕如枳殼芽，枸杞芽，枇杷芽，皂莢芽，槐樹芽，柳樹芽等。參見《事類賦・茶》篇「五出成花」注，第350頁。
〔註95〕參見《事類賦注》，第353頁。
〔註96〕參見《事類賦・酒》篇「既營度於五齊」注，第357頁。

綜上可見，從寶貨部到飲食部這中間五個部類的衍生次序，其核心根據即是地氣生發萬物的邏輯理念，其中又錯綜夾雜著中國傳統的陰陽、五行和類象等文化觀念。

第四節　應類而生：從羽禽走獸到鱗介微蟲

《事類賦》所賦之物通常被看作由陰陽精華凝聚而成；所賦事類如星象之連珠，應類相從，前後連綴。《事類賦》從禽部到獸部、草木部、果部、鱗介部和蟲部，也是依循物類相從的邏輯理念衍生而成。漢代緯書《春秋運斗樞》中曾記載云，天上「瑤光星」散落地上化為鷹、烏、燕、雀、象、鹿、龜等生靈。「瑤光星」的典故頻繁出現於《事類賦》後六部類的各篇賦文之中，並多用於賦首。無形之中，這一典故也就將各篇散賦如星象貫珠般串聯起來，形成了另一種文字的星象。

《事類賦》後六部類的編排次序，主要是依據《周禮》關於「六樂」所感物類的先後排定。《周禮·春官·大司樂》篇中云：「凡六樂者，一變而致羽物，及川澤之祇。再變而致裸物，及山林之祇。三變而致鱗物，及丘陵之祇。四變而致毛物，及墳衍之祇。五變而致介物，及土祇。六變而致象物，及天神」〔註97〕。隨著樂律之變，所致感的物類也依次提升：羽物為先，即包括《事類賦》之「禽部」所管轄之「鳳、鶴、鷹、雁、烏、鵲、燕、雀」等；其次為裸物、鱗物、毛物、介物；最後為象物，即天、日、月。《事類賦》將禽部列於獸部之前、鱗介部先於蟲部，與《周禮·大司樂》篇所言不同物類對於樂聲的「應感」先後之順序亦有所相仿。

禽部之鳳、鶴、鷹、雁、烏、鵲、燕、雀，八者皆為羽物，為最先應樂之物類，因此次序為先；獸部之麟、象、虎、馬、牛、羊、狗、鹿、兔，其中有裸物、鱗物和毛物，屬於感樂之中間位次者。再之後是鱗介部——龍，蛇、龜、魚四篇，應感之次序又更次之。最末為蟲部，即蠶、蟬、蜂、蟻。與《藝文類聚》之目次相對照，兩書對鳥部、獸部、鱗介部和蟲部的次序安排是相類似的。兩書不同的是，《藝文類聚》編目中的鳥、獸、鱗介和蟲部是連續的，但在《事類賦》中，禽部、獸部與鱗介部、蟲部之間卻插入了草木部和果部。若按照類書的慣常體例，寶貨部之下當是草木部和果部，因為此三部類皆為

〔註97〕引自《古樂經傳通釋》，第6～7頁。

土地所生之物。這再次表明，《事類賦》的部類次序安排不完全與類書的編目體例相同。吳淑在天部與地部之間插入歲時部、將寶貨部置於樂部之前、在服用部之間插入什物部，此處又將草木部和果部插入獸部和鱗介部之間，或許這就是《事類賦》的分類方法判然有別於一般類書之處，其中的特殊用意，值得進一步探討。

一、與天象對應的羽禽部與「瑤光淪精」說

　　《鳳》賦為「禽」部之首篇，是因為「鳳」為「羽物」之最先應樂者。《鳳》賦首句曰：「伊九苞之神鳥」〔註98〕。「六象」指的是：「頭象天，目象日，背象月，翼象風，足象地，尾象緯」；「九苞」指：「口苞命，心合度，耳聰達，舌詘伸，色光彩，冠短周，距銳鉤，音激揚，腹文戶」〔註99〕。古人識物多「以類族辨物」，此處「象」既有「類似」之義，也偏向「類從」之義。比如鳳有「六象」，融合天地日月之物象，是為「類似」；又可馭風向上飛翔，可歸從於「天」類之屬，是為「類從」。

　　在古人的認知中，動物主要是由陰陽精華凝聚而成，並對應於五行。《鳳》賦以「鳳」為「九苞之神鳥，稟至陽之純粹」；《鶴》賦亦云：「既稟精於金火，亦受氣於陽陰」，此句出自《相鶴經》曰：「鶴，陽鳥也，而遊於陰。因金氣依火精以自養」〔註100〕。《烏》賦亦稱讚烏鳥為「伊莫黑之孝鳥，實至陽之純精。」甚至烏鴉反哺也用陽氣來解釋：「烏為陽，陽氣仁，故反哺」〔註101〕。同樣在《雞》賦中也提及五行，稱「雞」為「稟火之精」，語見《春秋說題辭》曰：「雞為積陽，南方之象，故陽出雞鳴，以類感也」〔註102〕。早上太陽升起而雞鳴，在古人理解看來，是因為雞是積陽而生，所以可「以類相感」而有所應。同理，大雁的遷徙也受到陽光活動的影響，「隨陽飛止」；語見《春秋說題辭》：「雁南北以陽動也」〔註103〕。大雁南徙北歸，亦是以陽光為導向。

　　陰陽變化與歲時也是相對應的，因此《雁》賦有意突出了大雁順應季節

〔註98〕按吳淑注，此句引自漢代緯書《論語摘衰聖》：「鳳，六象九苞。」參見《事
　　　　類賦注》，第367頁。
〔註99〕按宋均注：「緯，五緯也；度，天度也；周，當作朱；戶，所由出入也。」
〔註100〕參見《事類賦注》，第374頁。
〔註101〕引自《春秋運斗樞》，參見《事類賦·烏》篇「亦聞之於返哺」注，第394頁。
〔註102〕參見《事類賦注》，第382頁。
〔註103〕參見《事類賦·雁》篇「隨陽飛止」注，第390頁。

變化按時遷徙的特性。《雁》賦首句云：「邕邕鳴雁，順時翱翔」，語出自《詩經·匏有苦葉》：「邕邕鳴雁，旭日始旦」〔註104〕。《匏有苦葉》篇原是表達女子於河畔焦急等待之心情，鳴雁只是起興之物。然而，吳淑的《雁》賦卻是實寫鳴雁本身。《雁》賦後文又寫道，「應季冬而北向，候白露而來賓。」古時男女訂親之禮多用「雁」，正是取「雁」順應歲時，於南北之間遷徙往來，而「不失其節」的寓意。〔註105〕

　　除陰陽和五行觀念之外，瑤光星典故也是連綴《事類賦》禽部各篇賦的主要線索。《鷹》賦曰：「淪瑤光之純粹」〔註106〕。《烏》賦曰：「既稟受於瑤光」〔註107〕，「亦合應於維星」〔註108〕。《燕》賦曰：「淪精瑤光」〔註109〕。《雀》賦曰：「伊翩翩之小鳥，實瑤光之下淪」〔註110〕。

二、與地部對應的走獸部與星象、易象之應合

　　獸部亦是以祥瑞之物為首位。《麟》賦曰：麟者，「稟五行之粹精」〔註111〕。麟在古代被看作靈獸，也是「仁獸」。同樣，麟也和星象有連屬關係：「既云稟歲星之精，亦言得機星之秀」〔註112〕。雖有「歲星」、「機星」的不同說法，但以麟為星之散精所生的觀點卻是一致的。《麟》賦之後的《象》賦亦言：象「稟精於瑤光」〔註113〕，與鷹、烏、燕、雀等皆同。此外，《象》賦首句云：「南方之美者，梁山之犀象焉」，再次呼應五行之方位。

　　《虎》賦則是以虎為淪散之樞星，如首句云：「伊雕虎之猛噬，感樞星之下淪」〔註114〕。虎又被看作是陽物，為百獸之長；虎身上亦「般般有文」，若陰陽相雜之斑斑。虎之後為馬，在《馬》賦「象月善走」一句的注釋中吳淑引《春秋說題辭》曰：「地精為馬，十二月而生。應陰紀陽以合功，月度疾，故

〔註104〕參見《事類賦注》，第389頁。
〔註105〕參見《事類賦·雁》篇「表女子之得時」注，第390頁。原出自《白虎通》。
〔註106〕引自《春秋運斗樞》：「瑤光星散為鷹。」
〔註107〕同見於《春秋運斗樞》：「瑤光散而烏。」
〔註108〕同見於《春秋運斗樞》：「維星明則日月光。烏三足，禮義修，物類合。」
〔註109〕同見於《春秋運斗樞》：「瑤光散星為燕。」
〔註110〕同見於《春秋運斗樞》：「瑤光星散為雀。」
〔註111〕參見《事類賦注》，第409頁。
〔註112〕上句出自《春秋保乾圖》，言「歲星散為麟」；下句出自《春秋運斗樞》，卻說生麟的是「機星」。
〔註113〕參見《事類賦注》，第412頁。
〔註114〕參見《事類賦注》，第414頁。

馬善走」〔註115〕。古人對於馬匹善跑的解釋也十分有趣，認為馬是土地精華所生，但因為生於十二月，該月陰陽相替，因此馬善於疾走。另外，《易‧坤卦》中也寫到：「牝馬地類，行地無疆」〔註116〕。

《馬》賦之後為《牛》、《羊》二篇。牛羊皆為祭祀之牲畜，相較羊，牛的體格更為龐大，其特性有二：一者，「角不失於三色」，二者，「香獨稱於四膏」。角有五寸三色者，謂之「戴牛」，其中三色指的是：本白、中青、末豐。即牛角根部白、中部青、末端色鮮明者為佳。牛、豬、犬、羊對應四時之祭祀，也有不同的油膏氣。《周禮》云，「春膳膏香，夏膳膏臊，秋膳膏腥，冬膳膏羶」〔註117〕。即牛為春祭之物，其氣味最香；豬為夏祭之物，其油略腥臊；犬為秋祭之物，其味腥；羊為冬祭之物，其體有羶氣。

除陰陽四時、瑤光散精說之外，古之物象也與易卦之象相對應。比如《羊》賦首句曰：「易曰：兌為羊」〔註118〕。《犬》賦亦云：「易曰：艮為狗」〔註119〕。「艮」象原為山；「兌」象原為「澤」，後「兌」又引申為「羊」。同樣將易卦與物象相對應的賦篇，還有禽部之《雞》賦，《雞》賦認為雞為「巽之象」；「巽」為八卦之一，其象為風，於六十四卦中居第五十七卦，正好為「兌卦」前一卦。作者於此處另有注云，將巽卦與雞之象聯繫起來，是因為雞為「知時號令」者。其後鱗介部之《龜》賦中也提及易象之說，曰：「坎居離象」；語見於東晉李顒之《龜賦》：「質應離象，位定坎居」〔註120〕。坎為水，離為火。龜雖然本質上是火象，卻位居水上，二者並不矛盾。與《雞》賦以雞為「稟火之精」相對，《狗》賦中亦從五行和星象的角度言狗，認為狗「在畜為金，稟精於斗」〔註121〕。

獸部之《鹿》賦，也是依從瑤光散精之說，曰：「稟瑤光之散精」〔註122〕。語見《春秋運斗樞》云：「瑤光散而為鹿。」獸部末篇《兔》賦，則以兔為月精所生，曰：「淪精月光」。語出於《典略》云：「兔者，明月之精」〔註123〕。

綜上而論，吳淑在獸部對物類的解釋和言說，大抵是從三個角度切入考察：

〔註115〕參見《事類賦注》，第 423 頁。
〔註116〕參見《事類賦‧馬》篇「行地無疆」注，第 423 頁。
〔註117〕參見《事類賦‧牛》篇「香獨稱於四膏」注，第 446 頁。
〔註118〕參見《事類賦注》，第 450 頁。
〔註119〕《羊》賦與《犬》賦二語皆出自《易‧說卦》。
〔註120〕參見《事類賦注》，第 562 頁。
〔註121〕參見《事類賦注》，第 455 頁。
〔註122〕參見《事類賦注》，第 462 頁。
〔註123〕此書不傳，另記載於蔡邕《月令》。

一是將物類與星象對應，如對應於歲星、樞星和瑤光星等，和禽部多篇的思路相同；二是將易經卦象與物象相類應，如兌為羊，艮為狗等；三則是從歲時、五行和陰陽交替的角度來考察，和《事類賦》整體的分類體系也是一致的。

三、應感物序之末端：鱗介與微蟲

暫且跳過草木部和果部，先來考察最後兩個部目，即鱗介部和蟲部之間的內在邏輯次序。同「鳳」為禽部之首、「麟」為獸部之首，「龍」當為鱗介部之首。鳳、麟、龍、龜，在古代多被看作「四靈」，因此在往常類書中多將此四者劃歸入同一類，如「祥瑞」部。然而，在《事類賦》中，鳳因為是羽物而歸屬禽部，麟或因其體龐而歸入獸部，龍、龜則另歸入鱗介部。實際上，麟身亦有如龍鱗，歸入鱗介部似乎也並無不妥。將龍、麟分屬二部，或許也有部類篇目平衡之考量。若將龍與麟置於一卷之中，孰又當排先？

《龍》賦云，龍為「神靈之精」，四靈之長者。龍之活動亦順應四時，如其「春分而登天，秋分而入淵」〔註124〕。龍有九色斑紋，為西王母驅駕雲輦；黃龍有五采，從河中負圖而出。〔註125〕龍「資五花而為食」，即以五花樹之果實為食。最重要的龍為東方之星宿所化，「既為東方之宿」。《雲》賦已提及「雲從龍」、「杳藹從龍」，龍與雲霧互為「應類」；蛇居於龍之後，「蛇」與雲霧也有「應類」關係，《蛇》賦曰：「乘雲霧兮遊神」〔註126〕；吳淑另注曰：「騰蛇，龍類也，能興雲霧而遊其中。」吳淑注另引《慎子》曰：「騰蛇遊霧、龍乘雲。」因此，蛇與龍同類，並列於「鱗介部」。因為從「應類相從」的角度來解釋，龍乘雲而蛇遊霧，兩者皆遊動於「雲霧」之間，因而被歸為一類。但與《龍》賦中多言祥瑞之事相反，《蛇》賦中卻多言災異或為政不仁之徵兆。

《蛇》賦之後是《龜》賦。龜之象，又與龍、蛇相關聯。《龜》賦云：「蛇頭龍脰」。此說出自《說苑》：「靈龜五色，似玉。背陰向陽，上隆象天，下平法地，轉運應四時。蛇頭龍脰，左睛象日，右睛象月，知存亡吉凶之數」〔註127〕。龜首似蛇，脖頸似龍，左眼像日，右眼像月，都是從「物類相從」的角度來認識龜的特徵和屬性。《龜》賦在另一處也提到了龜象與天地星宿的類應關係：

〔註124〕語見吳淑注中所引《說文》，參見《事類賦注》，第 545 頁。
〔註125〕參見《事類賦·龍》篇「爾乃九色駕王母之車，五采負帝舜之圖」注，第 546 頁。
〔註126〕參見《事類賦注》，第 553 頁。
〔註127〕參見《事類賦注》，第 563 頁。

「文成列宿之象」；吳淑注引《禮統》曰：「神龜之象，上圓法天，下方法地。背有盤法丘山，玄文交錯，以成列宿，運轉應四時，明吉凶，不言而信」〔註128〕。說的是龜背上的紋路如玄文交錯，類從星象，星象運轉又和四時相應，因此龜背殼又常用來占卜吉凶。同時，《龜》賦當中也出現了瑤光星的典故，曰：「伊神龜之效質，實瑤光之散精」〔註129〕。

此外，古人又將龜分為六種，並分別與天地四方相對應。《龜》賦引《周禮》云：「龜人掌六龜之屬，各有名物。天龜曰靈屬、地龜曰繹屬、東龜曰果屬、西龜曰雷屬、南龜曰獵屬、北龜曰若屬，各以其方之色與其體辨之」〔註130〕。六個方位同時又對應六種龜的顏色：「天龜玄，地龜黃，東青，西白，南赤，北黑。」靈屬、繹屬、果屬、雷屬、獵屬、若屬分別對應的是龜的不同姿態，如「俯者」稱為靈，「仰者」稱為「繹」，「前弇」稱作「果」，「後弇」稱作「獵」，「左倪」為「雷」，「右倪」為「若」〔註131〕。

鱗介部末篇為《魚》，此篇賦極長，故而獨立為一卷。魚生於澤，其象又有類於蛇、鵲者。《魚》賦中有言「鮰則似蛇」〔註132〕，說的是鱓魚長得與蛇很類似。此語出自《韓非子》，韓非原本是借鱓魚與蛇在外表上的相似而說明人性趨利的道理：漁者不懼怕似蛇的鮰魚而畏懼蛇，是因為前者在當時價高而能夠獲利。此處的「鮰則似蛇」同《雁》賦中的「邕邕鳴雁」一樣，並不在於事類的寓言含意，而在於魚與雁本身。《魚》賦中描述「似鵲」之魚的用語為「鰼聞有翼」〔註133〕，語出《山海經》，說的是有種名為「鰼」的魚，形態「如鵲而十翼」，並且能夠御火，可謂奇魚！雖然吳淑在此談論的好像是一些奇聞軼事和鮰魚之類的微小事物，但在這些奇聞瑣事之間，卻隱約含有些許言外之意，正如《魚》賦的結語二句所言：「斯足以驗人事，制國經，豈徒誦毛詩之《九罭》，觀天文之一星？」此處所說的「一星」指的是「天魚星」。相傳若是天魚星明，星宿末尾之星所指向的河海中則會出大魚。

相對於物事所指之意義，物事本身或許也有其值得關注的意義所在。比

〔註128〕參見《事類賦注》，第560頁。

〔註129〕《春秋運斗樞》云：「瑤光星散為龜。」參見《事類賦注》，第559頁。

〔註130〕參見《事類賦·龜》篇「六室更聞於《周禮》」註，第561頁。

〔註131〕前弇：龜甲前長後短；後弇：龜甲後長前短；左倪：龜頭右偏，向左睨視；右倪：龜頭左偏，向右睨視。

〔註132〕鮰：同「鱓」。

〔註133〕參見《事類賦注》，第568頁。

如，末部之《蟲》、《蟬》、《蜂》、《蟻》四篇，不可因為「微物」而忽視。《蟲》篇為蟲部之總名篇，其中列敘各種「微蟲」，如蟋蟀、蠨蛸、蜋蛑、皁螽、蟭蟟、蚯蚓、螢火蟲、蛛蝥、飛蛾等等。雖然種類繁多，難以一一具陳，但這些微蟲也有相類似的特徵。如蜋蛑有五色翅，萑燭蟲有五采且又香味，槐燭蟲的甲殼上也有五采卻甚臭。《蟲》賦之後，為《蟬》、《蜂》、《蟻》三篇。「蟬」又名「齊女」，語出自於《古今注》，說的是牛亨曾問董仲舒此名之由來，董仲舒答曰：齊王死後，齊王后「傷怨不已」，於是死後化為蟬，「登庭樹嘒唳而鳴」〔註134〕。這原本是一個帶有悲傷意味的典故，然而吳淑在《蟬》賦中卻言：「伊齊女之微蟲兮，亦含氣而遊嬉」，一轉悲沉情境，反添幾分遊嬉之趣。《蜂》賦開篇則言，蜂「有土木之殊類」〔註135〕，語出《爾雅》，有土蜂與木峰之別。《蟻》賦為末篇，所擇事類亦意趣橫生。

《蟻》賦云：「伊玄駒之幽瑣兮，處蟄戶而遊嬉」〔註136〕。蟻之別名為「玄駒」。此典出自《古今注》，言有人見河內之兵數千萬騎，從晨起一直旋動飛行至夜幕時分，於是以火燒之，兵馬皆化為大蟻落下。由此「玄駒」成為了蟻之別名。蟻雖不像蟬、蜂，可遊嬉於庭樹之上，卻也別有幽居之樂趣。

《蟻》賦末句云：「摘典麗之辭既聞郭璞，悅幽閒之思更見應璩」〔註137〕。上句指郭璞之《蚍蜉賦》，郭璞在賦中寫道：「感萌陽以潛步，知將雨而封穴。伊斯蟲之愚昧，乃先識而似哲。」說的是如蟻類般的微蟲，看似愚昧無識，卻能通過感知陽光潛移而知大雨之將至，因此將巢穴封鎖住。下句典出應璩的《與曹昭伯箋》，信箋中曰：「空城寥廓，所聞者悲風，所見者鳥雀，昔陳司空為邑宰，所在幽閒，獨坐愁思。幸賴遊蟻以娛其意。以今況之，知不虛矣。」此典說的是應璩見寂寥空城，心中頗感傷悲，想起陳群為邑宰時愁思苦悶，有幸得一群「遊蟻」為其破愁解悶。

第五節　應物斯感以及對物類本身審美特質的發掘

正如在天部和地部之間插入歲時部、在服用部中間插入什物部一樣，《事類賦》的草木部與果部，也是介於禽、獸部與麟介、蟲部之間的插入部分。生

〔註134〕參見《事類賦注》，第581頁。
〔註135〕參見《事類賦注》，第583頁。
〔註136〕參見《事類賦注》，第585頁。
〔註137〕參見《事類賦注》，第587頁。

長於山林之間的草木花果與同樣生長在其間的禽類鳥獸，構成了一靜一動的對照。正如羽物（如鳳、鶴、雁等）可以看作天部物象的到對應與延伸，草木花果亦是地部物類的進一步延伸。同時，草木花果亦如瑤光星散落、再由陰陽精華凝聚而生。比如，《槐》賦以「槐」為「靈星之精」〔註138〕；《桑》賦云：「伊柔桑之醜條，稟純精於箕星」〔註139〕。除與前文部類的呼應和參照關係之外，草木與果部各篇賦更側重於凸顯物象本身的審美特質與物性之美本身的關注，而非其材用、氣質清濁或類象性，這也是《事類賦》草木部和果部一個較明顯的特徵。

一、應時氣而榮枯：草木部與歲時部的對應

　　草木春榮秋枯，與四季輪轉具有自然的對應關係。因此，《事類賦》的草木部與歲時部也彷彿存在著某種天然的呼應。《草》篇首句云「春草生兮萋萋」〔註140〕，呼應「歲時部」之《春》賦，描寫初春芳草萌生繁茂之狀。《草》賦還寫到：「暮春江南之思，涼秋塞外之悲」〔註141〕。暮春時節容易引人思念江南草長鶯飛的景色，涼秋時分邊塞草木衰敗也容易使人增添悲涼之感。《草》賦中另一處提及草木枯茂與四時的對應關係的例子還有「畏秋霜之曉墜」一句〔註142〕。此句原出自《荀子》，鄰人問展禽為何孔子三次拒絕魯國的聘任而無憂愁之色，展禽借由百草春生秋枯的例子解釋道：「春風鼓，百草敷蔚，吾不知其茂；秋霜降，百草凋零，吾不知其枯。枯茂非四時之悲欣，榮辱豈與吾心之憂喜？」展禽的意思是，正如他不知春草為何茂盛、秋草為何凋零一樣，孔子內心之悲欣榮辱，他又如何能夠探知呢？

　　在百草之中，「靡草」對於陰陽時氣的變化最為敏感。「靡草」在冬末感陰氣而生，但一到陽氣升騰的夏季，特別是在小滿五日之後，靡草便迅速枯黃而死，如《夏》賦云，「苦菜秀而靡草死」〔註143〕。反之，歲時的變化也直接影響到草木的興衰與榮枯。《夏》賦云「天毒則草木皆乾」〔註144〕：若夏日

〔註138〕《春秋說題辭》：「槐木者，靈星之精。」參見《事類賦注》，第493頁。
〔註139〕《典術》：「桑木者，箕星之精。」參見《事類賦注》，第503頁。
〔註140〕參見《事類賦注》，第469頁。
〔註141〕參見《事類賦注》，第469頁。
〔註142〕參見《事類賦注》，第471頁。
〔註143〕參見《事類賦注》，第74頁。
〔註144〕參見《事類賦注》，第75頁。

暑毒過盛，草木就難以維繫生存。因此在五月五日端午，古時曾有「躑百草」的習俗，即通過踩踏草尖的露水以祈求祛毒禳災之效。〔註145〕

至秋季，陽氣更為衰微，霜降則草木凋零。《秋》賦曰：「及夫草木黃落」、「綠草芸黃」〔註146〕。冬季萬物歸藏，「薙氏」，即掌管刈草之事者，將經秋枯萎的野草收割起來或燒成草灰，使得土壤更為肥沃。到春季再次來臨之時，正如《草》賦中寫道：「或文如藟綬，或色似青袍」〔註147〕，春草再次鬱鬱叢生。上句出自《爾雅》，講的是初生長出的小草色雜如彩色的綬帶；下句出自《古詩》：「穆穆清風至，吹我羅裳裾。青袍似春草，長條從風舒。」此處也是運用比喻的寫法，然而吳淑卻將原詩中的本體和喻體倒置：到底是青袍似春草，還是春草似青袍呢？物類之間，其關係何其微妙哉？

草木部第二篇為《竹》，而非《木》。「草」、「木」多並稱，於二者之間插入「竹」，似乎有些許突兀之感。對此疑惑，需要注意的是今版《事類賦注》事實上對原編目中的「草部」和「木部」進行了合併。對照四庫本《事類賦》，即可發現「草部」和「木部」原本是分開的：「草部」中僅包括《草》與《竹》兩篇，自《木》篇起的其後若干篇皆為「木部」。由此可見，將《竹》篇放置於《草》與《木》之間的排序法，事實上是基於物類屬性的劃分：即將「竹」劃歸為草本，而非木本植物。此外，《竹》賦中也寫到「或象道而儀天」〔註148〕。這裡再次強調了物類之間的呼應：竹體呈圓形而似天，中部虛空若道之象。

木部以《木》篇為首。《木》賦先言木材之用，再言「不材之福」〔註149〕。比如，「柘可為弓，穀宜作紙」，一言柘木之材可用作弓，一言楮桑木之皮可搗漿為紙。但是，樹木越成材，越為自己招來伐沒之災。因此吳淑寫道：「斯皆樹之無用之鄉，保此不材之福也。」此二句皆出自《莊子》：前者寫的是無用而臃腫的「樗」木（即臭椿樹），工匠皆不屑一顧。莊子卻說道，何不將它種在「無何有之鄉」或「廣莫之野」？哪怕只是為路人提供一處休憩的場所，使人「逍遙乎寢臥其下，彷徨乎無為其側」，不也是一種用途嗎？也正是由於

〔註145〕參見《事類賦·夏》賦「躑百草以遏鶩」一句注，第79頁。

〔註146〕參見《事類賦注》，第88頁。

〔註147〕參見《事類賦注》，第471～472頁。

〔註148〕出自江逌《竹賦》：「含虛中以象道，體圓質以儀天」。《事類賦注》，第475頁。

〔註149〕參見《事類賦注》，第482頁。

此木之「無用」與「不材」，才使其得以不被砍伐，「終其天年」，這又何嘗不是一種莫大的福氣？

　　物之為用，事實上反而容易使人們忽視了其本身的美學特性。《木》賦，有「或見傾虹布影」一句〔註150〕，即突出樹木本身之美。「傾虹樹」之名，原出自《洞冥記》。該樹形似「垂龍」，也稱為「垂龍之木」。因為「木似青梧，有朱露色，如丹汁灑其葉，落地皆成珠」，仿若傾瀉而下的虹霓，於是也被稱作「傾虹樹」或「珠枝樹」。

　　木部以下各篇，也多以樹木之「美」的角度為作賦切入點。如《松》賦首句云：「美彼喬松，冒茲霜雪」〔註151〕；《柏》篇首句為：「美茲柏梅，歲寒之姿」〔註152〕；《桐》篇首句：「伊櫬梧之嘉木，生嶧陽之重阻」〔註153〕。唯獨《桑》賦首句是：「伊柔桑之醜條」〔註154〕。此語原出自《爾雅》：「桑柳醜條」，雖言桑條不美，卻依然是從「審美」的角度進行首要考量。事實上，在《桑》賦後文中卻也寫到「至於美沃若，稱有儺」〔註155〕。此二處皆出自《詩經》，主要讚頌的並非桑枝，而是桑葉沃若繁茂之美。《柳》賦中同樣是從「醜」與「美」兩個角度描寫：「既曰醜條，亦名獨搖」〔註156〕。《槐》賦首句云：「古所謂大葉而黑」〔註157〕：雖然槐樹葉大而黑，但古人多稱其為「襄槐」，或可藉以禳除災禍。

　　桐木多為古琴之材，因此也從聲律之感的角度特別讚頌其音之美：「含奇律於黃鐘，濯靈滋於玄雨」〔註158〕。上句出自張協《七命》：「寒山之桐，出自太冥。含黃鐘以吐幹，據蒼岑而孤生。」以寒山桐木所製作的古琴之所以能發出黃鐘般清奇的音律，正是由桐木孤倚青山的生存環境所決定的。下句出自魏明帝《猛虎行》：「雙桐生孤井，枝葉自相加。通泉溉其根，玄雨潤其柯。」生長於幽冥孤井中的桐木，因為根部常年受到泉水的灌溉、枝葉又受到雨露的濯洗，同樣也是製琴之靈木。

〔註150〕參見《事類賦注》，第483頁。
〔註151〕參見《事類賦注》，第485頁。
〔註152〕參見《事類賦注》，第489頁。
〔註153〕參見《事類賦注》，第500頁。
〔註154〕參見《事類賦注》，第503頁。
〔註155〕參見《事類賦注》，第504頁。
〔註156〕參見《事類賦注》，第496頁。
〔註157〕參見《事類賦注》，第493頁。
〔註158〕參見《事類賦注》，第500頁。

木部中獨選桑、柏、桐等六種，並非偶然或隨意選取的結果，而是從各個樹木所受自然之精氣的清濁角度來考量。如《桐》賦云，「或氣淳而獨異」〔註159〕。此語出自《王逸子》：「木有扶桑、梧桐、松柏，皆受氣淳矣，異於群類者也。」換言之，草木的種類雖然繁多，然而其中所稟受之精氣卻不盡相同。

此外，《桐》賦中還特別提及可通過梧桐所生葉片的數目來推測是否閏年和閏月：「葉閏餘而有數」〔註160〕。吳淑注曰：「梧桐以知日月正閏，生十二葉，一邊有六葉，從下數一葉為一月，有閏則十三葉，視葉小者則知閏何月也。」從自然之象來類推歲曆的變化，實則仍是古人以「物類相從」、「以類族辨物」的認知方式之表現。又如《松》賦中稱讚松樹「貫四時而不改」〔註161〕。此語原出自《禮》：「竹箭之有筠也，松柏之有心也。貫四時而不改柯易葉。」一方面，將松柏與竹箭進行內外比照，前者言心，後者言筠（即竹皮）；另一方面，也是借助具體物象的特性來比類「禮」之道：正如松竹四季常青，為「禮」之心亦當如是，貫穿始終而不可隨意改變。借由實象來解釋虛象，正如《竹》賦提及竹與道的相似性，都體現了古人借助實象之物去解釋虛象之道的獨特比類方法。

二、花果之禮序與物性本身之美

花果是草木生長的自然結果，因此果部自然緊接著草木部。然而，在草木部與果部這兩個部類之間，卻又似乎存在著某種邏輯間隙：二者之間並不存在所謂的「花部」。以記花為主的類書也並不在少數，如《全芳備祖》前半部分所載皆為花，後半部分再分為果部、卉部、草部、木部、農桑部、蔬部和藥部。《事類賦》從草部、木部到果部，看似並無花部，但從果部之桃、李、梅、杏等賦來看，花部其實是隱含于果部之內的。將「花部」隱於「果部」之下，而不獨立劃分出一個部類的內在原因是什麼呢？

《桃》賦首句云，「果實多品，惟桃可佳」；次句云，「夭夭其色，灼灼其華」〔註162〕。前者言「桃」為各個果實品類中最佳者，後者出自《詩經·桃夭》，描寫桃花之美。《桃》賦後文也是將桃花與桃實並舉，並不加以區分。如「驚蟄

〔註159〕參見《事類賦注》，第 500 頁。
〔註160〕參見《事類賦注》，第 500 頁。
〔註161〕參見《事類賦注》，第 486 頁。
〔註162〕參見《事類賦注》，第 509 頁。

應氣而斯盛，農人為候而無差」、「太清漬花而療疾」等處，所描寫的均為桃花；
而如「或成仙而益壽」、「神女嘗食於二郎」等處，多是講食仙桃而得以延年益
壽。甚至在一聯之中，將桃花與桃實並舉：如「或脫之而靦面，或出之而剖腹」
〔註163〕。上句講春日以桃花水洗面的習俗，下句說的卻是看護桃園的農夫被
誣陷偷吃宗廟御桃而遭剖腹取桃。再如，「崐崙以霜實稱奇，磅磄以寒英表異」
〔註164〕。上句言桃實，下句言桃花。事實上，《桃》賦不僅言及桃花與桃實，
同時也提到桃木、桃膠、桃種、桃核等等，幾乎涉及「桃」的所有部分。

其實，將「桃」作為果部之首，也存在些許爭議，因為孔子將桃列於「六
果之下」：「黍五穀之長，桃六果之下，君子不以貴雪賤」〔註165〕。為何吳淑
要將位於「六果之下」的「桃」列於果部之首？吳淑在《桃》賦中答云：「雖
云六果之下，誠為五木之精」〔註166〕。據《典術》中記載，「桃者，五木之
精，其精生鬼門，制百鬼。故今作桃人，著門以壓邪。」桃融合凝聚了「五
木」的精氣，因此根據《事類賦》對「精氣」說一貫推崇，將《桃》篇置于果
部之首，自是順理成章之事。

「桃」之後的李、梅、杏、柰、棗、梨、栗、甘、橘、瓜，也都是「果中
之美」者。例如，《李》賦篇首云，「猗歟穠李，果中之美」〔註167〕；《梅》篇
云：「伊梅柟之酸酢，亦果中之嘉實」〔註168〕；《杏》篇首句云：「美此文杏，
稟精歲星」〔註169〕；《柰》賦首句云：「惟此素柰，果中之珍」〔註170〕；《棗》
篇云：「棗實嘉果，民之所資」〔註171〕；《甘》篇云：「橘柚之屬其美者，有建
春之壺甘焉」〔註172〕；《瓜》賦首句云：「伊甘瓜之珍果，熟朱夏之芳時」〔註
173〕。因此，果賦各篇在描寫角度上和木部十分近似，都是著重突出所賦之物
的美感特徵。

〔註163〕參見《事類賦注》，第 512 頁。
〔註164〕參見《事類賦注》，第 510 頁。
〔註165〕此處「雪」作動詞，意為「覆蓋」。參見《事類賦・桃》篇「雪賤復聞於孔
　　　　子」注，第 510 頁。
〔註166〕參見《事類賦注》，第 511 頁。
〔註167〕參見《事類賦注》，第 513 頁。
〔註168〕參見《事類賦注》，第 515 頁。
〔註169〕參見《事類賦注》，第 517 頁。
〔註170〕參見《事類賦注》，第 519 頁。
〔註171〕參見《事類賦注》，第 521 頁。
〔註172〕參見《事類賦注》，第 533 頁。
〔註173〕參見《事類賦注》，第 538 頁。

此外，果部各賦同樣與星象之間有著強烈的對應關係。例如《杏》賦云：「美此文杏，稟精歲星」〔註174〕；《甘》賦曰：「磊如景星之彩，燦若隋珠之連」〔註175〕；《橘》賦曰：「淪璿星之粹精」〔註176〕。

果部的《梨》《栗》兩篇與前述各篇均有不同。《梨》篇首句云：「惟紫梨之津潤，可解煩而釋悁」〔註177〕。這主要是說梨實可生津潤肺，消解胸中煩悶。篇末盛讚「梨」為「百果之宗」，是山楂所不可比擬的。此語原出自《宋書》〔註178〕：張敷，小名「楂」，其父張邵，小名為「梨」。宋文帝因此問張敷，山楂比之梨如何？張敷答道：「梨，百果之宗，楂何敢比？」張敷答語一語雙關，委婉地表達了自己謹守父子之禮，不敢僭越。然而，《宋書》中一語雙關的「楂不比梨」，在專以物事本體為敷陳對象的《事類賦》中，反被隱其經學教義，回歸到物事本身。事實上，這也正是《事類賦》有別於經學之處：其首要關注點並不在於經史事類所要傳達的禮義或教義，而是物事本體。但《事類賦》注的解釋，又由物轉回到事典。這種賦文學與經學之間的互動關係也是頗為值得關注的。

《栗》賦雖在《梨》賦之後，其重要性卻不可忽視。栗樹是富庶的象徵：「比素封於千室」〔註179〕。在漢代擁有「千樹栗」，等同於被封「千戶侯」；栗也是重要的儀禮祭品：「《儀禮》置之於菹南，《周官》用之於籩實」〔註180〕。作為祭品的栗子，擺放的方位也十分講究，須置於酸菜南側。與他賦以稱頌果實嘉美開篇不同，《栗》賦首句也是從栗樹的生長方位寫起：「詩云：山有漆，隰有栗」〔註181〕。和生長在山上的漆木不同，栗樹喜濕，多生長在低窪潮濕之地。這一點和《事類賦》以陰陽燥濕為基本分類標準正相對應。

對於吳淑而言，物類本身的禮序極為重要。有如天上的星宿各在其位，吳淑在創作《事類賦》之時，也試圖將百種物象安放在各自相宜的方位之上。草木與果實受到天地精華的滋潤而萌發生長，在《事類賦》十四部類中與歲

〔註174〕《典術》：「杏木者，歲星之精。」參見《事類賦注》，第517頁。
〔註175〕（南朝宋）宗炳《甘頌》：「煌煌嘉實，磊如景星。南金之色，隋珠厥形。」參見《事類賦注》，第533頁。
〔註176〕《春秋運斗樞》：「璿星散為橘」。參見《事類賦注》，第535頁。
〔註177〕參見《事類賦注》，第527頁。
〔註178〕參見《事類賦注》，第529頁。
〔註179〕參見《事類賦注》，第530頁。
〔註180〕菹：酸菜。籩：古代祭祀時盛放食物的竹器。
〔註181〕參見《事類賦注》，第530頁。

時部首尾呼應。這點也恰好解釋了，為何草木部與果部夾雜在禽、獸部與鱗介、蟲部之間，其用意與歲時部被安置於天部與地部之間是一致的。

第六節　小結：《事類賦》之「類」

　　不同於近代研究多將《事類賦》劃歸為類書的觀點，本章通過細緻考察《事類賦》的編目體例和序類邏輯，發現其較之類書遵循著更加精審和嚴謹的內在邏輯，其中不僅包含中國古人「以類辨物、以禮為序」的認知思維，而且貫穿著天地歲時、陰陽五行、「應物斯感」、「應類而生」等獨具中國特色的傳統文化觀念。

　　《事類賦》在借鑒和參照前代類書體例的基礎上，將繁多物類的名稱進行了歸類、排序和整合。《事類賦》首先以天部、地部分目，中間插入歲時部，分別強調陰陽各以類從、四時氣類相感。這條基本線索始終貫穿於《事類賦》整個分類和序類體系之中。《事類賦》首要以天、地分目，是宗源於《釋名》的辭書體例，強調物象之陰陽屬性與各從其類的基本原則。如《易》中所云「同類相應、同氣相求」，《事類賦》主要依據天地間物象所含「氣」之體性不同來辨識，如天為「群陽之精，積氣而成」，日、月分別為「陽精」與「陰靈」，星為「萬物之精」。天地間陰陽氣質交互感應，即形成了「天部」後半部分之風、雲、雨、霧、露、霜、雪、雷等自然氣象。這些自然氣象隨著時間產生變化，各以類分，即為歲時之春、夏、秋、冬。由上至下，再依據「氣」之通塞程度的不同，將地部之「地、海、江、河」等等依次排序。由地部「山、水、石」之精氣凝聚所化生，再到寶貨部之「金、玉、珠」等；由自然之寶貨再到人文之寶貨，如「錦、絲、錢」等，再到人文氣象之各個部類，如從樂部之歌、舞、琴、笛等，到服用部之衣、冠、杖、扇等，再到文房什物之筆、硯、紙、墨，以及彰顯國容的舟車與鼎制，日常飲食之茶酒文化等。

　　《事類賦》的編類體例一方面遵循物類相從的基本原理，同時也是從物象之「禮序」先後出發。如氣感在先的羽禽部排在獸部之前，獸部又排在氣感最末之鱗蟲部之前。萬物有靈，這種「靈性」在《事類賦》中是從「應類」與物類相感的角度來呈現。人文造物，亦是以「類象」為本，如紙有「松花鳳尾」，錢稱「布幣」，取其類似於泉水流正不偏之義。禽獸草木與天地間的「應類」關係，一方面體現在「瑤光星」散落而化生萬物的解釋，另一方面則是與

五土之形態與《樂經》中的氣感觀相應和：如山林中的動植物多生毛髮或為黑木，川澤中多鱗甲類生物與多油脂木材，丘陵多生羽禽與果木，水邊多生蟲介與水草，低地多裸獸與灌木等。物類之間的相感，也是《事類賦》所強調的「類」之觀念中非常重要的一部分。如《甘》賦曰：「彼草木之無知，胡與時而榮悴？」此處並非引用經語，而是吳淑承接上述事類的感歎之語。草木若是無知，又怎會隨著時令變化而榮枯？《事類賦》的一字一題，並非僅僅是文字的象徵，而是存在於天地、山川、草木、人文之間玄妙深微的物「類」體系之中。

　　以類辨物、以禮為序，體現了《事類賦》最核心的分類原則，而在此當中，部類編排次序中的「錯置點」，如天地之間的歲時，寶貨與器物之間的樂部，禽獸與鱗蟲之間的草木花果，甚至是在「根」目與「生」目之間插入的「文」目，也是吳淑賦在參仿傳統類書編目體例的基礎上進一步提煉創新的突出特徵。

第三章 隱諫與經世：《事類賦》的 創作心態與類事目的

　　《事類賦》是吳淑由南唐入仕宋朝後所撰的類事賦，主要以經史事類為主體，涉及治政、禮法、仁德、時令、物文、風俗等。由第二章對《事類賦》分類邏輯和體系的分析梳理可知，此書體例非常精審。這種審慎之態度首先與呈獻宋太宗御覽直接相關。作為跨朝舊臣，以賦為「隱諫」的方式比起直諫也更為穩妥；從《事類賦》的創作反觀宋初文士之心態，也具有十分重要的參照價值。《事類賦》初作於吳淑預修類書的階段，其初始用意在於將經史事類以類事賦的形式保存下來，以進一步實現經世致用與教化國子的目的。

第一節　《事類賦》的創作背景與隱諫的必要性

一、由南唐入仕宋朝的隱憂

　　吳淑（947～1002 年），作為由南唐歸宋的跨朝舊臣，在呈獻《事類賦》給宋太宗閱覽時自是「兢惶載深。」在《進注事類賦狀》末尾，吳淑以謙卑的言辭寫道，「徒傾鄙思，曷副宸心。伏乞皇帝陛下，俯錄微能，特紆睿覽」〔註1〕。吳淑在南唐時曾因才學而頗負盛名，隨李煜歸降宋朝後，卻一度窮窘不得重用。這種心理落差，顯然也是吳淑後來耗費心力創作《事類賦》的巨大動因。

〔註 1〕參見本書附錄二。

　　宋史本傳稱吳淑「幼俊爽，屬文敏速」〔註2〕。當時，南唐名臣韓熙載與潘祐等人皆對其文章十分讚賞，稱讚吳淑之文為「中林之蘭蕙」，以致於「每有滯義，難於措詞者，必命淑賦述。」或許也正是因為得到韓熙載等人的器重和舉薦，吳淑在南唐時很快便「以校書郎直內史。」此後不久，吳淑便隨後主李煜歸降宋朝（975年），當時吳淑年僅二十八歲。歸宋之後，吳淑曾「久不得調，甚窮窘。」其後因得近臣舉薦，再通過學士院的考核，才被授予大理評事一職，主要掌管宋初三大類書《太平預覽》、《太平廣記》和《文苑英華》的預修事宜。參與預修類書的這段時間，恰好也是吳淑在醞釀創作《事類賦》的階段。類書的預修工作，從編寫體例到其中的類事內容都對《事類賦》產生了十分直接而深層的影響。然而，與吳淑入仕宋朝之前所作文章的「敏速」相比，《事類賦》的用辭顯然更加審慎。

　　《事類賦》嚴謹的分類邏輯與引經據典的寫作風格，也反映出吳淑由南唐入仕宋朝之後創作心態的巨大轉變。賦者，為古詩之流。古詩以表露情志為主，多崇尚情動於中而發言於外。然而，吳淑所作一百篇類事賦，卻必須將自己的情志「隱」藏於文中，不可昭然外露。由南唐入仕宋朝的特殊文士身份，正是吳淑在《進注事類賦狀》中所表達的「兢憂」、「兢惶」之感的根源所在。進呈《事類賦》這一舉動，是否出於吳淑期望得到宋太宗重用的緣故？宋太宗閱覽《事類賦》之後，又下詔令吳淑為賦作注，致吳淑再耗時數年之久，又是否如諸多學者所推測的，為帝王羈縻前朝舊臣的「役心」之舉？這種君臣之間相互「博弈」與「制衡」的心態，在《事類賦》所徵引的君臣事蹟中也多有映射。也正是由於吳淑特殊的跨朝身份，他在提及君臣與治政事宜時，多以「隱諫」或「譎諫」的手法，即委婉地通過經史事類中的「訓辭」，希望能對宋太宗起到間接規諫的作用。

二、類書修撰「役心」說的反向詮釋

　　吳淑創作《事類賦》的具體年限並不明確，但僅僅為了給賦文增加注釋，就耗時約四到五年。據南宋王應麟《玉海》（卷59）所記載，吳淑這百篇賦獻於「端拱中」（988～989年），但賦注直到「淳化四年」（993年）才完成；據此推算，賦注增補歷時約四到五年。據統計，《事類賦》正文約四萬字，合注文約二十五萬字，所引文獻逾四千多種。吳淑為《事類賦》作注所耗費的時

〔註 2〕參見本書附錄一。

間，大致與編寫一部同等規模的類書相同。但由此是否就可推斷，宋太宗詔令吳淑修撰賦注，是一種羈縻舊臣、耗費其心力的政治手段呢？表面上看確似如此，但實則不然。

　　首先，《事類賦》創作於「端拱中」之前。「端拱」為宋太宗的第三個年號，當時吳淑已年逾四十。《太平御覽》的編修大致始於 977 年，即北宋太平興國二年，歷時六年至太平興國八年完成。結合以上時間線來看，從李煜歸宋的 975 年到《太平御覽》始修的 977 年，再到吳淑獻《事類賦》的 988 年，其間經過了約十餘載的時間。因此，吳淑以《事類賦》進呈宋太宗閱覽，首先並非是出於自薦或期望得到重用的目的。但宋太宗閱覽後，立即詔令吳淑為賦作注，是否仍然出於耗費降臣心力、使其無暇顧及其他的政治目的呢？

　　近代研究類書的學者多稱，類書的編撰多成書於朝代更替之時、或為招攬舊臣的政治手段。比如劉葉秋在《類書簡說》中就曾寫到：

> 從前許多有名的官修類書，都編於改朝換代之初或政局動盪之後，如《藝文類聚》和《文思博要》撰於唐初；《淵鑒類函》和《佩文韻府》等撰於清初；《三教珠英》撰於唐武則天稱帝之時；《永樂大典》撰於明成祖「靖難」之後；《古今圖書集成》成於清世宗奪得帝位之時。這都不是偶然的。唐初多用陳隋的舊臣，太宗怕他們失職怨恨，就設文學館，延攬這些人，給予豐厚的俸祿，叫他們編輯類書。宋太宗對於五代的舊臣，也採取了同樣的辦法，拉攏收買，使他們來撰集並不急需的類書，以消除其不滿甚至反抗的情緒。〔註 3〕

　　其中提到宋太宗對於五代舊臣也延用了這種方法，指的也正是《太平御覽》等類書的編修。這種看法似乎不無道理：一方面因為類書卷帙浩繁，編撰確實需要損耗非常多的人力和時間；另一方面，參與類書編修的人員的確也多是前朝舊臣。最早提出這種以修類書來「緩和政治內部矛盾」說法的是南宋朱敦儒。王明清在《揮麈後錄》中曾引朱敦儒之言曰：「朱希真先生云：『太平興國中，諸降王死，其舊臣咸宣怨言。太宗盡收用之，置之館閣，使修群書，如《冊府元龜》、《文苑英華》、《太平廣記》之類。廣其卷帙，厚其

〔註 3〕劉葉秋：《類書簡說》，上海：上海古籍出版社，1980 年，第 19 頁。

廩祿贍給，以役其心』」〔註4〕。

以修類書為「役心」之舉，確實可以成為政治上的一個選項。但以上所引，似乎都避開了《太平御覽》未談。《太平御覽》初名《太平總類》，因為宋太宗「日覽三卷，一歲而讀周」，遂賜名「御覽」。宋太宗御覽經年而不輟，恰恰說明《太平總類》不完全是「並不急需的類書」，劉知秋先生的說法並不完全成立。事實上，考察類書源始就會發現，魏文帝時所編的《皇覽》、北齊時的《修文殿御覽》等官修類書，最主要的用途都是供君王閱覽經史並用以治政。以類書進呈「御覽」，在歷代都不罕見。

《事類賦》初為百篇「一字題賦」，也是首先進呈宋太宗御覽。因頗得太宗讚賞，所以吳淑才受命增以賦注。所以，如果編修類書是太宗為籠絡舊臣的「役心之舉」，那麼，太宗為何不讓吳淑繼續參與類書的編修工作，卻反而讓他為自己所作之賦進添加釋呢？首要原因必然是，宋太宗認為吳淑的《事類賦》有別於慣常之類書，且可能對當朝的時政產生一些資助裨補之效。當時的科考十分注重「典贍」，即事典的運用和準確性。清人孫奎在《春暉賦園賦苑卮言》中曾寫道，宋太宗「以詞場之弊，多事輕淺，不能該貫古道，因試《卮言日出賦》，觀其學術」，並選擇試賦中最為「典贍」者，擢為甲科。〔註5〕

吳淑的《事類賦》，正好契合了宋太宗希望借助經史學習變革科舉辭賦的浮華風氣的決心，因而大獲賞識。為賦作注，雖然耗時頗久，卻能為科考士子提供指導和參考。這可能也是宋太宗授命吳淑為《事類賦》作注的重要原因。還有一個事實亦可間接反駁「役心」之說：與吳淑同時參與編修類書的江南舊臣，如「湯光祿（悅）、張師黯（洎）、徐鼎臣（鉉）、杜文周（鎬）」等人，均受到了宋太宗的重用：湯悅和徐鉉直升學士院，張洎參知政事，杜鎬

〔註4〕（宋）王明清：《揮麈後錄》，北京：中華書局，1962年，第107頁。朱敦儒先生所提及的《冊府元龜》實則編於宋真宗景德二年（1005年），並非宋太宗時所修。對於此說，南宋另一史學家李心傳在其書《舊聞證誤》中已經明確駁證：「按《會要》，太平興國二年（977年），命學士李明遠（昉）、扈日用（蒙）偕諸儒修《太平御覽》一千卷、《廣記》五百卷。明年，《廣記》成；八年（983年），《御覽》成。」《太平廣記》逾一年修完，《太平御覽》歷時六年；《文苑英華》至多也只耗時三年（太平興國九年984至雍熙三年986）。因此，依靠修類書而致使前朝舊臣「老於文字之間」的說法並不足以取信。參見（宋）李心傳：《舊聞證誤》，北京：中華書局，1981年，卷1，第9頁。

〔註5〕參見（清）孫奎：《春暉園賦苑卮言》下卷，引自《歷代賦論彙編》，第244頁。

官至龍圖閣直學士。吳淑本人，也是秘閣要臣。

　　此外，《舊聞證誤》也提到，「當修《御覽》、《廣記》時，李重光（煜）尚亡恙」〔註6〕，所以朱敦儒稱舊臣「因降王死而出怨言」的說法也不實。近代學者聶崇歧在《太平御覽引得・序》中也曾駁議道：「煜之死，當時曾有不得善終之謠；而被命入館修書諸人，若湯悅、徐鉉、張洎、吳淑、舒雅、呂文仲、王克貞等又皆煜之故吏，是或即王氏記述之所指。然煜卒於太平興國三年（978年）七月，已在《廣記》將成之際，並不在修書之前；而湯悅諸人歸宋入仕，又多在太祖朝，不必待太宗即位再事攏絡」〔註7〕。

三、隱諫與創作心態轉變

　　事實上，在吳淑進呈《事類賦》之前，其文章天賦已頗受宋太宗賞識。按宋史本傳，宋太宗曾於便殿召見吳淑與呂文仲、杜鎬三人，拿出古碑一篇，與三人共賞。可見，當時宋太宗與吳淑等人雖為君臣，卻以文相交，頗有共鳴。之後，吳淑曾歷任太府寺丞、著作佐郎，後「置秘閣，以本官充校理。」入秘閣，則意味著成為太宗的心腹之臣。後吳淑嘗獻《九弦琴五弦阮頌》〔註8〕，宋太宗讚賞其「學問優博」。自古多有文士獻「賦」以謀求仕途之發展，但吳淑進獻《事類賦》之時已入秘閣，並無作賦求仕之必要。吳淑後又遷為水部員外郎。至道二年〔註9〕，吳淑又兼掌起居捨人事，預修《太宗實錄》。後再遷為職方員外郎。

　　事實上，吳淑在《事類賦》中已隱約流露出「知止」之意。他在《水》賦說「感若思之置坐」〔註10〕。此語原出自《唐書》：「孔若思常謂人仕至中郎，足矣。及遷庫部郎，乃置一石止水於坐右，示止足之意。」吳淑在作《事類賦》之時，實際上已年逾四十，因為頗受太宗重用，或許也曾思考過是否該及時「知止」？然而，再看《水》賦緊接下一句「為左慈之逆流」所暗含之意，則可以發現，在「知止」和「逆流」之間，吳淑最終選擇了後者。然而，想要以跨朝舊臣的身份在宋朝逆流生存，卻實非易事。吳淑在南唐升遷至內

〔註6〕（宋）李心傳：《舊聞證誤》，北京：中華書局，1981年，卷1，第9頁。
〔註7〕聶崇歧：《太平御覽引得》，北京：哈佛燕京學社，1935年，序vi。其中，「攏絡」為原文，非誤字。
〔註8〕九弦琴、五弦阮為宋太宗倣仿舜作五弦琴以歌南風之辭所增製。
〔註9〕即996年，「至道」為宋太宗的最後一個年號。
〔註10〕參見《事類賦注》，第137頁。

史後不久，便隨李後主歸降宋朝，其後久不獲委派調任，生活甚為窘困。之後受到舉薦，也是從大理評事和預修類書等事宜開始，其後才慢慢得到太宗賞識與器重。

前期預修類書的工作為吳淑創作《事類賦》和後來的作注提供了堅實的文獻基礎，反之，《事類賦》的創作，又像是對「官修類書」的某種提要或注釋補充。吳淑將「一字題」皆隱藏於事類之中，而並不昭顯於賦文表面。若宋太宗果真通讀《太平御覽》，再讀吳淑的「一字題賦」，則必能知曉其中所隱藏的每個事典。《事類賦》初作之意，本是為宋太宗閱覽卷帙浩繁的類書之便，並且為宋太宗提倡「典實」之科考文風，提供了具體示範和素材的參考。

但不同於很多文士私修的作文之書——如陸機所編《要覽》、戴安道和顏延之所撰《纂要》、白居易的《六帖》、李商隱的《金鑰》或沈約的《袖中記》、《珠叢》之類——即文人於閑暇時候所積攢的詩文素材集粹，《事類賦》的正文或更準確地說即吳淑最初創作的百篇「一字題賦」，其創作目的與宋太宗這位「第一讀者」或呈覽對象有著最為直接和密切的關係。《事類賦》作為賦而非類書，在很大程度上，就決定了「賦」所必須具有的首要功效——諫君。換言之，即在某種程度上達到「役君王之心」之目的。

吳淑創作《事類賦》作為隱諫君王的傳達方式，與宋太宗鼓勵其作注以進一步申明經義的互動性，也反映出北宋初期文士積極以賦為「諫」的心態與君王積極納賢的主動性。關於這一點，胡建升在《宋賦研究：權力與形式》中也指出過：「吳淑的《事類賦》涉及天地宇宙間一百種物類，是宋代賦體文學學術化、知識化的典型賦作。吳淑受詔注釋其賦，體現了政治權力的賦體書寫意願和需求」〔註11〕。

第二節　以隱諫為主：《事類賦》的基本類事職能

一、賦義緣起與賦諫功能

班固《兩都賦序》云：「賦者，古詩之流也」〔註12〕。古人言賦源於「詩」，

〔註11〕胡建升：《宋賦研究：權力與形式》，上海：上海交通大學出版社，2017年，第31～32頁。

〔註12〕（南北朝）蕭統編，李善注：《文選》，北京：中華書局，2016年，卷1，第21頁。

並非指泛泛意義上的詩歌，而專指《詩經》，尤其是《詩經》六義之一的「賦」。「詩六義」的順序，今人多按照「風、雅、頌、賦、比、興」的次序排列，前三者為體裁，後三者為修辭；然而，「詩六義」古序卻是將「賦」列於「風」之後，居第二位的。《毛詩序》云：「故詩有六義焉：一曰風，二曰賦，三曰比，四曰興，五曰雅，六曰頌。」朱熹《詩集傳》云，「風者，民俗歌謠之詩也。」採集歌謠以考察風俗，是古代君王反思治政之得失的主要手段之一。將此類歌謠之詩通稱為「風」，也正是因為此類歌謠與風之特性相似：「物因風之動以有聲、而其聲又足以動物也」〔註13〕。

　　從采詩以觀「風」的最初起源，到後來「賦」從「詩六義」中獨立出來自成一文體，也是一脈相承的。詩六義之「賦」原本僅為修辭手法之一，意為「鋪陳」。《毛詩正義》曰：「賦之言鋪，直鋪陳今之政教善惡」〔註14〕。《文心雕龍·詮賦》篇云，「賦者，鋪也，鋪采摛文，體物寫志」〔註15〕。朱熹《詩集傳》云，「賦者，敷陳其事而直言之者也」〔註16〕。雖然《毛詩正義》與《文心雕龍》都言「賦」為鋪陳之義，但兩者所論鋪陳的目的卻不盡相同。《詩經》六義之「賦」鋪寫物事，目的在於觀「政教善惡」；而劉勰所處的六朝齊梁時期，賦之功能已不必在於觀政風，而更多在於鋪采辭藻，或抒寫賦者自身的情志。後者之賦，已更近於騷體。《事類賦》的作賦目的，則更接近於前者的經世觀，即借助事類以觀風教，而非在於抒發個人的怨悱不遇之情。

　　作為獨立文體之「賦」，雖然在淵源上脫胎於「詩六義」之一，但實則兼含「風」義。《毛詩正義》曰：「風，言賢聖治道之遺化」〔註17〕。在《事類賦》所包含的事類內容中，聖賢事蹟所佔比例最多，既有堯舜、黃帝、夏鯀和禹等古代帝王事蹟，也有孔子及其門人的事蹟和言說，其他如老子、莊子、孟子、墨子以及各類高士賢者，甚至少數佛者等，悉數囊括其中。至於經世治道，更是《事類賦》採輯的主要事類之一。此外，尚有君臣事蹟、禮儀風俗、刑政制度、仁孝與善德之事等。事實上，吳淑編寫《事類賦》，更偏重於

〔註13〕（宋）朱熹：《詩集傳》，北京：中華書局，1958年，第1頁。
〔註14〕（漢）毛亨傳，（漢）鄭玄箋，（唐）孔穎達疏：《毛詩正義》，十三經注疏，北京：北京大學出版社，1999年，上冊，第11頁。
〔註15〕（南北朝）劉勰撰，范文瀾注：《文心雕龍注》，北京：人民文學出版社，1978年，第134頁。
〔註16〕參見《詩集傳》，第3頁。
〔註17〕參見《毛詩正義》，第11頁。

賦「經世治道」的功用性。這與吳淑由南唐入宋的特殊身份，以及宋初君臣之間緊張關係的緩解是有關聯的。

「風」之另一義即在於「諷」。「諷」，也是「賦」的功能之中最有爭議的一點。賦主鋪陳，為何又和勸誡或諷諫君王有關呢？班固《兩都賦序》云，「賦以抒下情而通諷喻」〔註 18〕。但借由賦的鋪陳手法，如何能達到諷喻君王的效果呢？朱鶴齡《讀文選諸賦》一文，就主要著眼於漢賦的諷喻性：

> 蓋古人文章，未有無為而作者，如孟堅《兩都》，為西京父老怨
> 明帝不都長安，故盛稱東都以諷喻之。平子《兩京》，為明帝時王侯
> 以下多逾侈，故作此以諷諫也。明帝欲廢南都，故特稱此都之盛，
> 亦以諷也。長卿《子虛》、《上林》意欲明天子之義，故假稱子虛、
> 烏有、亡是三人以諷也。飛燕無子，成帝往祠甘泉宮，制度壯麗，
> 子雲故賦《甘泉》。又成帝獵南山，農民不得收斂，故賦《羽獵》、
> 《長楊》、皆以諷諫也。〔註 19〕

漢賦篇幅鴻衍巨麗，通由鋪陳寫物的方式來規諫君王，效果自然不如直諫。如《毛詩序》所云，「上以風化下，下以風刺上，主文而譎諫，言之者無罪，聞之者足以戒，故曰風」〔註 20〕。相比直諫，以更為委婉的方式進行「譎諫」，是賦從「風」所延承的重要功能之一。但和短小精悍的《詩經》相較，賦連篇累牘的創作形式，又是否和諷喻的功用性有所相悖？

《事類賦》最直接的呈閱對象是宋太宗，因此直言進諫自然不妥。但以博採事類、隱諫於文的「譎諫」方式，間接地達到規諫的目的則較為穩妥。賦的這種效果，與連珠文異曲而同工。傅玄在《連珠序》中寫到「連珠」的文體特點：「辭麗而言約，不指說事情，必假喻以達其旨，而賢者微悟，合於古詩勸興之義」〔註 21〕。《事類賦》鋪陳經義事類，直言其事而少有旁辭，一言一語皆有經籍可考。對閱覽的君王而言，於《事類賦》所擇事類之中能有所「微悟」，從歷史事蹟的觀照中對自身有所「鑒誡」，則不失賦的「勸諫」之功。這點從《事類賦》中君臣事蹟的占比之重可最為直觀地察覺。正如陳慶元先生在《賦：時代投影與體制演變》一書中指出賦於隱微之處勸諫君王的必要性：

〔註 18〕 參見《文選》，第 21 頁。
〔註 19〕 《愚庵詩文集》卷十三，《景印文淵閣四庫全書》本。引自《歷代賦論彙編》，第 504 頁。
〔註 20〕 參見《毛詩正義》，第 13 頁。
〔註 21〕 張溥：《漢魏六朝百三家集》，《景印文淵閣四庫全書》本，卷 39，第 33 頁。

「這種『微戒』或微諷手段，又是『上書』或『奏書』等一類文體所難於替代的——在諫與不諫兩難的情況下，賦起到了它應有的作用」〔註 22〕。

西晉皇甫謐在《三都賦序》中也談道，「昔之為文者，非苟尚辭而已，將一紐之王教，本乎勸誡也」〔註 23〕。同樣是以勸誡為目的，博贍事類卻是賦有別於其他文體的重要特點：「賦也者，所以因物造端，敷弘體理，欲人所不能加也」〔註 24〕。《事類賦》每篇以一字為題，由此引出歷朝相關事類，「觸類而長之」；若僅僅只是如類書般堆砌事文，所達到的效果也只是「博誕空類」罷了。然而，細讀《事類賦》所選的事類則不難發現，《事類賦》之所作，不僅是為了學子取便記誦，並且希望覽者能於其中有所「微悟」。正如作者在《魚賦》末尾所辯護云：「斯足以驗人事，制國經，豈徒誦毛詩之《九罭》，觀天文之一星？」更進一步，典籍中所記載的人事和典制，亦存有十分重要的經世價值，不可以習見忽視之。

二、諫君而無畏：隱諫的潛在效能

在《栗》〔註 25〕賦中，吳淑曾舉君臣間事二例：上句為「應侯發之以諫主」，講的是應侯范雎勸諫秦昭王以五苑中的果蔬如棗栗等分發給饑民之事；下句為「沈約疏之而怒帝」，講的是沈約嘗於豫州侍宴，適逢有人獻栗，直徑寸半，皆以為奇。於是梁武帝和沈約「各疏所知」，比試誰所知的栗事更多，結果沈約比武帝少三事，出來反而說：「此公護短前，不讓即羞死。」武帝認為沈約出言不遜，想要治罪，多虧徐勉堅持諫言才得以免除。據南宋晁公武《郡齋讀書志》卷十四「同姓名錄」一條云，「齊梁間士大夫之俗，喜徵事以為其學淺深之候，梁武帝與沈約徵栗事是也。類書之起，當是在是時」〔註 26〕。

可見，當時以所知事類多寡為學問深淺的衡量標準。君臣間競比所知隸事典故之多寡的風習也促進了時人對類書編撰的需求。但因此說類書即起源於齊梁時期，卻並不確鑿。實際上，早於東漢之時，即有君王召臣子問對事

〔註 22〕陳慶元：《賦：時代投影與體制演變》，桂林：廣西師範大學出版社，2000 年，第 101 頁。
〔註 23〕參見《文選》，第 641 頁。
〔註 24〕參見《文選》，第 641 頁。
〔註 25〕參見《事類賦注》，第 531 頁。
〔註 26〕（宋）晁公武撰，孫猛校證：《郡齋讀書志校證》，上海：上海古籍出版社，1990 年，第 646 頁。

典以考察其學問之事。如《鼎》篇中「列之柏寢」一句，引自《東觀漢記》，說的是漢明帝時廬江縣曾獻鼎一尊，明帝於是下詔召見鄭眾〔註27〕前來，問他齊桓公之鼎在柏寢臺一事，見於何書？以及《左氏春秋》關於「鼎」的事典都有哪些？鄭眾對答如流，即被擢升為郎中。清代周亮工在《書影》卷三《東觀漢記》鼎事一條後云：「此六朝文士隸事之始」〔註28〕。

吳淑所著《事類賦》乃是直接進呈給宋太宗過目，因此用辭必當謹慎之至。賦雖以敘述事類為名，以博贍為主要目的，但所選事例，特別是有關帝王君臣之類，多隱含有諷諫之義。荀子賦篇多為隱語，屈原亦多以香草為喻，由南唐轉仕入宋的吳淑，作賦自然需要處處小心。因此，在紛繁的事類中，吳淑則只能以慎思將諫君之義，巧妙地編織進事對之中，並且儘量不著痕跡。像《栗》賦和《棗》賦等小篇如此，僅著墨隻言片語，並且只是言及古事，不介入當朝時政。此類講歷代君王事蹟的筆墨頗多，散見於諸篇賦中。以下僅試舉數例以進一步考察其用意和寫法。

《天》賦曰：「驚鄭國之再旦，悟齊公之仰視」〔註29〕。上句講的是鄭國一天之內出現兩次天亮之事，可謂異象；下句作者注云出自《說苑》：「齊桓公問管仲曰：『王者何貴？』對曰：『貴天。』桓公仰視天，管仲曰：『所謂天者，非謂蒼蒼莽莽之天也，居人上者，以百姓為天。』」此處，諫君之義明矣。《天》賦又曰：「既居高而治下，亦常正而無私。」講的是天道無私所以常正、因為常正所以清明的道理。這說的是君王居高而治下，其治理天下的道理與天道同。若有違天道，則天將「以災異而垂譴」。天降災異，則是「譴告人君，覺悟其過，欲令悔慎思慮也。」因此，君王惟有修德以應，靜候天命。如何修德？「常虧盈而益謙」。對君王言「謙遜」之德，實難矣。

《日》賦篇的諫君之意則更「顯」於隱辭之中。篇首即言：「日，實也，人君象之而臨極者也」〔註30〕。整篇賦以「日象君德」為所引事類的主要脈絡。譬如「玄端而朝，東郊以祭」句講的是：二月，君王穿戴玄端服在東郊祭祀太陽的禮事。又如「掌十輝於視祲」。《說文》曰：「祲，精氣感祥也。」吳淑注曰：「祲，陰陽氣相祲也。」《日》賦此句是說，在舉行祭禮時，需要根據

〔註27〕鄭眾：東漢經學家。
〔註28〕（清）周亮工：《書影》，上海：上海古籍出版社，1981年，第70頁。
〔註29〕參見《事類賦注》，第4頁。
〔註30〕參見《事類賦注》，第11頁。

「十輝」即太陽光氣的不同來觀測祅祥、辨別吉凶。再如「或夾赤鳥而垂遣，或貫白虹而驚異」一聯，前者說的是楚國曾出現如「赤鳥」般的雲霞，繞著太陽盤桓了三日，楚昭王便問太史什麼緣故。太史說，有災禍可能降臨到君王身上，但如果舉行崇禮祭祀，災禍可轉移到令尹和司馬身上，但楚昭王並沒有這麼做，最後身死。孔子讚歎昭王不失去他的國家，是當然的道理。由此事，也可見君王的德行。後者說的則是，聶政刺殺韓相，荊軻刺秦王，天上都出現「白虹貫日」的奇異景象。君德如天象，兩者可相為符徵。

　　《日》賦中「爾乃觀五色，玩重光」一句，講的是通過觀測太陽的光采可以推知君德，比如，日五色為太平聖王的徵顯。漢明帝做太子時，曾有歌詩四章，其一為《日重光》：「天子之德，光明如日。」也是將君王的德行比作日光。《日》賦「為學聞師曠之喻，入懷為漢武之祥。比畏愛於衰盾，識興亡於夏商」二聯，並舉賢士和帝王事蹟來鋪排「日象」。首先，師曠將為學的不同階段比作不同的日光：「少而學者，如日出之光；壯而學者，如日中之觀；老而學者，如秉燭之光」；其次，漢武帝出生時，其母親曾夢到太陽入懷，以為祥兆。下聯「衰盾」句則以不同時節的太陽比喻賢人：「趙衰，冬日之日也；趙盾，夏日之日也。」吳淑注曰：「冬日可愛，夏日可畏。」唐人齊映曾作《冬日可愛賦》曰：「閉天地成四時者，玄冬。麗乎天明萬芳者，白日」；同時亦有賈嵩作《夏日可畏賦》，言夏日「氣蒸林鬱，焰起山川」，著實可畏。〔註31〕因此，古人看夏日和冬日，與今人或大有不同。日象常常被作為禎祥之符或興亡之兆。吳淑《日》賦注引《論衡》曰：「桀無道，兩日並照，在東者將起，在西者將滅。」東者指殷商，西者指夏桀王朝。夏桀治國無道，所以兩日並出，預示了夏商朝最終的滅亡。

　　《日》賦「秦皇過海，將觀其東出；周穆駕駿，欲見其西入」一聯，並舉秦始皇欲觀日出、以及周穆王欲見落日之事。此聯如何可見有諷諫之義？按吳淑賦注，《三齊略》中曾記載，秦始皇想要渡海以觀日出，於是在海上修造石橋，有神人因為石頭移動太慢，鞭打石頭以致石頭流血，因此最終建成的石橋為赤色。在《日》賦後面的《石》賦中，吳淑再次援引此典故，稱「秦政苛而流血」〔註32〕，隱喻流血者非石，而是造橋之人。吳淑注明，周穆王之典出自《列子》。《列子·周穆王》篇曾記載，穆王駕駛八駿馬車，欲到西邊觀

〔註31〕以上二篇賦引自《事類賦注》，第 12 頁。
〔註32〕參見《事類賦注》，第 145 頁。

日落。據稱穆王「不恤國事，不樂臣妾，肆意遠遊」，久不在朝堂。

「若乃陽事不得，譴見於斯……伐鼓用幣，擊柝縈絲，共抑陰而助陽，終更也而仰之。」《日》賦此數句呼應上篇《天》賦中所言「以災異而垂譴」事，再次以天象來諫人事：講古代若發生「日食」，其原因往往在於「陽事不得」，即君王的治理和對官員的教化不當，因此見譴於天。於是，天子伐鼓擊柝、以朱絲繞社，諸侯百姓以布幣禮社，講的都是日食後一系列的祭社活動，用以助陽抑陰，自遣過失之處。賦注引《論語》云：「君子之過也，如日月之食焉。何損於明？過也，人皆見之，更也，人皆仰之。」雖然君王的過失或招譴於天並導致日食，但若能及時改過，並不會有損於明德；君子之所以受到人們的仰慕，並非因為沒有過錯，而是能及時改過，修正自明。

「是知火氣之精，陽德之母，稱耀靈而號大明，照四方而臨下土。」《日》賦在此主要鋪排太陽的多重名號：「火氣之精」、「陽德之母」、「耀靈」及「大明」。太陽以其光華照臨四方君德亦如此。《日》賦還說到了「乍喜披雲」和「還欣負暄」兩件事。前者講周文王得遇姜公，大喜過望若披雲見到白日；後者講宋國的田夫因感受到陽光的溫暖而感到欣喜，想著如此去面見國君也必會獲得重賞。君王得遇賢臣，百姓懷著欣喜之情期待見到國君，難道不都是最好的景象？然而，作者在結語中恰恰警醒道，「斯皆光景之非盛，未若比王道之當中。」吳淑認為，「乍喜披雲」、「還欣負暄」還不是最好的景象，因為所謂王道，在於取「中」之法，「不及則未，過則戾」。賦末一語，也常常是吳淑的「隱諫」之辭。

君德是關乎古代治政是否清明的決定性因素，因此哪怕是談及帝王的藏書之所時，吳淑也不忘暗示君王賢明的重要性。《星》賦中有「東壁上帝之圖書」〔註33〕一句，在注釋中吳淑說明，該句引自《星經》：「東壁，天子圖書之秘府也。明則圖書集，道術行，小人退，君子入。若不然，天子好武，賤文士，賢人隱，邪曲進。」若是按照注釋的通常範例，本來此處僅需解釋「東壁」為藏書所即可。「明則」之後數語，則是吳淑加以延伸，以「隱諫」君王廣納書籍、博聞而重文之重要性。

君德之象，不僅表徵在日月星辰，同樣體現在治政的各個方面。比如，《絲》賦中「或棼之而益亂」〔註34〕，借助「治絲益棼」來說明君王對待百

〔註33〕參見《事類賦注》，第 25 頁。
〔註34〕參見《事類賦注》，第 203 頁。

姓同樣應當「以德和民」；否則，則必定如一把亂絲難以理清頭緒，而愈來愈糟。

　　樂與舞也常常是君王德政與功勳的象徵。《舞》賦曰：「非徒明德，亦將象功」〔註35〕。後又云：「觀彼行綴，察其勞逸。」後者原出自《禮記》，指從君王所賞賜的「行綴」即樂舞的行列短長，觀察君德之薄厚。在「拂見揚泓」一句中，《舞》賦也提到江南吳地民間流傳之舞《拂舞》，又名《白符舞》或《白鳧鳩舞》。此舞乃是三國末期吳人憂慮其君主孫皓施行虐政所作，見於晉代揚泓《拂舞序》。從以上各例不難察覺，吳淑在撰寫賦注時常常有意埋下勸諫君王施行德政、廣納賢明、以史為鑒戒的「隱諫」之語。

　　《事類賦》在最初進呈宋太宗閱覽時，並未附有注文。因此，若試圖期待宋太宗去查閱每個事典原文並從中有所體悟，事實上是不可能的。吳淑初作類事賦所採用的「隱諫」方法，更多是通過「堆砌」同類事件以達到反覆強調的勸諫效果。這一點，在勸諫君王「戒奢」之時更為顯著。

　　勸諫君王戒奢持儉，這一主旨在多篇賦所採用的事類中均有體現。比如，《雪》賦中「楚子之翠被豹舄」〔註36〕。語出《左傳》，指楚莊王於雨雪天氣狩獵時，身披翡翠羽製成的披風，腳穿豹皮所製的鞋履，以顯示其奢靡。《雪》賦下句「至於王恭鶴氅，曹國麻衣」，也是將「鶴氅」與「麻衣」作為服飾奢儉之對照。

　　另見《錦》賦中「懸鄴中之斗帳，易護軍之縹被」〔註37〕：前者寫後趙皇帝石虎所臥錦帳之奢華，幃帳四角掛以純金龍頭銜五色流蘇，所用熟錦或為黃底博山文錦、或為紫底明光錦，也都價值不菲；後者則形成鮮明對照，說的是孫權曾造訪右護軍蔣欽家中，見蔣母以素布為帳、縹絲為被，感慨其為官過於儉約素樸，於是為其母更換錦被與幃帳。吳淑擔心「懸鄴中之斗帳」一句不夠警醒，於下句中再次點到「四十里石氏之奢」。這裡的石氏並非石虎，而是西晉巨富石崇。石崇作四十里「錦布障」以遮擋風塵。石虎、石崇二人同姓同奢，正好起到前後呼應與再次強調的作用。

　　《春》賦中「放邯鄲之鳩，獻涮胡之米」〔註38〕，說的都是正月旦日的

〔註35〕參見《事類賦注》，第 224 頁。
〔註36〕參見《事類賦注》，第 57 頁。
〔註37〕參見《事類賦注》，第 198 頁。
〔註38〕參見《事類賦注》，第 70 頁。

風俗：前者言趙簡子元日放生以顯示其恩德，於是邯鄲百姓爭相獻鳩；後者言晉武帝時揚州於正旦這日進貢「凋胡米」為帝王專享之事。放生看似是施恩德，卻反過來招致百姓對鳩鳥的捕獵過甚，可謂恩不補過。同樣，冬日進貢「凋胡米」也是極奢侈之事，於是晉武帝在咸康四年下詔停止進貢。這是君王體恤百姓貧苦、不忍獨自饗宴的具體表現。

此外，《車》賦也曾提及趙簡子乘坐瘦馬牽引的簡陋馬車以昭示其儉約之德，見「趙簡好弊」〔註39〕一句注。宰相於是進諫曰：「車新則安，馬肥則往來疾，衣狐豹之裘溫且輕。」趙簡子卻巧妙地回答道，「吾聞之，君子服善則益恭，細人服善則益倨。今我以自備，恐有細人之心也。」對照「趙簡妙弊」，下一句言及「田荖惡侈」一事：晉平公為所乘坐的馬車掛上「犀錯之羽」，並停在朝堂大殿之下，群臣都爭相上前圍觀，唯獨田荖三過而不觀。晉平公大怒，田荖答曰：「桀以奢亡，紂以侈敗，是以不敢觀也。」晉平公於是下令把馬車撤去。歷代帝王因崇尚奢靡常常導致亡國，當以此為鑒、戒除奢靡之風。同時，對照趙簡子宰相之諫與田荖之諫，也是強調臣子之「諫」的重要性。諫之善與不善，常常會導致不同的結果。

《衣》賦中同樣寫到帝王日常居處服飾之奢靡：「宋景之於翡翠，田文之譏綺縠」〔註40〕。上句出自《拾遺記》，描寫宋景公四時衣裳之不同裝飾，春夏多綴以珠玉取其性涼，秋冬衣物則多以翡翠為飾，取其性溫，佩飾皆隨時氣變化而更換；下句指孟嘗君田文譏諷其父靖郭君，後宮妃子皆以綺布為裳、甚至衣長拖地，然而士人卻連短褐都不可得。《事類賦》也有從正面頌揚君王節儉美德的。例如，《衣》賦中「識唐帝之三浣」〔註41〕，其典出自《唐書》：「肅宗性節儉，嘗出袖示近臣，曰：此衣三浣也。」此處需要注意的是，除了提倡君王多浣衣的簡樸美德，吳淑所引述「唐肅宗」乃是唐代的君王。在類事賦的事蹟擇取中卻並未避諱前朝之事，並多持褒揚正面的態度。

《事類賦》中所引錄的唐代文獻並不在少數，但當今學者論及者卻不多。除徵引最頻繁的《唐書》，《事類賦》也注錄了《國史補》、《通典》、《鹵簿令》等補充史料、記載歷代典章制度與儀仗法令之書，如《明皇雜錄》等記錄玄宗事蹟、唐玄宗撰《開元文字（音義）》，如《景龍文館記》、《唐新語》、《嶺表

〔註39〕四庫全書本作「趙簡妙弊」，參見《事類賦注》，第334頁。
〔註40〕參見《事類賦注》，第257～258頁。
〔註41〕參見《事類賦注》，第258頁。

異錄》、《大業拾遺錄》、《西陽雜俎》、《因話錄》等筆記雜說類，以及《資暇》、《漢上題襟集》等文士所編的雜事錄與唱和詩集等等。

正如《中國古體賦學史論》中所指出，「宋朝代興，有懲於晚唐五代的文風頹靡，『尚學求實』成為一代賦家與賦論家的理論訴求」〔註42〕。如何尚學求實？在吳淑看來，相比於晚唐五代的「頹靡」，初唐乃至盛唐的諸多治政之法實可效法和借鑒。吳淑作類事賦不避諱唐事，也是有鑑於此。與唐以前的君臣事蹟所不同的是，《唐書》等所記載的事件因為在發生時間上距離宋朝最近，因此也具備了更強的參考性。《事類賦》中所提及的唐事又是側重從哪些角度試圖對宋太宗進行「隱諫」？

除《雨》賦中「蜀道淋鈴」寫唐明皇追思楊貴妃之事，《事類賦》中最初提及的唐代帝王為寧王李憲，見於《霜》賦中「非宜介樹」〔註43〕一句：寧王李憲薨逝前病重，時氣極寒以致「凝霜封樹」，也有認為是雨水滴落到樹木上結冰所致。同樣是和樹木相關的典故，在《春》賦中「至若彩樹初頒」〔註44〕卻說的是立春時，以彩花樹枝賜予宮人的喜俗；此事記載於《景龍文館記》，即唐中宗李顯在位年間所發生的事蹟雜錄。

《水》賦中曾提到「新豐則平乃清」〔註45〕，同樣見於《唐書》：相傳新豐有處山谷名為「鸚鵡谷」，穀水清則天下平。天下太平與否，與穀水清濁本無直接關聯，只是古人美好的願景罷了。《錢》賦中「輔國鑄鍾而表異」〔註46〕一句，原是說宦官李輔國鑄鍾為國家祈福之事，而「表異」二字無疑暗示後期李輔國的言行已與此相悖。《舞》賦中也曾特別提到以唐舞來象徵武備勢力與太平氣象，見「龍朔之一戎大定，調露之六合還淳」〔註47〕：「龍朔」和「調露」為唐高宗在位時的不同年號，舞名分別為「一戎大定」和「六合還淳」，用以昭顯唐代抵禦戎狄之後獲得安定與氣運平和之景象。後又提及唐高祖於郊廟祭享時所奏武舞樂之「六變」，一變象徵「龍興參墟」、二變象徵「克靖關中」、三變象徵「夷夏賓服」、四變象徵「江淮寧謐」、五變象徵「獫狁讋伏」、六變恢復原位象徵「兵還振旅」。唐武舞之六變，將唐代從初興到以武

〔註42〕孫福軒：《中國古體賦學史論》，杭州：浙江大學出版社，2013年，第84頁。
〔註43〕參見《事類賦注》，第53頁。
〔註44〕參見《事類賦注》，第67頁。
〔註45〕參見《事類賦注》，第138頁。
〔註46〕參見《事類賦注》，第208頁。
〔註47〕參見《事類賦注》，第226頁。

力平定關中、再到征服夷遏戎蠻之族等一系列的開國歷程，編排入樂舞之中。因此，樂舞作為國運的象徵和縮影，在祭祀儀禮中非常重要。

如同通過樂舞來象徵國運，透過琴聲也可感知一地之風氣。《琴》賦曰：「趙師之辨吳蜀」。言琴師趙師善鼓琴，曾談及吳琴與蜀琴之辨：吳地琴音更加清婉，「若長江廣流，綿綿徐逝」，與國士的風采頗為類似；蜀地琴音則頗為「躁急」，「若激浪奔雷，亦一時俊快。」《鼓》賦中曾提及太子承乾在宮中擊鼓作樂一事，太子的老師張玄素於是「極言切諫」其不可因沉耽於玩樂而廢學，承乾於是當面將鼓搗毀。

琴鼓之音，往往也是傳達人心之聲。通過辨知樂音、觀察舞容，可探知一人、一方，甚至是一國之興衰。然而，比起激進的急諫，如綿綿雨水滲透石頭般和緩地進行勸諫或許效果反而更佳。宋太宗曾傚仿舜作五弦琴歌南風之辭而增製九弦琴，很多文士皆作頌進獻，吳淑也作《九弦琴五弦阮頌》，宋太宗閱覽後讚賞其學問優博。吳淑作《事類賦》綜輯經史事類，後宋太宗再詔令其為賦增以注釋，正是君臣之想法相「合」，而非相「離」。特別是《事類賦》的類事目的不僅僅在於「隱諫」君王如何成為賢明的統治者，而且還在於更為重要的「經世」價值，可用以教導國子。正是出於讚賞與信任，宋太宗才會要求將《事類賦》增補注釋，以廣其學問。這一點，與猜忌舊臣的政治「役心」說並不符合；相反，吳淑所作類事賦，正如「無聲」之琴音，於隱約幽微的言辭間，無不是在潛移默化地役取覽者之心。

此外，《事類賦》中也載錄了許多勸諫君王關注百姓生活疾苦的事類內容。如《杏》賦：「牛山荒饉，充食於黎甿」〔註48〕。據後魏《嵩高山記》所記載，言其時「嵩山東北有牛山，其山多杏，至五月爛然黃茂。自中國喪亂，百姓餓饉，皆資此為命。人人充飽而杏不盡。」在政治動盪、朝代更迭的喪亂年代，最苦的莫過於百姓。所幸時值五月，飢餓的百姓有賴於牛山上繁茂生長的杏果才得以飽腹存活。杏若盡，豈絕人哉？

同樣，在《棗》賦中也提及了秦時百姓受饑、欲以果蔬賑濟災民之事。《棗》賦中「五苑紛披」一句原出自《韓非子》，《事類賦》中引作《韓子》曰：「秦饑，應侯謂王曰：『五苑之果蔬，橡、棗、栗，足以活民，請發之』」〔註49〕。此處吳淑注僅引到應侯勸諫昭襄王將宮苑中的果蔬發放給饑民，卻

〔註48〕參見《事類賦注》，第 517 頁。
〔註49〕參見《事類賦注》，第 521 頁。

並未多言昭襄王對此提議的反駁。在《韓非子・外儲說右下》篇中，昭襄王駁議道，「吾秦法，使民有功而受賞，有罪而受誅。今發五苑之蔬草者，使民有功與無功俱賞也。夫使民有功與無功俱賞者，此亂之道也。夫發五苑而亂，不如棄棗蔬而治。」昭襄王此語看似頗為有「理」，擔憂不論功賞給所有百姓發放果蔬可能導致暴亂的發生，並非正當的治民之道。然而，在時值饑荒、百姓生死懸於一線的特殊時期，是否當以救助民困為首要考量？若百姓因飢饉而喪生，又談何「亂」或何「治」呢？君王治政當依法而行，但法外亦不乏權變，須結合時政情況予以變通。

果蔬不僅是「活民」之物，也常在史事記載中被看作世道是否艱難的象徵。如《甘》賦中云，「時難則揚葩而不實」〔註50〕，指甘橘如遇艱難時世則開花而不結果實。此典原出自《唐書》：「羅浮甘子，開元中有神仙種於南樓寺，其後嘗資進獻。幸蜀、奉天之歲，皆不結實。」「羅浮甘子」，即當時唐代的貢品「御園柑」的起源，相傳是開元中時神仙種於南樓寺，滋味頗為鮮美。然而，在安史之亂發生後唐玄宗前往蜀地那一年，與唐德宗因叛亂逃往奉天的那一年，甘橘樹都未結果。雖然神仙種甘果與遇時難而不結果皆有幾分後人在記載史事時的想像或杜撰，但卻增強了「羅浮甘子」的物之靈性，將自然物象與時事之道相聯繫，也是古人以「類」辨物、以「類」推知世情這種特殊思維方式的表現之一。

三、誠臣以輔君：斷翎與畜羽之隱義

《硯》賦中曾記載有一則因進獻珍硯臺而被終生囚禁之事，見「至於梁武不珍於翔鳳」一句注〔註51〕。此事出自於《梁書》中的記載：梁武帝「性純儉」，因吳令唐鏞進獻了一方盤龍火爐翔鳳硯，於是詔令將其禁錮終身，可謂嚴苛。臣子對於君王有勸諫之責，而君王對於臣屬又當如何？梁武帝因一方硯臺就將進獻之臣禁錮終身的做法，雖然看似嚴苛，卻也足以警示其他臣子。《烏》賦中曾以「斷翎」來比喻君王畜臣之法，見「斷翎用致於馴狎」〔註52〕一句注曰：「夫馴烏斷其下翎〔註53〕，則必待人而食。安得不馴乎？夫明王畜臣，亦然也。」將烏鴉翅膀末端和尾部已經長好的羽毛剪去，使其不能

〔註50〕參見《事類賦注》，第534頁。
〔註51〕參見《事類賦注》，第314頁。
〔註52〕參見《事類賦注》，第394頁。
〔註53〕翎：鳥翅和鳥尾上長而硬的毛。

振翅飛行，只能待人取食；畜臣之法亦然。

　　若將此法運用於吳淑等南唐舊臣身上，宋太宗又將如何「剪除」他們身上的「翎羽」，使他們安心歸服？若按照上文所提及，新帝多安排舊臣去編撰類書，徒然將其才學耗費在浩繁而枯燥的「類書」修撰上，是否正是「斷翎」之舉？吳淑在《烏》賦中並無避諱地談及君王以「斷翎」之術來馴服臣子的做法，是否也認同這種做法？換言之，吳淑借由經史事類進行「隱」諫之時，如君王當修持德政、戒奢持儉等等，往往是從「君主」的視角出發去看待諸多問題；「斷翎」此處亦然。如何成為賢能、賢明的君主，不僅需要善於聽取臣子的諫言，更加需要善辨臣子的諫言是否正確；「明王畜臣」之道，在於時時修剪臣子逐漸豐滿的羽翼，使其不得僭越。

　　吳淑所作類事賦，鮮有僭越或自我的主張；但隱藏於這紛繁事類之下的，卻是自我收束的翎羽。吳淑直言畜臣之道的同時，卻莫不是在表明自我的立場。由此也可反映出如吳淑一類跨朝的有才學之士，在面臨朝代更替的艱難處境下，必須選擇收束翎羽與鋒芒、選擇臣服與自保。這種創作心態的轉變，事實上也導致了唐末宋初文士逐漸轉向經學與理學、而非彰顯個人才性的寫作風格。《事類賦》的創作，表層上是對經史事類的梳理和歸類；更深一層，卻是借由這些精心擇取的經史事類，試圖潛移默化地對君王起到勸諫的作用。所謂「隱」諫，正是隱去了勸諫的主體本身，僅僅以「事」體本身所傳達的內容為諫，並不涉及當朝之君臣。吳淑作類事賦，既宗源於「賦」文學本身之諷諫效能，更是借助事類進行間接委婉的勸誡。比起直言之諫，這種以賦為隱諫的形式，效果更加隱微，或許也更能為覽者所接納。

　　治理國政，並非僅依靠君王一人之力，更有賴於各個職能部門的輔佐。君臣之間的關係，亦如天元和星象，互相制衡。《星》賦曰：「北斗，天宮之喉舌」〔註54〕。此處言「尚書」一職，如同北斗為「天之喉舌」，尚書乃是天子之喉舌：「斟酌元氣，運平四時，出納王命，所謂制氣之臣也。」對比「制氣之臣」，《風》賦中卻提到一位「畏風之臣」名為「滿奮」，與晉武帝時同坐琉璃窗下，卻比武帝更加畏寒，如吳牛「見月而喘」〔註55〕。《風》賦中另有提及謝安贈扇給袁宏一事，見「扇授袁宏」注曰：「謹當奉揚仁風，慰彼黎庶。」為官者，乃制氣之臣，豈可畏寒？為官者，當奉揚仁風，造福百姓。

〔註54〕參見《事類賦注》，第25頁。
〔註55〕參見《事類賦・風》篇「施武帝之琉璃」注，第29頁。

如同日食象徵君德有虧、穀水清則天下平,古人常常通過將天地間氣象的變化與人事相聯繫。如《露》賦中曾寫到「或表善政於零陵」〔註56〕,指零陵太守到任一年後天降甘露、潤澤草木,被看作是上天嘉獎其「善政」的表徵。《露》賦中另有二則以「露沾衣」為諫言之事,見「子胥豫見其沾衣,少孺假言於捕雀」〔註57〕:上則出自《吳越春秋》,伍子胥向吳王進諫卻不被採用,於是預言宮中將生草棘,霧露將沾濕衣物,預示國破家亡;下則出自劉向《說苑・正諫》,說的是吳王準備伐楚,下令曰:諫者死。有少孺子欲進諫勸阻,於是懷揣彈弓蹲在後園中三日,任露水沾衣而不動。吳王於是問其緣故,少孺子答曰:「樹端有蟬,蟬高居悲鳴,吸風飲露,不知螳螂在其後。」螳螂欲取蟬,卻又不知黃雀在其後;黃雀欲取螳螂,卻又不知有少孺子舉著彈弓瞄準它。若此者,正是「為貪其利而不思後患」的緣故。吳王聽聞至此,似有所悟,於是取消了伐楚的計劃。對比伍子胥和少孺子的進諫方式和最終結果,直諫往往不如譎諫。這也正是為什麼吳淑要借助類事賦這種形式進行「隱諫」,而非直諫。

《舟》賦中同樣提到不同諫言所導致的不同結果,見「廣德有便門之諫」〔註58〕:某日漢元帝將前往祭祀宗廟,出便門欲乘樓船前往,御史大夫薛廣德卻認為,搭乘御船過於奢華,不合禮制,應當乘坐車駕從橋上過。薛廣德於是摘冠進諫,甚至威脅說若不聽諫言,將自刎以血濺車輪。元帝不悅,這時光祿大夫張猛進言道,「乘船危,就橋安」,聖明的君主不應當捨安而求危。於是元帝乃從橋上過。此事再次說明,為了達到同樣的勸諫效果,所採用的方法不當可能適得其反,甚至還會給自身招致禍患。

君臣之間,不唯獨有臣懼君,亦有君懼臣者,史官就是這樣可以令君王畏懼的臣屬。史官之筆,可謂扼住天子之喉舌。《筆》賦中有兩處提及史官之筆,卻一紅一白:其一,「表赤心於史氏」〔註59〕,指史官以彤管筆書寫。彤,即赤色漆,象徵史官「以赤心紀事」。其二見於「眄白見譏於辛毗」〔註60〕,出自《魏志》:魏明帝見殿中侍御史簪著一支白管筆,側身站在階下,於是問辛毗此人為何官?辛毗答曰:「御史簪筆以書過,以紀陛下不依古法者。」同為史官,亦有二分:持赤管筆者,當以赤誠之心記載帝王事,所記多為德政

〔註56〕參見《事類賦注》,第 49 頁。

〔註57〕參見《事類賦注》,第 51 頁。

〔註58〕參見《事類賦注》,第 329 頁。

〔註59〕參見《事類賦注》,第 309 頁。

〔註60〕參見《事類賦注》,第 309 頁。

與功勳；持白管筆者，卻當以剛正不阿之心，忠實地記錄下帝王之過失。紅白史官，一揚一抑，正好相互制衡。由於史官的監督，君王在治政言行上都會有所忌憚，而不致於肆意妄行。

至於決獄和刑罰，《事類賦》所擇事類雖然多言仁政與公正的判罰，卻也不乏苛政和暴戾的反例。如《桃》賦中曾引一事：秦史趙凱因為一己私恨而誣告桃園種桃者吳且聲偷食御桃，皇上直接令人剖腹取桃，甚為暴虐。《雁》賦中「諫梁君之殺人」〔註61〕，實際上是諫君不殺：梁王出外狩獵時，見白雁，正欲射之，恰逢此時道旁有一人經過，白雁受驚而飛。梁王大怒，下令射殺驚雁者。公孫龍於是以衛文公求雨，不願以百姓祭祀，寧願自己受罰之事予以勸諫道，「今君重雁殺人，何異虎狼？」梁王於是大悅，稱今日狩獵收穫了「善言」！

同樣，在《鹿》賦中也寫到漢武帝時，有獵殺上林鹿者，漢武帝正欲將其賜死。東方朔在一旁細數殺鹿者之罪責有三：「使陛下以鹿殺人，一當死。天下聞陛下重鹿賤人，二當死。匈奴有急，以鹿觸之，三當死。」漢武帝聽聞東方朔此言默然自思，於是赦免了殺鹿者〔註62〕。此類「貴物而賤人」的諫言在《事類賦》中十分多見，如《馬》賦中「晏子一言而刑罰必中」、《槐》賦中「或傷而被刑」兩則，皆出自《晏子春秋》，反覆強調「人貴於物」、不可因物而傷人的主張。

《槐》賦中另提到趙宣子因「驟諫」而招致殺身之禍一事，見「鉏麑觸之於寢」〔註63〕一句注：趙宣子為臣忠正耿直，時時上諫；晉靈公頗為忌憚，於是派鉏麑去殺他。鉏麑一大早前往趙宣子家，發現寢門已開，趙宣子已穿好朝服正襟危坐，因為為時尚早，正閉目休息中。鉏麑於是感歎道，「不忘恭敬，民之主也。賊民之主，不忠，棄君之命，不信。」於是鉏麑撞槐自刎。為臣者，時時刻刻當保持恭謹之心。趙宣子諫君本沒有錯，但諫言總是逆耳，往往容易給自身招致禍患。在忠君直諫與愛護自身性命之間，卻也應當懂得權變，即勸諫方式的適當轉變。

如同君王應當戒除奢靡，臣屬亦然。《金》賦「亦聞埋於幕下」〔註64〕，

〔註61〕參見《事類賦注》，第390頁。
〔註62〕參見《事類賦·鹿》篇「諷漢而禦彼匈奴」一句注，第464頁。
〔註63〕參見《事類賦注》，第493頁。
〔註64〕參見《事類賦注》，第173頁。

原出《唐書》云：杜暹為監察御史時曾前往西覆屯，蕃人以重金饋贈，杜暹初不受。但周圍人皆勸其不可辜負蕃人的好意，於是杜暹只好假意收下，藏於帷幕之下，待出境之後再遣送文牒令蕃人取回。杜暹持身廉潔，不受一金，是為臣屬者當傚仿者。與此相呼應，在《珠》賦中也提及為官是否清正一事，見「弘節之後，亦賣之而被疑」〔註65〕：李弘節為貞觀時桂州都督，生平以「清慎」聞名於世，身歿之後家人賣珠卻被唐太宗懷疑。幸而魏徵進諫，才使得李家免於遭禍。從以上二例可見，為官清正與否，乃是關乎朝廷甚至一國財政命脈的關鍵因素。如君王應戒奢者，臣子則應戒貪。

第三節　經世與教化：《事類賦》的類事目的

　　除以賦諫君、以賦誡臣的兩種主要功能之外，《事類賦》的另一重要類事目的正是在於經世教化。如首篇《天》賦曰：「雪霜降而風雨施，無非教也」〔註66〕。此語原出自《禮》云：「天有四時，風雨霜露，無非教也。」無論是多識草木鳥獸器物之名，或是習樂舞知禮義，都是重要的教化內容。與隱諫君臣之法相同，《事類賦》並非童蒙教材，所賦事類中隱藏的經義觀與倫理道德觀並非直接以說教的方式，而是「化」教益於事類本身，需覽者自察和領悟。

一、賦事類以辨禮：儀禮、禮俗與禮德

　　知「禮」是《事類賦》中所強調的首要教化義之一。天有四時，是依從歲時冷暖變化之「禮」序；風雨霜露，也是順從天地陰陽之氣的升降次序而凝聚形成。應合四時之變化，古代祭祀之禮也多是依據歲時節氣而定。所謂禮者，首先強調的即為「序」。如《日》賦中言「玄端而朝，東郊以祭」〔註67〕。祭日時，君王需要「掌十輝於視祲」，即根據日光所顯示光輝之不同來觀測祆祥，測定吉凶。此外，在歲時部之《春》、《夏》、《秋》、《冬》四篇賦中，所談到的祭禮之事最多。如《春》賦從神人治春寫到人世間各種治春的法令和禮俗，包括振鐸宣令、觀詩采風、舉行祭典、排練樂舞、判決訴訟、開展農事活動等等。春祭多以「青色」為禮飾之主色，如乘青輅、立青旗、穿青衣、佩蒼

〔註65〕參見《事類賦注》，第189頁。
〔註66〕參見《事類賦注》，第3頁。
〔註67〕參見《事類賦注》，第12頁。

璧等等。朱熹在《儀禮經傳通解》中曾明確指出，「凡此車馬衣服，皆所取於殷時而有變焉，非周制也。《周禮》記載：朝祀戎獵，車服各以其事，不以四時為異」〔註68〕。儀禮的服色隨四時而改變，是殷商的服制，而非是從周朝的服制。其後，漢代承襲殷禮，使得儀禮制度更進一步成熟和完備。《事類賦・春》篇「既布令於五時」〔註69〕所指，即為不同時氣人們所著服色之不同。此典出自《晉書・禮志》云：太史需要在立春定好五時令，並且頒布各個時節的服色，昭告四方百姓。

對於百姓而言，四時所舉行的祭祀活動也不同。按《禮記・月令》云，「春祀戶，夏祀灶，中央祀中霤，秋祀門，冬祀行」〔註70〕。《事類賦・春》篇中所提及的禮俗也十分豐富多樣。如「戴憑重席而譚經，江夏舉衣而告瑞」〔註71〕：上句言東漢時，在正月朝賀的朝堂上，光武帝曾召集群臣說經，並相互詰難，說不過者就要撤席。戴憑連坐了五十餘席，其才學令人驚歎。下句言南朝劉宋時期，正月早晨下起了大雪，江夏等人以衣服盛雪，作「六出花」，以為祥瑞之兆。「畫雞葦索以皆陳」講的是驅鬼辟邪之事。按《荊楚歲時記》記載，先在庭前放爆竹，在門上貼上畫好的雞，掛上燒成炭的葦草繩索，旁邊種上桃樹，可驅鬼。《春》賦還提到「柏酒桃湯而具備」，指元日這天，長幼都需要穿戴著整潔的衣冠，依次拜賀，喝柏葉酒、桃湯或椒酒等。

再如《夏》賦中多處提及端午風俗。「蹋百草以遑鶩」寫的是端午時節，人們踩蹋草露辟邪的習俗，即「鬥百草之戲」的由來〔註72〕；「縈朱索以飾戶」，指用朱索將「五色桃印」〔註73〕繫於門戶之上，可辟邪惡之氣。〔註74〕「蓄蘭為沐，縛艾成形」，同樣指端午這日以薰蘭草或縛艾草的方法禳除邪毒之氣。此外，「遵湯餅於時俗，薦麥瓜於宗祐」講的是初伏這日食用湯餅（別名「避惡」）並向祖先宗祠供奉麥瓜之禮俗。又有春祀用棗油，夏祠用杏或白柰，秋祭用赤柰等等。〔註75〕《秋》賦中也寫到重陽日攜糕酒登高望遠、採茱萸、

〔註68〕（宋）朱熹：《儀禮經傳通解》，上海：上海古籍出版社，2002年，第919頁。
〔註69〕參見《事類賦注》，第66頁。
〔註70〕引自《事類賦注》，第67頁。
〔註71〕參見《事類賦注》，第69頁。
〔註72〕原載於《荊楚歲時記》。
〔註73〕桃印：用桃木刻成的辟邪之物。
〔註74〕原文出自《後漢・禮儀志》。
〔註75〕分別參見《杏》賦「盧諶紀祭享之典」、《柰》賦「盧諶有夏祠之制」、《棗》賦「春祀筓之而用油」，原文皆出自《盧諶祭法》。

用甘菊釀酒之風俗。〔註76〕《冬》賦曰：「鳴楚鼓以逐疫」〔註77〕。此句出自《荊楚歲時記》，寫臘月鳴鼓，春草始生，為驅逐疫病的風俗之一。

因祭祀的對象不同，古時所用之鼓也不盡相同。如《鼓》賦曰：「周官列職，著雷靈鼖晉之差」〔註78〕。據《周禮》記載，「以雷鼓鼓神祀，以靈鼓鼓社祀，以路鼓鼓鬼享，以鼖鼓鼓軍事，以鼛鼓鼓役事，以晉鼓鼓金奏。」因歲時節氣不同，古時所演奏的絲竹樂器與所配之樂舞也不同。如《竹》賦曰：「孤管孫枝」〔註79〕。同樣出自《周禮》曰：「冬日至，於地上之圜丘，奏之絲竹之管，空桑之琴瑟，咸池之舞；夏日至，於澤中之方丘，奏之陰竹之管，龍門之琴瑟，九德之歌，九磬之舞。」夏日因陽氣升騰，於是以「陰竹」之管吹奏。

儀禮之制亦常常體現在器物上，同以棺槨之材質或紋飾區分不同的葬禮等級。大雁在古時常常被作為饋贈之禮，是取其「有明行列之次」序之義（《雁》賦）；古時卿大夫相見之時，卿執羔，大夫執雁，以顯示次序之別。古人生死亦以「禮」為重。為逝者作誄文，在古時亦需遵從嚴格的禮制。在周代，唯有大夫臨喪時才可為其作誄文以紀表其德行。然而，如吳淑在《箭》賦中「圉人既見於浴馬」〔註80〕所引《禮記・檀弓》篇，講的正是為士作誄文的源起：

> 魯莊公及宋人戰於乘丘……馬驚敗績，公隊，佐車授綏，公曰：「未之卜也。」縣賁父曰：「他日不敗績，而今敗績，是無勇也。」遂死之。圉人浴馬，有流矢住白肉。公曰：「非其罪也。」遂誄之。士之有誄，自此始也。〔註81〕

為士作誄文始於縣賁父。在乘丘之戰時，魯莊公因馬突然受到驚嚇而跌落，眾人皆以為是未行占卜的緣故，而縣賁父卻以此為恥，奮勇殺敵直至戰死。後來洗馬人發現馬腿有斷箭才得知縣賁父確實沒說錯，因此魯莊公逾越禮制為其驍勇作誄悼念。誄德述尊的禮制雖然嚴苛，卻也正是因此才顯得更加珍貴。然而，在《馬》賦中吳淑卻特別提及了另一件越禮之事。《馬》賦曰：

〔註76〕參見《事類賦・秋》篇「若其重陽令，辰時惟九日」注，第 90 頁。
〔註77〕參見《事類賦注》，第 98 頁。
〔註78〕參見《事類賦注》，第 248 頁。
〔註79〕參見《事類賦注》，第 474 頁。
〔註80〕參見《事類賦注》，第 277 頁。
〔註81〕參見《禮記・檀弓》篇，潛苗金：《禮記譯注》，杭州：浙江古籍出版社，2007年，第 59 頁。

「優孟則言其葬禮。」此典出自《史記》，云楚莊王欲以大夫之禮葬馬：

> 楚莊王有愛馬，衣以文繡，置華屋之下，啗以棗脯，馬死欲以大夫禮葬之，樂人優孟入殿門，大哭曰：「請以人君禮葬之，以雕玉為棺，文梓為槨，豫章為題湊發甲卒為壙，老弱負土，諸侯聞之，皆知大王賤人貴馬也。」王曰：「為之奈何？」曰：「請為王言，六畜之葬，以壟灶為槨，以銅鑷為棺，齊以薑桂，薦以木蘭，衣以火光，葬人腹中。」王乃以馬屬大官。〔註82〕

縣賁父雖不在大夫之位，卻因其驍勇可享受大夫之禮遇，為其逾製作誄文。楚莊王也欲以大夫之禮葬其馬，卻被優孟的諫言所嘲：馬本屬六畜，世人皆以銅鍋灶臺為其棺槨，佐以薑桂香葉等烹食之；楚莊王若愛馬，不若以君王之禮厚葬，作雕玉棺、梓木槨，以向天下昭告君王貴馬而賤人。楚莊王於是僅以大官之禮葬其馬。禮之序，雖然有尊卑貴賤之分；卻也應當因人、因事而有過權變。過於恪守禮序而不知變通、或因私心而擅自違禮逾制，皆非可取。

除儀禮、禮俗之外，「禮」更是君子修德的重要部分。對於德的不同層面，古人往往通過與具體物象性質之比較來認識。如《玉》賦曰：「君子於玉比德」，此典原見於《禮》：子貢問孔子為何君子「貴玉而賤珉」〔註83〕？孔子答曰：

> 昔君子比德於玉焉。溫潤而澤，仁也。縝密以栗，知也。廉而不劌，義也。垂之如墜，禮也。叩之，其聲清越以長。其終詘焉，樂也。瑕不掩瑜，瑜不掩瑕，忠也。孚尹旁達，信也。氣如白虹，天也。精神見於山川，地也。圭璋特達，德也。天下莫不貴者，道也。〔註84〕

同樣，《雞》賦也從類似的角度來劃分和描述五德：「夫雞頭戴冠者，文也。足搏距者，武也。敵在前敢鬥者，勇也。見食相呼者，仁也。守夜不失時者，信也」〔註85〕。《事類賦》在選取與經世教化相關的事類時，也往往是以下述各類德性為標準：禮、仁、孝、知、勇、忠、信、貞等。《鳳》賦同樣將「鳳」與禮相比，曰：「負禮而蹈信，亦戴仁而纓義」〔註86〕。此處出自《抱

〔註82〕引自《事類賦注》，第429頁。
〔註83〕珉：像玉的美石。
〔註84〕栗：堅貌。劌：傷也。孚尹：讀如浮雲。
〔註85〕參見《事類賦·雞》篇「又若守夜稱信」注，第486頁。
〔註86〕參見《事類賦注》，第367頁。

朴子》：「鳳凰頭上青戴仁，纓白纓義，斧赤負禮，胸黑向智，足下黃蹈信。」
鳳凰所具備之五色——青、白、赤、黑、黃，正好與五德——仁、義、禮、
智、信相對應。由以上三例可見，將物與禮之間相似的屬性進行類比，是古
人借助具象物性解釋抽象物性所常用的方法。

　　若不借助具體物象性質來解釋，知「禮」之禮指的具體是什麼呢？《事
類賦》中所徵引的事類中，對於修德之「禮」又是如何詮釋的呢？首先，《露》
賦中提到「履怵惕而見禮」，言「春雨露既濡，君子履之必有怵惕之心」〔註
87〕。此處所言「怵惕之心」實際上指的就是君子識「禮」之義。對此，《事類
賦》他篇賦文多有呼應和補充。如《車》賦寫到「亦有節以鳴鸞」，語出《大
戴禮》：「王升車則聞和鸞之聲，是以非僻之心，無自入也。馬動而鸞鳴，鸞鳴
而和應，上車以和鸞為節，下車以佩玉為度」〔註88〕。君王車駕之上多配「和
鸞」式的鈴鐺，乘車時聞鈴聲，得以節制內心紛亂的想法；「以佩玉為度」，即
君子佩玉以節制其步伐。

　　佩玉亦有非「禮」之時。如《玉》賦曰：「偉祁子之不佩」〔註89〕。此事
原出自《禮》，言衛國大夫石駘仲去世，家中無嫡生子，僅庶子六人，不知該
立誰為後。占卜云，「沐浴配玉則兆」，於是五庶子皆沐浴佩玉，唯獨石祁子
因喪親之期不宜佩玉而未佩，後祁子反而因此繼承了家業。禮之為禮，不惟
在「禮」本身，而更在於守禮之「心」。又若《李》賦中「僧孺辭之於先嘗」
一事，言王僧孺年少時，有客人將饋贈的冬李先拿了一個給僧孺嘗嘗，僧孺
不受，曰：「大人未見，不容先嘗」〔註90〕。僧孺不受「李」，是因為知長幼
之禮。知禮而為孝，也是《事類賦》在多篇賦中反覆強調的重要「教化」義之
一。

二、賦事類以教子：仁孝、好學與德讓等

　　「仁」為德之首，《事類賦》中也輯採了多處與施仁行善相關的事例。《雀》
賦中曾提到「黃雀報恩」一事，原見於《續齊諧記》：楊寶年九歲，某日見一
黃雀與鴟梟搏鬥，墜落到樹下被螻蟻包圍。楊寶見此不忍而心生憐憫，將此
黃雀取回家中，每日以黃花餵食，後黃雀痊癒才告知楊寶自己乃是王母使者

〔註87〕　參見《事類賦注》，第 50 頁。
〔註88〕　參見《事類賦注》，第 336 頁。
〔註89〕　參見《事類賦注》，第 178 頁。
〔註90〕　參見《事類賦注》，第 514 頁。

所化，並贈楊寶以四枚白環，其後楊門四世都享有盛名〔註91〕。又如《虎》賦中寫郭文為老虎拔出卡在喉嚨的魚骨，後老虎銜鹿以報恩，也是講仁心得到回報之事。〔註92〕

《狗》賦中「美張元之不棄」〔註93〕，原出自《後周書》。寫張元生性仁孝，見有棄狗於是將其收養。叔父見此大怒，欲將此狗再次棄之，張元卻答道，「有生之類，若不重其性命，若天之生殺自然之理。今為所棄而死，非其道也。」張元將「有生之類」之性命等同視之。有此仁心，方可為人。

《事類賦》在教化方面所徵引的事類中，以「孝」為重者。以「孝」為教最初見《露》賦中「或感至孝於趙郡」〔註94〕一事。李德饒至孝，為亡父守孝時光著足，身上僅披著單薄的喪服。上天有所感，以甘露降其樹，有白鳩在草廬簷下築巢。《霜》賦中寫到「履霜操」之來源，乃是因孝子伯奇因生父聽信後妻讒言而將伯奇逐出家門，伯奇清晨踏在霜露之上，暗自感傷，於是援琴而作「履霜操」。

《雷》賦中言孝皆為母親畏雷之事，曰：「則有蔡順環冢，樊重置室」〔註95〕。前者言蔡順之母生前畏懼震雷，母亡後每遇打雷之日，蔡順必定到母親墳前，繞墳以慰藉母魂。後者說的是樊重因母親懼雷，於是為其母建造石室以躲避震雷。吳淑注曰，石室皆以文石為臺階，其時遺跡猶存。《雷》賦後文「傷王裒之繞墓，嘉竺彌之伏墳」，也是寫母畏雷、子為之庇護，與上述各例相似。

孝親之事中也有極可愛者。《夏》賦「吳猛不驅於蚊蚋」〔註96〕：吳猛幼時和父母同臥，有蚊子咬自己卻不搖扇驅趕，唯恐蚊子不叮自己反而禍及父母，此亦孝也。《桑》賦中寫到「食之美君仲之孝」〔註97〕。此事見於《東觀漢記》：時值王莽亂世之時，有賊人闖入蔡君仲家中，見桑葚盛放在不同的容器中，賊人問其緣故，君仲答曰：「黑與母，赤自食。」賊人有感其孝，於是贈予他鹽二升，君仲受而不食。此處可與《槐》賦中刺殺者見趙宣子恭敬危

〔註91〕參見《事類賦・雀》篇「報楊寶而銜環」注，第404頁。
〔註92〕參見《事類賦・虎》篇「若乃郭文探鯁」注，第418頁。
〔註93〕參見《事類賦注》，第459頁。
〔註94〕參見《事類賦注》，第49頁。
〔註95〕參見《事類賦注》，第61頁。
〔註96〕參見《事類賦注》，第75頁。
〔註97〕參見《事類賦注》，第505頁。

坐因而不忍殺之而自己撞槐一事相參照，來考察人性之善惡；賊人與刺客，一受情勢所迫，一受命於君王，為惡皆身不由己。人性雖異，卻可相互感知。

因感「至孝」而發生的奇事也頗多。如《冬》賦中「孝子更驚於梅柰」〔註98〕，寫孝子王虛庭院中的楊梅樹，於隆冬時節結出三個果實，甚至發出耀眼如蠟燭般的白光，甚以為異；墓地左側的柰樹也結出果實，時人皆以為是其孝感動上天所致。下句「或求堇而流漣」，記載的也是一椿奇事：劉長盛之母王氏在深冬時分欲食堇菜，長盛當時年僅九歲，到處尋不得，於是在水邊慟哭不已。約半日有餘，忽然聽到有人勸止，低頭一看，水澤邊竟有堇菜長出，或許也是感其孝所致。《冬》賦後文還有「偉王祥之得魚」一處，寫王祥被後母憎恨，在寒冬河水結冰時節，被命去河中捕魚；王祥無網，於是揭下自己的短衣扣冰求魚，忽見冰上有小口，兩條魚跳到冰上，或許也是至孝所致。

從以上各例可見，《事類賦》中所選擇的有關孝道的事類又可大致劃分為三種：其一，父母有所懼怕之物，子為之驅避或提供庇護；其二，為父母求取所需之物；其三，為父母守孝，致感生靈而有奇事發生。

除孝親之事外，《事類賦》中也屢見勤學和好學一類的事例。例如，《雨》賦中的「漂麥已稱於高鳳，流粟仍傳於買臣」〔註99〕：上則出自《後漢書》，言高鳳好學不輟，有日家中正曝曬麥子，妻子出門前叮囑高鳳要看好麥子和雞。其後大雨忽至，高鳳只顧著讀書竟絲毫未察覺，麥子都被雨水沖走了，妻甚怒。下則言朱買臣讀書而不覺流粟，與高鳳之事類似。《夏》賦中「玩武子之螢囊」與《雪》賦中「入夜而猶能映字」合起來，即為今人所熟知的「囊螢映雪」典故之由來。

再若《雷》賦中的「太初焦衣而自若，諸葛倚柱而無聞」〔註100〕二例。上句出自《世說新語》，說的是夏侯玄倚柱讀書時，暴雨至，所倚靠的柱子正好被雷劈中，衣服都燒焦了，然而夏侯玄仍面不改色，讀書自若。下句出自《晉紀》，同樣是寫倚柱讀書而對震雷置若罔聞。此類事，雖然多少有些許誇張、或在紀述時增添了幾分荒誕，但其中所傳達的勤奮好學的篤定之志確是始終一致的。又如，《火》賦「祖瑩蔽窗而服勤」、《歌》賦「聽買臣之負薪」、

〔註98〕參見《事類賦注》，第 94 頁。
〔註99〕參見《事類賦注》，第 41～42 頁。
〔註100〕參見《事類賦注》，第 62 頁。

《衣》賦「或題之而見易」等等，也都是和勤學相關的事例。然而稍加注意會發現，這些好學者並非皆是幼童，高鳳與朱買臣皆有妻，《歌》賦中「買臣負薪」而妻子忿然離去時朱買臣已年逾四十，可見雖多年苦學卻仍未高中。相比之下，《衣》賦中提到的任末年僅十四，常將所見書中合意處直接題寫在衣裳上。此外，在《筆》賦中再次提到任末「削荊為筆」，夜晚則「映月望星」，光線實在昏暗則「燃蒿自照」。

好學者多家貧，如《紙》賦中提到朱詹幼時家貧，以吞紙充饑果腹〔註101〕。也有紙張匱乏者，則用其他可書寫者替代，如《紙》賦中提到鄭虔曾借居在慈恩寺中，取紅柿葉來學書寫字〔註102〕。又若《竹》賦中寫到「伯珍書葉以勤學」〔註103〕：伯珍少時孤貧，常取竹葉、箭箬和甘蔗葉等當作紙來學習寫字。再若《松》賦中提到顧歡好學而家貧無燈，夜深時只好燃燒松節以照明讀書〔註104〕。此類好學事例頗多，也是貫穿《事類賦》各篇的內在主題線索之一。

除對仁孝、好學與知禮等方面事類內容的側重，《事類賦》在教子以「德」上也十分關注，包括仁德、守靜、禮讓、鎮定、思過、持節等德行的各個方面。通過習「樂」而知禮德是古人最早教導國子的方式之一。如《歌》賦曰：「師乙見傳而盡妙」〔註105〕，指樂師依據學子品性之不同教習不同的樂歌，以極盡樂歌與人聲之妙合。例如，「寬而靜、柔而正者宜歌「頌」，廣大而靜、疏達而信者宜歌「大雅」，恭儉而好禮者宜歌「小雅」，正直而靜、廉而謙者宜歌「風」，肆直而慈愛者宜歌「商」，溫良而能斷者宜歌「齊」。反之，通過不同種類樂歌的教習，也能相應地培養歌者或寬柔、或疏達、或恭謹、或謙靜的性格氣質。

對應《歌》賦中言「寬而靜、柔而正者」，寬仁而不爭也正是《事類賦》事類內容中最為側重強調的德行之一。其事例散見於《事類賦》各篇賦之中。如《馬》賦曾舉「嘉卓茂之不爭」〔註106〕一例，原典出自《後漢書》：言當時為丞相府史的卓茂在出行途中，遇有人指認卓茂之馬為自己一月前所遺失；然而卓茂所乘坐騎跟隨自己已有數年之久，斷非失馬者之馬。雖然心知此馬

〔註101〕參見《事類賦・紙》篇「朱詹吞之而療饑」注，第317頁。
〔註102〕參見《事類賦・紙》篇「至有樹葉尤珍」注，第319頁。
〔註103〕參見《事類賦注》，第476頁。
〔註104〕參見《事類賦・松》篇「燃節而讀書者顧歡」注，第486頁。
〔註105〕參見《事類賦注》，第220頁。
〔註106〕參見《事類賦注》，第428頁。

非彼馬，卓茂仍然解下了馬車的鞍轡，獨自牽車離開。數日後，失馬者找到了遺失的馬匹，於是到丞相府將卓茂之馬送還，並叩頭謝之。

和卓茂以寬仁之心將自身之馬送與失馬者之事相類似，《牛》賦中也提到了一位贈牛之人，名為劉寬。《牛》賦：「偉劉寬之量遠」〔註107〕。此典亦出自《後漢書》，言劉寬在行路途中遇一失牛者指認劉寬之牛為其所遺失。劉寬並未言語，從車駕中下來後步行歸家。沒過多久，認牛者找到了自己遺失的牛，於是將劉寬之牛送還，並含愧致謝。劉寬言道，「物有相類，事容脫誤，幸勞見歸，何為致謝？」卓茂和劉寬後來皆為東漢名臣，這與二人最初就具有的寬仁之德行是分不開的。

與東漢之卓茂、劉寬似相呼應，《牛》賦中還提及了西晉之郭舒與朱沖二人，也是以「寬仁不爭」之德為時人所稱頌。此二人事見於《牛》賦中「多郭舒之寬恕，慕朱沖之不爭」〔註108〕一聯。上典原載於《晉書》，言鄉里人盜食郭舒之牛，事後醒悟來向郭舒致歉。郭舒並未動怒反而言道，「卿饑所以食牛耳，餘肉可共啖之。」郭舒不僅寬恕了盜牛者的罪責，甚至提出共食餘肉，其肚量實非常人可比。下典出自《晉紀》，言鄉里人遺失牛犢，誤將朱沖之犢認為己犢，朱沖並不與之相爭。後來，失犢者在堅冰之下發現了不幸墜冰而亡的牛犢，於是慚愧不已，要將錯認的牛犢歸還，但朱沖堅決不受。將郭舒與朱沖二人的事例和前之卓茂與劉寬二例相對照，不難發現吳淑所擇事類既有一定的相互關聯性，卻也有幽微的變化之處。與卓、劉二人對認馬、認牛者「無言」、「不爭」的寬仁之心相較，郭舒與朱沖更多是站在盜牛者與失犢者的角度進行換位思考，寬仁而恕，不爭不受。

寬仁不難，寬「恕」卻並非人人皆可做到。《牛》賦另提及兩位頗具寬厚德行之人，分別為漢代羅威和隋代牛弘。羅威事見於《牛》賦中「置芻亦見於羅威」〔註109〕一句，原典出自《廣州先賢傳》，記載的是鄰人之牛屢次到羅威田中吃莊稼，驅趕牛不成，羅威於是割了很多的牛草偷偷放置於鄰居院內。牛主感到奇怪，後得知是羅威所為，於是和羅威約定看管好牛犢，不再去侵犯羅威之田。羅威因鄰居之牛擅食田中禾草之事，並未遷怒於鄰人，反而以德報怨，令牛主自主察覺到自身的過失，不僅展現了其寬厚的胸懷，而且也

〔註107〕參見《事類賦注》，第442頁。
〔註108〕參見《事類賦注》，第442～443頁。
〔註109〕參見《事類賦注》，第444頁。

令人領悟到比起一味的忍讓與不爭，仁與智的妙合往往更能通達人心。

《牛》賦中最後提及的這位寬厚者牛弘，常常是好學不倦的典範人物之一。在《牛》賦「成牛弘之寬厚」〔註110〕一句中，則更側重於描寫牛弘不因弟弟牛弼醉酒後射殺了車駕之牛而生怒，只教妻子將牛拿去做肉脯。處事不驚、寬仁以德，是《事類賦》有關「德」的事類內容中的突出特徵之一。此外，《狗》賦中另記載了一則以「德」勝禍的事例，見於「禍叔堅而豈能勝德」〔註111〕一句注。此典原出自《風俗通》，言桂陽太守李叔堅家中曾有狗傚仿人行走，家人皆言當殺之，叔堅卻認為「犬馬喻君子」，不當殺之。其後，狗又戴著叔堅的帽冠在家中行走，家人皆大驚失色。叔堅卻認為只是誤掛上罷了，不必驚怪。後來狗又在灶前縱火，叔堅云幸好兒婢皆在田中並未受傷，也不必勞煩鄰里。數日後，狗自暴斃而亡。《狗》賦中叔堅對待狗的態度和《牛》賦中牛弘寬仁待人、處事淡定的態度亦有相仿之處。

「德」除了「寬仁」、「寬厚」等義外，在《事類賦》中另多體現在「謙讓」與「不爭」的事類中。例如，最為今人所熟知的「孔融讓梨」（見《梨》賦「取小而慧者孔融」）。相似的事例在《桑》賦、《栗》賦、《橘》賦和《魚》賦等篇中。《桑》賦曰：「讓則有係伯之賢」〔註112〕。據《齊書》記載，襄陽人有種桑樹劃土地界限的風俗。韓係伯因自家的桑樹蔭侵犯到他人的土地，於是將桑樹從分界線處往內遷移了數尺。鄰人遂得寸進尺，將自家的桑樹也往外遷了數尺。係伯只好又將自家樹改種，往內再遷了數尺。鄰人感到慚愧不已，於是將所侵佔的土地歸還。係伯遷桑的做法，和《牛》賦中羅威為鄰人之牛割草的做法有幾分類似，皆是在試圖以「退讓」達到感化鄰人的目的。一方面，「讓」如「孔融讓梨」，是遵從長幼次序之禮「德」；另一方面，「讓」在鄰里相處的利益關係中，也是非常重要的品德。

《栗》賦與《橘》賦中所舉二例，皆是言幼年時所具備的「謙讓」品德。《栗》賦曰：「王泰秀出於諸孫」〔註113〕；《橘》賦曰：「虞願不取而道顯」〔註114〕。上則出自《宋書》，言南朝梁時的吏部尚書王泰幼時「敏悟」，從平時生活中的小事即可看出：王泰的祖母常常將栗子拋撒於床帳內，呼喚家裏眾小

〔註110〕 參見《事類賦注》，第 447 頁。
〔註111〕 參見《事類賦注》，第 458 頁。
〔註112〕 參見《事類賦注》，第 505 頁。
〔註113〕 參見《事類賦注》，第 531 頁。
〔註114〕 參見《事類賦注》，第 536 頁。

兒來取，大家都競相伸手探取栗，唯獨王泰不取。問其緣故，王泰對答道，「不取自當得賜。」下則出自《南史》，虞願為南朝齊人，幼歲時家裏的橘子樹在冬天成熟結果，眾小兒都競相摘取橘實，唯獨虞願不視。由此也可見虞願後來為官時的清廉正直在幼時已有所「顯露」。另在《事類賦・石》篇中也提到虞願事一則。《石》賦云，「虞願之來，無輕雲之隱蔽」〔註115〕。吳淑注云此處出自《齊書》，而非同《橘》賦中出自《南史》。據《齊書》所記載，虞願為晉平太守時，海邊曾現越王石，卻常常隱蔽在雲霧之中。相傳唯有清廉太守才能看見，虞願前往觀視，越王石清澈可見，毫無隱蔽。從虞願和王泰二人幼歲時所顯露的「德」即可見，德行之修持並非一日之功，而往往伴隨著人的一生。

　　《魚》賦中「陳囂遺之於竊盜」〔註116〕，也是記載賢者之「讓」德的典型事例之一。據《後漢書》所記載，會稽人陳囂少年時曾在城外水邊捕魚，有人盜取其魚，陳囂見之反倒躲避在草叢中。後又追著盜魚者要將魚相贈，盜賊慚愧不已，於是自此不再有盜陳囂之魚者。陳囂贈魚與《牛》賦中提及郭舒寬恕盜牛者之德類似，皆是從盜者的角度出發，認為盜亦有原由，因此反倒將所得之物贈予盜者。

　　除了寬讓不爭的德行外，《事類賦》中還擇取了許多其他方面有關「德」的事類，如隱忍、鎮定、思過等。《牛》賦中另有寫到褚彥回一事，頗令人感歎其少年心性。據《宋書》記載，褚彥回為南朝宋時大臣褚湛之之子。家有一牛為父親所至為愛惜，某日牛突然失足墜入廳堂前井，父親率領眾人親自營救，府內喧擾，唯獨彥回放下簾子，置若罔聞。〔註117〕相類似的例子在《龍》賦中另有提及褚無量一事。據《唐書》記載，褚無量幼時孤貧，家住在臨平湖邊，相傳湖中有龍，遠近鄉鄰皆前往觀之。當時褚無量十三歲，聽聞此事仍舊照常讀書，晏然自若，久之精通三禮、《禮記》。〔註118〕將南朝宋的褚彥回與唐代的褚無量二例相聯繫，二人不僅從姓氏上頗有淵源或巧合之處，而且兩則事例都著重表現的是褚門幼子處事不驚、鎮靜自若並異於常人之處。此外，《牛》賦中另提到季知曾因牛不吃食而打了牛之事思過〔註119〕，也是言君子之「德」。

〔註115〕參見《事類賦注》，第 148 頁。
〔註116〕參見《事類賦注》，第 568 頁。
〔註117〕參見《事類賦・牛》篇「彥回靡視於墜井」，第 444 頁。
〔註118〕參見《事類賦・龍》篇「見臨平而無量靡觀」，第 550 頁。
〔註119〕參見《事類賦・牛》篇「季知一搏而思過」注，第 446 頁。

　　《事類賦》秉承著經世教化的目的，特別是在教導國子的禮義仁德上，多選取的是諸如上述所提及的各種謙讓、寬仁的德行善事，並試圖通過這些事類潛移默化地傳達出不以物驚、不爭小利、寬以待人的處事原則。比之直接的教導，通過具體的事例讓幼學者從中體悟「德」與「讓」的各種層面意義，也許會更加深入人心。

三、賦事類以導學：由賦注向經學的隱形引導

　　以經史事類為主體的《事類賦》，其最終目的並非止於「賦」，而是希望借助賦與賦注，實現向經學學習的隱形引導。賦注是《事類賦》不可或缺的重要部分，其中所注引的經史材料，為學子進一步深入學習經學提供了有效的引導與參考。賦注對於賦本身所含經義的闡發，也起到了重要的補充作用。為賦作注之必要性，首先源於賦之博采物類與事文的賦體特徵。清代袁枚先生在《隨園詩話》裏說到：「古無類書，無志書，又無字彙，故《三都》、《兩京》賦，言木則若干，言鳥則若干，必待搜輯群書，廣采風土，然後成文」〔註120〕。古時賦常常兼具「類書」和「志書」的功能，以搜輯群書中的字、物、事等為特徵。《事類賦》每句皆有引典，並注明原典出處，也為文獻考證也提供了非常高的參考價值。

　　據《玉海》（卷59）所記載，《事類賦》初成於「端拱中」（988～989年），但賦注直到「淳化四年」（993年）才修撰完成；據此推算，賦注完成歷時約四到五年。據統計，《事類賦》中所引文獻逾四千多種。其中所包括的文獻類別逾二十種，如經、史、子、傳、緯、曆、論、說、譜、錄、記、辭、占、紀、圖、志、書、注、集、詩、賦等。為賦作注，興起於晉宋時期。清代王芑孫在《讀賦卮言・注例》中曾提到：「古賦不注，世傳張平子自注《思元賦》，李善已辨之矣。蓋兩漢魏晉四朝皆無自注之例。賦之自注者，始於宋謝靈運《山居賦》」〔註121〕。在詮釋學的意義上，不同的時代、不同的注者在對文本的闡釋上都不可避免地會存在不同程度的偏差：惟獨最有可能接近並還原的，或許只有作者本人。因此，「自注」在文學批評中顯得尤為珍貴和特殊。相比謝靈運《山居賦》自注來看，吳淑為《事類賦》所作賦注卻更

〔註120〕　袁枚：《隨園詩話》，顧學頡校點，北京：人民文學出版社，1982，卷1，第7頁。

〔註121〕　引自孫福軒，韓泉欣編輯校點：《歷代賦論彙編》，北京：人民文學出版社，2014年，第218頁。

為接近「類書式」的索引體系。

在《進注事類賦狀》中，吳淑曾表明《事類賦》的注釋體例：「逐句之下，以事解釋」；所有文獻，「隨所稱引，本於何書，」必一一列出，十分詳實。〔註122〕吳淑在賦注中多徵引典故出處或解釋字義，幾乎不包有任何從作者角度的自我詮釋。這種注釋體例，一方面和《事類賦》是呈獻給宋太宗御覽的文本有直接的關聯，另一方面也暗示了吳淑試圖將《事類賦》的文學性與潛在的經學觀經由賦注結合的嘗試。正如《事類賦》將勸諫與教化等目的隱藏於紛繁的事類之下，吳淑在賦注中看似並未作出任何主觀性的詮釋，然而在賦注文獻的偏重與擇取上，吳淑卻「似隱而顯」地傳達了十分明確的經學觀。一方面，《事類賦》的注引文獻仍以經史典籍為主，這和吳淑所秉持的執經明道之導學觀是一致的；另一方面，《事類賦》通過各種旁徵博引的物類與事例，將更為豐富的史籍材料作為賦題的延伸闡釋，將傳統的「經學」觀念進行了拓展與延伸。

（一）執經以明道：以經學為核心的導學觀

《文心雕龍・宗經》篇〔註123〕曾寫道，「三極彝訓，其書言經。」所謂「經」，記載的是「天地人三才至極之道。」「經」的內容包羅萬象，「象天地，效鬼神，參物序，制人紀，洞性靈之奧區，極文章之骨髓也。」經「義既極乎性情，辭亦匠於文理。」經學「參物序、制人紀」的目的，和吳淑作類事賦所依循的基本原則是一致的。《事類賦》以天地始分，以類族辨別物之序，和劉勰《宗經》篇中所倡導的經學觀念也是契合的。例如，在《秋》賦篇末，吳淑曾寫到「晉則執經以明道」〔註124〕，借晉孝武帝於九月九日講習《孝經》之事，強調掌握經史是明曉經義道理的重要途徑。再如《金》賦曰：「韋賢匪重於滿籯」〔註125〕；此語原出自《漢書・韋賢傳》，講的是當時講授《詩經》的大儒韋賢，其少子韋玄成後來也因為精通詩經而官至丞相。於是民間流傳有諺語云：「遺子黃金滿籯，不如一經。」與其留給子孫滿滿竹筐的黃金，不如傳授一部《詩經》。借由此事，吳淑也是在強調經學學習的重要性，經史典籍值得世代傳承。

〔註122〕參見本書附錄二。
〔註123〕參見《文心雕龍注》，第21頁。
〔註124〕參見《事類賦注》，第91頁。
〔註125〕參見《事類賦注》，第171頁。

　　秉持著「執經以明道」的基本導學觀，吳淑在賦注文獻中突出徵引了各種經史典籍，其中由以「五經」為根本，如《易》、《詩》、《禮》、《左傳》等注都逾二百多條，貫穿於各賦篇之中。《事類賦》中的五經注引以《尚書》最少，僅為四十餘條；其中亦包括多處引漢代讖緯類書籍如《尚書中候》、《尚書考靈耀》、《尚書考靈異》等。然而，也正是因為為數不多的徵引，反倒更顯示出吳淑引《尚書》之審慎。例如，《風》賦末句「蓋君聖而時若，自均調而得宜」〔註126〕，原出自《尚書·洪範》篇曰：「聖時風若。」《尚書》原文僅四字，吳淑《風》賦末句正若注經之文，將《尚書》字義進行詮釋，將「聖時若風」的譬喻更為明晰地表達出來。《雨》賦「霖則為傅說之輔商」〔註127〕引自《尚書·說命》篇，言傅說受命為相輔佐殷高宗，正如甘霖用以救旱，也是借用譬喻之法強調賢臣輔政的重要作用。又若《地》賦中「或謂行舟而靡停」引自《尚書考靈異》，言「地常動不止，人不知；譬如在大舟，閉牖而坐，舟行而人不覺也」〔註128〕。此處引《尚書考靈異》，也是運用譬類之法來解釋古人為何感知不到地之動。古人讀經以明道，其實正如以上所舉《尚書》三例，在於通過經籍中所傳授的認知之道，比如譬喻、比類等方法以明曉世間物事的道理。

　　《易》、《詩》、《禮》等經語多為《事類賦》起題或發篇之語，在前文章節中已多有舉例，此不多言。除《易》、《詩》、《禮》、《書》之外，在《事類賦》中最為重要的徵引事類典籍出處當為《春秋》。在《事類賦》中，吳淑所引多為《左傳》，即春秋末年左丘明為解釋《春秋》所作之《春秋左氏傳》，所引《公羊傳》僅三處。吳淑之後，宋人徐晉卿作《春秋經傳類對賦》，也是採用《左傳》本並參照吳淑類事對為賦的形式，將春秋中事以儷語的形式聯而為賦。《事類賦》徵引《左傳》中的春秋事類，奠定了全書以經史事類主體的基本體例。賦注中的史傳類文獻也十分龐博，最頻繁徵引的有如《史記》、《漢書》、《後漢書》、《魏志》、《晉書》、《宋書》、《齊書》、《梁書》、《隋書》、《唐書》等。其中值得注意的是，雖然漢晉史書文獻引用較多，但《唐書》所引事類亦也不在少數；許多論者常以「漢晉」文獻、或「先唐」文獻來限定《事類賦》，均未免察之不細。《事類賦》中所引唐至五代間事約有百餘處，如《雨》

〔註126〕參見《事類賦注》，第32頁。
〔註127〕參見《事類賦注》，第43頁。
〔註128〕參見《事類賦注》，第102頁。

賦中「蜀道淋鈴」言唐明皇聽聞蜀道駝鈴思念楊貴妃之事、《霜》賦中「非宜介樹」言寧王李憲得疾時天寒以致於「凝霜封樹」若「介冑」之象、《春》賦中「至若綵樹初頒」記載了唐代景龍四年唐中宗下令賜給自芳林門至望春宮賞花的侍臣每人綵樹花枝一枝等等。

　　借助事類進行隱喻式的「勸學」往往比直接督導學子學習經史文獻效果更佳。《事類賦》所引事類雖然繁多，但吸引不同的覽者之處卻不盡相同。學子通過閱讀經史事類，不僅能夠從相似的事類中漸漸領悟其中的道理，而且也能逐漸發現自身對於不同歷史時期的興趣點，找到對應的史傳書籍進行拓展閱讀。《事類賦》的創作目的之一，正是希望通過隱形引導的方式傳達經史典籍中的事類文理，並為學子對經史文獻地進一步深入學習提供總覽式的引導。

（二）博學以致知：經學觀的延伸與拓展

　　在熟讀五經、通曉史傳事類的基礎上，學子成材仍需進一步的導學。如吳淑在《木》賦中曾云，「廊廟非一枝可成」〔註129〕。此典原出自《慎子》曰：「廊廟之材，蓋非一木之枝。」學子想要成為「廊廟之材」，也斷非精通一書即可達成。《事類賦》之所成，也正是建立在所引四千餘部文獻的基礎上，將散落在各部典籍之中的經語聯綴成文。

　　除經史文獻外，《事類賦》賦注中也大量引用了諸子之書、詩賦文學、乃至讖緯與神異之說等。由於受到修撰類書的影響，吳淑的經學觀念也在潛移默化中逐漸延伸。從《事類賦》賦注中所引文獻即可見，吳淑對於「非正統」之典籍亦等同引之。在《進注事類賦狀》中，吳淑特別解釋到其中的原因：「凡讖緯之書，及謝承《後漢書》、張璠《漢記》、《續漢書》、《帝系譜》、徐整《長曆》、《玄中記》、《物理論》之類，皆今所遺逸，而著述之家相承為用，不忍棄去，亦復存之」〔註130〕。所謂「經」，並非囿於四書或五經。若劉勰《文心雕龍·宗經》篇所言，「經也者，恒久之至道，不刊之鴻教也。」換言之，若將「經」看作是「道」，或者獲得「道」的途徑，事實上和賦「博聞而微悟」的道理是相通的。

　　在經史典籍之外博覽群書，並能從中有所「微悟」，也是《事類賦》所希望達到的導學目的之一。子書部分再《事類賦》賦注文獻中也多有徵引，如《老

〔註129〕參見《事類賦注》，第478頁。
〔註130〕參見本書附錄二。

子》、《莊子》、《列子》和《淮南子》、《抱朴子》、《中子》、《尸子》、《鶡冠子》、《管子》、《鄒子》、《蘇子》、《韓子》、《申子》等等。子書部分的事類主要包括事蹟與言論兩個部分。《事類賦》也記載了許多聖賢諸子與高士文人的事蹟，如賦注文獻中多處引到《帝王世紀》中的黃帝，散見於《禮》、《論語》、《孔子家語》、《莊子》等典籍中的孔子及其弟子，或是見於《列仙傳》或《述異記》等筆記傳說中的老子等。所舉聖賢與諸子事蹟，也常常寓教化於賦與賦注的幽微之處。如《鳳》賦中「或三文而五色」〔註131〕，是取自《帝王世紀》中描寫黃帝坐於玄扈山上，有鳳鳥至，「被五色三文，首文曰：順德，背文曰：信義，膺文曰：仁智。」《鳳》賦中另一處「出丹穴而得茂」句中也提及了鳳鳥之「文」，原文出自《山海經》曰：「首文曰德、翼文曰順、背文曰義、膺文曰信」〔註132〕。「順德」、「信義」、「仁智」等在《事類賦》的具體事例中多有體現，但借由鳳鳥之「文」的形式，卻更添了幾分神話色彩與神異的意味。

關於孔子的事蹟也徵引頗多，在此僅以《麟》賦〔註133〕中三例試闡述其潛在的教化之意。第一處見於「視夫子而吐書，遇赤松而見捶」，原典出自《孝經古契》，講孔子夢到赤松小兒捶打麟並傷其左足，孔子於是用木柴將麟足綁住，麟向孔子吐書三卷，孔子精讀之。此則典故後在《搜神記》中多改作孔子夢到漢代劉氏得天命，但在《事類賦·麟》篇中卻隻字未提劉氏天命，反而將敘述重點轉到麟為報答孔子而吐經、以助孔子成為一代儒學大家之事。《麟》賦後兩處提及孔子，「或泣之以修魯史」、「非時則棄放郊外」：前者出自《左傳》寫孔子「獲麟」而修撰魯史，後者出自《孔子家語》言孔子見被斬前足後棄置在郊外的麟而泣淚不已。觀此三例，無論是孔子因救麟而獲書，或是孔子因麟而悲泣修書，都不禁令人感歎聖賢亦非「聖賢」，也會因物而有感，而不同之處正在於化「感」為「學」之激勵。此外，《事類賦》中也載錄了許多孔子弟子的事例，如子路、宰予、顏回、曾子等。

除記載人物事蹟，《事類賦》在提及諸子時也多引其言說。《木》篇「而合抱於毫末」與《魚》篇「憂在脫淵」、「烹之則忌其屢擾」等處皆出自《老子》。《牛》篇「哀其觳觫」與《桑》篇「亦有環五畝而為宅」皆出自《孟子》。《絲》賦「墨子見之而興歎」引自《墨子》中以染絲比喻治國之道的言論。此

〔註131〕參見《事類賦注》，第369頁。
〔註132〕參見《事類賦注》，第371頁。
〔註133〕參見《事類賦注》，第409～410頁。

外，《事類賦》中引用言說最多的為《莊子》，約有百餘處。例如，《海》篇〔註134〕「鯤鵬之所變化」即指莊子的鯤化為鵬之說，「憫波臣之在車轍」亦出自《莊子》中寫身陷車轍水坑中的鮒魚自稱為東海波臣的異事。《海》賦末聯「井龜見拘成視聽之非廣，河伯自視知大小之不侔也」均出自《莊子》：上句言井底之龜不知東海之廣博，下句言河伯東行至北海始知河海之不可比量。吳淑在賦注中引述《莊子》語曰：「井蛙不可語於海者，拘於墟也。夏蟲不可以語於冰者，篤於時也。曲士不可以語於道者，束於教也。」此處排比的寫法同樣是運用比類之法，從井蛙不知海之廣、夏蟲不知冬冰的道理，重在言眼界視聽（即「教」）之於「道」的重要性。若學子終日只誦讀五經，又怎知五經之外亦存寬廣博深之道？經學為學子「開學養正」之教，但卻不可拘於「教」。這也正是《事類賦》所引事類並不侷限於經史典籍，而是廣採各類事文，試圖引導學子博聞而有所「微悟」，在經學的基礎上進一步博學以致知。

（三）合經緯以成文：經義化導向與文學性的融合

《事類賦》及其賦注的經史觀念，不僅具有重要的教化與導學作用，並且促進了宋初賦在經學與文學方面的進一步融合。然而，正如許結在《論唐代賦學的歷史形態》〔註135〕中所指出，經義化對於賦之消極影響在於對文學性的消解。《事類賦》常常被界定為工具性「類書」、而非文學性之「賦」，在某種程度上也正是緣於賦注中的「經義化」導向似有悖於文學的審美特質。但正如本章從賦之「隱諫」談到賦之「經世教化」，均是圍繞著《事類賦》作為「賦文學」的本體性質進行討論展開，《事類賦》最根本的創作目的正是希望將「經義」更好地融入到「賦文學」這種體裁中，並更好地為學子所接收和領悟。反之，也正是因為增添了「經義」於事類之中，才使得《事類賦》的文學內涵更為深厚。

吳淑在《事類賦》及其賦注中，除多引經史事類，亦常常寓「經義」於仙道異事之中。《列仙傳》、《神仙傳》、《博物志》、《山海經》、《洞冥記》、《拾遺記》、《述異記》、《幽明錄》、《神異經》、《異苑》、《續搜神記》等在各篇賦中均多有徵引。例如，《龍》賦〔註136〕中就收錄了許多此類典故：「雷澤得陶侃之

〔註134〕 參見《事類賦注》，第 107～111 頁。
〔註135〕 許結：《論唐代賦學的歷史形態》，南京大學學報：哲學.人文科學.社會科學，
　　　　　1996 年第 1 期，第 43～52 頁。.
〔註136〕 參見《事類賦注》，第 545～551 頁。

梭」出自《異苑》，言陶侃於雷澤垂釣時所獲「織梭」一枚，掛於家中牆壁之上，頃刻雷雨至，梭子竟幻化成「赤龍」騰躍而去；「呼先跨之而輕舉」出自《列仙傳》，講的是漢中占卜師呼子先乘「茂狗」所化之龍仙逝之事；「亦有子明見故、馮孫是養」亦出自《列仙傳》，分別指陸子明釣得白龍而放生、騎龍鳴（人名）養龍子卻招致禍患之事。然而，此類典故並不唯獨見於仙異之書中，也同樣出現在辭書、子書、史傳或地方志等文獻中。同樣，以《龍》賦為例：「能幽能明」語出《說文》，寫龍有幽明之變化；「或蠶燭其形」出自《管子》，言龍可作大小之變化，「欲小則如蠶燭，欲大則涵天地」；「賀呂光於龜茲」出自《晉書》，記載了呂光討伐龜茲城時，在城南營外發現黑龍之事，「目光如電，及明失之其處，鱗甲之跡隱地光」；再若「毒魚或能致雨」見於《南州異物志》，言交州丹淵曾有神龍，每逢旱季，人們便將蒭草投放到丹淵上導致來往的魚群大量死亡，神龍大怒於是暴雨至。由以上各例可見，《事類賦》文獻取材廣博，兼收經史傳書與異錄筆記等，所取各類物事在義理與文學性上相互結合，隱「教」於幽微之處。

　　於吳淑而言，「經」的概念要遠遠廣於傳統意義上的「經學文獻」所蘊含之經義。以「象天地、效鬼神、參物序、制人紀」為基本原則，《事類賦》在賦注文獻中涵蓋了辭書、經書、緯書、子書、史傳、紀年曆、論說、譜錄、以及星占之書、輿圖方志等，合「經緯」以成文。賦注的補充，不僅為賦文中所引事典提供出處與解釋，而且也為學子提供了豐富的文獻參考與引導。寓經義於事類之中，是以文學的形式導入經學，更加能夠激發學子對於經學的興趣。雖然賦的經義化趨勢導致了其文學性在某種程度上的消解，但也正是因為這種特殊的、隱藏於文學形式之內的經義詮釋方式，反而使得經學煥發了生機。同時，注入了經義內涵的賦文學形式也變得更為充裕。這也正是《事類賦》有別於傳統賦將經義與文學嚴格區隔，將經義與文學結合的重要創新點。

　　綜上而言，通過考察《事類賦》的特殊創作語境，即吳淑從南唐入仕宋朝後所作，發覺其更深層的創作意圖在於「隱諫」，即借助經史事類對君王進行勸諫、並進一步達到經世教化的目的。不同於以往學者多將類書編修看作是君王籠絡舊臣的「役心之舉」，《事類賦》賦注的編修工作更多是緣於宋太宗希望改革科考浮華風氣的意願，而以「事典」為主體的《事類賦》也促進了宋初賦體事典化與經義化之趨勢。

第四章 《事類賦》對賦體傳統的繼承與創新

　　從賦文學史的角度重新審視和衡量《事類賦》對前代賦體的繼承與創新價值。近代已有不少學者關注到《事類賦》的藝文審美特質，但均未深入展開。本章通過將《事類賦》與前代賦體的對照梳理與賦文本分析，旨在引起學界關注《事類賦》之文學特質、以及融古賦、駢賦、律賦於一體的賦體創新。將《事類賦》納入宋初賦史的文學視野，對於研究晚唐五代到宋初文風的轉變也具有重要的學術參照價值。

　　賦體源於詩、騷，按照不同的體式特徵主要劃分為「騷、古、律、文」四種。四種賦體之間，雖然各自獨立成體，亦可相互轉化：所謂「騷體矯厲而為古，古體整練而為律，律體流轉而為文，勢有所趨，理歸一貫」〔註1〕。在賦體的流變過程中，吳淑所作《事類賦》恰好處於賦由「律體流轉而為文」的宋初時期。然而，縱觀這百篇單題賦，其中亦有古、亦有騷、亦有律、亦有文。換言之，《事類賦》的賦體融合了前代賦體體式的多種特徵，既是對賦體傳統的繼承，又在結構和句法等方面進行了多種創新嘗試。這一點不僅在賦文學史上特別值得關注，而且在具體的賦文體研究方面，這種多種賦體「共生」的模式，也為考察「賦」體空間的拓展與賦體的創新提供了重要參照。隱藏「字題」於賦文之中，最初起源於荀子的《禮》、《知》、《雲》、《蠶》、《箴》五篇單題賦。進一步考察，《事類賦》所運用的句式與句法特徵，實際上不僅包括荀子賦或古賦中常見的四言句式，而且也有騷體賦的標誌性句式如含「虛

〔註 1〕參見清代浦銑《復小齋賦話》末之王敬禧跋。引自孫福軒，韓泉欣編輯校點：
　　　　《歷代賦論彙編》，北京：人民文學出版社，2014 年，第 205 頁。

字」句,以及駢、律賦體之最普遍採用的俳偶句式等等。無論在章法、句式還是換韻等方面,前代賦對於吳淑事類賦的創作,都產生了非常重要的影響。

　　《四庫全書總目提要》曾言:「朱澹遠《語對》十卷、《對要》三卷、《群書事對》三卷。是為偶句隸事之始」;「唐以來諸本駢青妃白,排比對偶者,自徐堅《初學記》始」;「鎔鑄故實、諧以聲律者,自李嶠單題詩始」;「其聯而為賦者,則自淑始」〔註2〕。四庫提要因將吳淑《事類賦》一書歸入「子部‧類書類」,所以主要將《事類賦》置於「類書俳偶化」的歷史脈絡中來考察,將「類書俳偶化」發展過程中的重要進展予以循序漸進地揭示。但若從賦文學史的角度觀之,《事類賦》的賦體形式淵源實則要早於類書。以「一字」為題作賦,以及運用對偶句式進行隸事的「事對」也早於類書出現。早期賦體的發源和歷代賦體的演變對於事類賦寫作的影響,不可不精審之。

　　吳淑所撰類事賦之賦體,肇自荀子的單題賦篇且多以「隱辭」來寫,卻又不拘於一字之題,而是由字題為引線,推衍至各種經史事類。以事類為對仗並非易事,《文心雕龍‧麗辭》篇曾云,「言對為易,事對為難。反對為憂,正對為劣」〔註3〕。《事類賦》以「事對」為賦文主體,句式對仗工整,類似駢、律賦體採用鋪排寫法且注重押韻,卻又間雜以古體賦、騷體賦之句式,使得賦體風格更加靈活多樣。《事類賦》之賦體,既非騷亦非古,既似律又類文。本章將從與前代賦體之比較、賦之結構編排、句對形式、用韻和結語等方面,對《事類賦》作進一步分析和考察。

第一節　《事類賦》對前代賦體的繼承

一、單題賦與荀子「隱語式」賦體之源起

　　《事類賦》以鋪陳事類為主,並不以情采見長。從此類賦之源始考察,《事類賦》當更近於荀卿賦,而非屈原之騷賦體。賦以「一字」為題,最早見於荀子的五篇短賦,即《禮》、《知》、《雲》、《蠶》、《箴》。此五篇賦以隱語、設問的方式進行敘述,直至篇末才點明主題。如《賦篇‧禮》云:「爰有大物,

〔註2〕參見《四庫全書總目》「子部‧類書類」之「事類賦」一條提要,卷135,第1144頁。

〔註3〕(南北朝)劉勰撰,范文瀾注:《文心雕龍注》,北京:人民文學出版社,1978年,第588頁。

非絲非帛，文理成章。非日非月，為天下明。生者以壽，死者以葬，城郭以固，三軍以強。粹而王，駮而伯，無一焉而亡。……致明而月，甚順而體，請歸之禮」〔註4〕。元代祝堯在《古賦辨體》中曾指出，荀卿《禮賦》「純用賦體，無別義，後諸篇同。卿賦五篇一律全是隱語，描形寫影，名狀形容，盡其工巧，自是賦家一體，要不可廢」〔註5〕。

　　然而，與荀子賦描寫單一物題不同，《事類賦》雖以「一字」為題，卻不限於「一物」。每篇類事賦皆以題字為線索，將經籍中所提及的相關事類進行歸集整理，如《雲》賦並不專寫「雲」，也包括與「雲」相關的事類典故：如舜帝與百工所和之「卿雲歌」，相傳王母所乘之「紫雲輦」，陸機所作之《浮雲賦》等等。但與荀賦「隱語式」的寫法相類似的是，《事類賦》的字題也多「隱藏」於事類之中，而不直接呈現於賦文本身。如《雲》賦中上述各典分別表達為「或申歌於虞舜」、「香隨王母之車」、「鳳翥鸞翔」等，皆不見「雲」字出現。這種隱語式的創作方式，不僅增添了讀者從中尋找字題線索的興趣，更進一步增強了賦注的必要性。若字題無法直接從賦文本體中得知，則必須借助賦注得以釋疑。

　　考察古本《荀子》，《禮》、《知》、《雲》、《蠶》、《箴》五篇最初並非以「賦」命名，而是以「隱」（古字「讔」）題來寫。近代學者趙逵夫在《讀賦獻芹》中曾推斷荀子《隱書》與《賦篇》應作於不同時代：「《讔》作於齊宣王後期荀子在稷下之時，而《賦》作於其生平後期由趙返楚之前」〔註6〕，二者間的創作時間相隔五十多年。將《隱書》的五個短篇與其後兩篇賦（「天下不治、請陳佹詩」、「琁、玉、瑤、珠，不知佩也」）合為《賦篇》，實際上是後人在編書過程中所作出的合併修改。另據《漢書‧藝文志》記載，「孫卿子三十三篇」，其中「賦十篇」，另有「《成相雜辭》十一篇，《隱書》十八篇。」《文心雕龍‧詮賦》篇云，「荀況《禮》、《智》，宋玉《風》、《釣》，爰錫名號，與詩畫境，……極聲貌以窮文，斯蓋別詩之原始，命賦之厥初也」〔註7〕。綜上可見，南北朝齊梁之前，荀子的「隱書」已被歸入賦篇之中。但當時人又為何偏偏將「讔」與「賦」二者相合併？

〔註4〕引自梁啟雄：《荀子簡釋》，北京：中華書局，1983年，第355～356頁。
〔註5〕（元）祝堯：《古賦辨體》，四庫文學總集選刊，上海：上海古籍出版社，1993年，卷2，第66頁。
〔註6〕趙逵夫：《讀賦獻芹》，北京：中華書局，2014年，第75頁。
〔註7〕參見《文心雕龍注》，第134頁。

　　《文心雕龍‧諧隱》篇曾對「讔」之一字解釋道:「讔者,隱也,遁辭以隱意,譎譬以指事也。」又言,「荀子《蠶》賦,已兆其體。」〔註8〕「讔」這種文體,實際上和「賦」體存在著諸多相似之處:「或體目文字,或圖像品物,纖巧以弄思,淺察以衒辭,義欲婉而正,辭欲隱而顯」〔註9〕。可見,以「讔」體來寫物,主要是將「物名」隱藏不露,再通過一層層的特徵描述,委婉地傳達出所要表達的主題。或許也正是因為「讔」與「賦」在文體上的類似性,所以後人在編輯時便將荀子所存的「讔」「賦」篇皆歸為一體。反觀《事類賦》,同樣是將字題「隱」藏於事類之內,而不直接顯露於賦文中。這種「隱語式」的寫作形式也因此為讀賦增添瞭解謎般的興味:為了發現一字題與事類之間的關聯性,讀者往往需要借助注釋或對照注引原文才可豁然。相較之下,吳淑《事類賦》和荀子「讔」賦的謎題設置思維正好是相逆的:讀荀賦,是從文本的解說去猜測物名;讀《事類賦》,則是在已知「字題」的情況下,有意識地去尋找事類中「隱藏」的字題。

　　《事類賦》並未引用荀子《賦篇》,其中和荀賦體近似之四言句式也多採自其他經史。例如,吳淑《雲》賦曰:「鬱鬱紛紛,非霧非塵」。此句分別出自《史記》和魏武帝《兵書節要》:前者作「卿雲」之解,曰「若煙非煙,若雲非雲,鬱鬱紛紛,蕭索輪困」;後者言「孫子稱司雲氣,非雲非煙,非塵非霧,形似禽獸。」〔註10〕若將此「鬱鬱紛紛,非霧非塵」一句插入荀子《賦篇‧雲》之中,似也並無違和之感。然而,吳淑對於荀子賦最直接的繼承和參照仍主要在於「隱語式」的寫作技巧。《事類賦》的「隱題法」大致可劃分為以下五種:

　　（一）隱字題於他名,即字題之異名。此類多見於物題之其他名號或種類名。例如《風》賦中「至於稱離合,號焚輪」一句,上句引自陸機《要覽》:「列子御風,常以立春遊乎八荒,立秋歸乎風穴,是風至草木發生,去則搖落,謂之離合風。」此處,不僅談及離合風之名,更說明其由來,可見古人命名之法與對時氣草木的感知。下句「焚輪」並非風之別名,而是指暴風從上而下的形狀。〔註11〕

〔註8〕參見《文心雕龍注》,第271頁。
〔註9〕參見《文心雕龍注》,第271頁。
〔註10〕參見《事類賦‧雲》篇「鬱鬱紛紛,非霧非塵」注,第35頁。
〔註11〕此語原出自《爾雅》曰:「南風謂之凱風,東風謂之谷風,北風謂之涼風,西風謂之泰風。焚輪謂之頹,扶搖謂之猋。風與火為庉,迴風為飄,日出而風為暴風,雨上為霄,陰而風為曀。」參見《事類賦注》,第30頁。

（二）隱字題於事典。此類在《事類賦》中運用最廣。例如《雨》賦中「蜀道淋鈴，周郊洗兵」一句，上句出自《明皇雜錄》，說的是唐明皇於蜀道間聞鈴而思楊貴妃一事，後採其鈴聲作《雨淋鈴》一曲以寄哀思。〔註12〕《雨淋鈴》這一曲名演變至今，即為人所熟知的京韻大鼓曲目《劍閣聞鈴》。遙想當時的情境，夜雨敲打著劍閣屋簷上的鈴鐺聲，更是倍增哀思與淒切之感。下句「周郊洗兵」出自《六韜》，說的是周文王舉兵伐紂前夕，曾讓隨官散宜生占卜，皆稱不吉。將行之日天降暴雨，旗幟折為三段，散宜生再次勸諫不宜在當日舉事；但文王卻認為時雨為其「洗濯甲兵」，堅持伐紂。事實上，古人雖然多行占卜之事，卻並不盡信之。

（三）隱字題於所引詩賦之題名。此類在藝文徵引中最為常見。例如，《月》賦中「流素彩而冰靜，湛寒光而雪凝」句，原出自謝莊《月賦》中的「連觀霜槁，周除冰靜」〔註13〕、「柔祇雪凝」〔註14〕。對比可見，「素彩」、「寒光」為謝莊原賦所無，為吳淑所增。一方面，吳淑在徵引賦文的基礎上常常需考慮到上下文的對仗和押韻；另一方面，在意境上又增添了更豐富的美感，將月光以「素彩」、「寒光」之名巧妙地融入所賦情境之中。

（四）隱字題於所引詩文之中。例如，《雲》賦：「雖無出岫之心，亦有思山之意」〔註15〕，前後一反一正，將陶潛《歸去來辭》中的「雲無心而出岫」一句，與張協詩中「行雲思故山」之意連成偶對；前者寫雲似無心，後者寫雲或有意，兩相對照，其中又頗有幾分新的意趣。

（五）隱字題於賦注中。例如《海》賦曰：「望彼幼少，觀茲朝夕」〔註16〕。上句出自《山海經》的「無皋之山，望彼幼海」，直接點明字題；下句「觀茲朝夕」乍看之下，匪夷所思。原文出自南朝詩人王簡棲《頭陀寺碑》中的「挹朝夕之池者，無以測其淺深」〔註17〕。吳淑此處並未給出進一步的注釋說明「朝夕之池」與「海」的聯繫。此語原出自《孔子家語》，說的是孔子到魯桓公之廟，見有「欹器」，於是讓弟子以此挹池水。「朝夕之池」一語，據

〔註12〕《明皇雜錄》曰：「上初入斜谷，屬霖雨涉旬，於棧道聞鈴聲與山相應。上悼念貴妃，因採其聲為《雨淋鈴》曲以寄恨。」參見《事類賦注》，第40頁。
〔註13〕吳淑賦文與所引謝莊賦皆作「靜」字，或為宋初所見舊本，非誤字。
〔註14〕參見《事類賦·月》篇「流素彩而冰靜，湛寒光而雪凝」注，第18頁。
〔註15〕參見《事類賦注》，第37頁。
〔註16〕參見《事類賦注》，第109頁。
〔註17〕參見《事類賦注》，第109頁。

《漢書》記載為枚乘所言：「遊曲臺，臨上路，不如挹朝夕之池。」其後在《桓子新論》中，子貢又將「朝夕之池」作為譬喻，對齊景公說道：「臣之事仲尼，如渴而操杯，就江海飲，飲滿而去。又焉知江海之深乎？」〔註18〕

綜合以上三則注釋，「朝夕之池」與「海」之關聯或可有兩種解釋。一是從字面上看，以水瓢飲朝夕之池水者，或不知海之淺深；二是將「朝夕」看作是「潮汐」的諧音詞，「朝夕之池」即指海。更深一層來考察，求學之道亦是如此，僅僅依靠朝夕之功，實難探知學問海洋之深，所得不過滄海中一瓢飲而已。同理，若將《事類賦》看作是朝夕獺祭之用，卻不知其中經籍亦如江海之浩瀚，而僅僅止步於「朝夕之池」，那麼，即便是作者將此典置於《海》賦而非《池》賦之中之緣故，也難以知曉。

二、對於詩、騷體賦的傳承與創新

在賦文學史上，關於賦體最初源於楚騷抑或荀卿賦，一直存在著不同看法。在此問題上的難以判定，和屈原、荀卿的年代先後有很大聯繫。明代徐師曾在《文體明辨序說》中寫道，「趙人荀況，遊宦於楚，考其時在屈原之前。所作五賦，工巧深刻，純用隱語，若今人之揣測，於詩六義，不啻天壤，君子蓋無取焉」〔註19〕。徐師曾雖然認為荀賦早於屈原，但從文體辨別的角度，卻認為荀賦「隱語式」的寫作方法不合「詩六義」，故不為後人所取。同樣從文章辨體的角度，祝堯也認為荀賦雖然工巧，然而「辭既不先本於情之所發，又不盡然本於理之所存」〔註20〕，若與風騷體賦相比較，仍有很大差別。朱熹在《楚辭集注》中曾引宋祁之語曰：「《離騷》為詞賦之祖」〔註21〕。清代林聯佳在《見星廬賦話》中又言，「荀卿《禮賦》，為賦家文賦之祖」〔註22〕。朱、林二論看似衝突，實則不然。兩人在辭賦起源上的不同看法，主要緣於

〔註18〕 以上《孔子家語》、《漢書》與《桓子新論》各篇皆引自《文選》「頭陀寺碑文」注釋，卷59，第810頁。

〔註19〕 （明）徐師曾：《文體明辨序說》，羅根澤校點，北京：人民文學出版社，1998年，第101頁。

〔註20〕 （元）祝堯：《古賦辨體》，四庫文學總集選刊，上海：上海古籍出版社，1993年，卷2，第66頁。

〔註21〕 （宋）朱熹：《楚辭集注》，蔣立甫校點，上海：上海古籍出版社，2001年，第6頁。

〔註22〕 （清）林聯桂撰，何新文，佘斯大，踪凡校證：《見星廬賦話校證》，上海：上海古籍出版社，2013年，卷6，第77頁。

對賦所包含的屬性之側重不同。

明代徐世溥在其《賦篇序》〔註23〕一文中曾寫到,「昔者荀卿著書,始建《賦》篇。」徐世溥認為,賦「直陳事辭,所以見志也。」這一點恰好和祝堯、徐師曾的觀點是相反的,因為後兩者都認為荀賦隱語式的賦無關情志。然而,徐世溥還注意到,在詩體衰而賦體興之間,有一部重要的著作,即《春秋》:「《詩》亡而《春秋》作,是時揖讓尚行於列國,三桓七穆之徒,饗觀拜嘉,往往各有稱引。」正是緣於列國之間揖讓往來的辭令所需,於是「不歌而誦」的賦漸漸興盛起來,「寓規制,達隱情,猶依古者稱詩諭志之義。」換言之,以「隱語式」的方式、通過徵引其他事典繼而間接傳達出自己的情志觀,是荀賦之後文士作賦的主要用途。

其後,隨著戰國縱橫辯說的風氣逐漸偃息,賦所包含的內容也逐漸擴大和豐富,「兼綜草木鳥獸、事類分合為辭,而比興之材盡收入賦」〔註24〕。從賦的比興和引類譬喻的角度來看,屈原騷賦體當為先行者。王逸在《離騷經序》寫道:「《離騷》之文,依《詩》取興,引類譬喻,故善為香草,以配忠貞;惡禽臭物,以比讒佞;靈修美人,以媲於君;宓妃佚女,以譬賢臣;虯龍鸞鳳,以託君子,飄風雲霓,以為小人」〔註25〕。

然而《事類賦》的比類法與離騷體「引類譬喻」之法卻也不盡相同。試以《橘》篇中所徵引的《楚辭·九章》中關於「橘」的部分為例來作分析:若從賦的內容來看,《橘頌》同樣可歸入以單物題賦的賦篇之列。雖然以「頌」為名,《橘頌》實當歸為「賦」體。《古賦辨體》就將此篇收入「楚辭體」之下,並云「雖曰頌橘之德,其實則比賦之義。」賦、頌在漢代也常常互為通稱。〔註26〕《事類賦·橘》篇之中曾兩次提及《楚辭》,並未言及具體篇名。試將二者稍作比較:《橘》賦「綠葉素榮」一句注云:「后皇嘉樹橘徠服(兮),受命不遷生南國(兮)。深固難徙更一志(兮),綠葉素榮,紛其可喜(兮)。」《橘》賦篇末又云:「彼南土之不遷,諒難成於甘實。」此處同樣化用橘生北國難以生長為甘甜果實之事。吳淑在《橘》賦「忠臣之心,既申於楚相」一句

〔註23〕引自《榆墩集》,《四庫全書存目叢書》影清康熙間舫齋刻本,《歷代賦論彙編》,第560頁。
〔註24〕引自《榆墩集》,第560頁。
〔註25〕(宋)洪興祖:《楚辭補注》,北京:中華書局,1983年,第2~3頁。
〔註26〕參見鈴木虎雄:《賦史大要》,殷石臞譯,太原:山西人民出版社,2015年,第42~43頁。

中，也引到傅玄《橘賦》〔註27〕曰：「詩人睹王雎而詠后妃之德，屈平見朱橘而申貞臣之志」〔註28〕。

　　需要注意的是，吳淑注文所引的《楚辭》，並非出自《橘頌》，而是《橘頌》之前的《惜往日》一章，即楚辭九章之一，並將《惜往日》原文中的「兮」字皆省去不錄。《事類賦》在賦句用字上並不避諱「兮」字，百篇賦中有一百餘處添加「兮」字，如《月》賦「厥御兮維何，望舒兮纖阿」一句，其中的「兮」字為原文中所無。〔註29〕《星》賦中「認彴約兮攙搶，瞻瑤光兮玉繩」之「兮」字，也是吳淑後加的。〔註30〕《春》賦：「玩柔風兮韶景，睠芳節兮嘉時。勾芒兮太皞，乘震兮執規」〔註31〕。二句也是各添一「兮」字以求句式對稱。此外，也有單句加一「兮」字的。例如，《露》賦中「若乃被蒹葭之蒼蒼，零蔓草兮瀼瀼」〔註32〕，則是將《蒹葭》和《野有蔓草》兩篇中的四字句，相連以虛字，並改為長短句式。〔註33〕《露》賦賦末同樣將《詩經》「零露瀼瀼」之四言句改為了騷句式，曰：「嘉零露之溥兮，含滋廣被。」通過在句中的不同位置添加「兮」字，在增添句式多樣性的同時，也增強了誦讀的音律感。

　　虛詞的運用是騷體賦的突出特徵之一。劉熙載在《藝概‧賦概》中曾點出「屈子之辭，沉痛常在轉處」，指屈原辭賦的特點在於辭氣的迴轉，並借用《九章‧悲回風》中的「氣繚轉而自縋」〔註34〕一語作為點評。吳淑在《事類賦》的寫作中，也是有意識地在原句式中添加一些虛詞作為辭氣的輔助，使層層鋪陳的句式更為靈活而不至於滯澀。然而在《橘》賦篇注文中卻刻意省去「兮」字，似乎並不是為了節約謄寫空間。同時，由於「兮」字的省略，句子的誦讀斷句也發生了變化。原本「后皇嘉樹，橘徠服兮」的四言句式，隨

〔註27〕冀勤校點本誤作「菊」賦。
〔註28〕參見《事類賦注》，第 535 頁。
〔註29〕《淮南子》：「月，一名夜光。月御曰望舒，亦曰纖阿。」參見《事類賦注》，第 20 頁。
〔註30〕上句出自《爾雅》：「奔星為彴約，慧星為攙搶。」下句出自張衡《西京賦》：「上飛闥以仰眺，睹瑤光與玉繩。」參見《事類賦注》，第 23 頁。
〔註31〕參見《事類賦注》，第 65 頁。
〔註32〕參見《事類賦注》，第 50 頁。
〔註33〕《蒹葭》：「蒹葭蒼蒼，白露為霜。」《野有蔓草》：「野有蔓草，零露瀼瀼。」參見《事類賦注》，第 50 頁。
〔註34〕（清）劉熙載撰：《藝概箋注》，王氣中箋注，貴陽：貴州人民出版社，1986年，卷 3，第 262～263 頁。

即變為「后皇嘉樹橘徠服」的七言句式。〔註35〕因此，吳淑在此處的省略不禁令人思索，是否當時所見的即是無虛字的較早版本？後至南宋朱熹編《楚辭集注》，則時人多見到的是有「兮」字的四言版本。就這一點來說，將《事類賦》作為文獻版本考證的參考，或許對於楚辭句式的進一步研究亦有所啟發。

回到吳淑《橘》賦和屈原《橘頌》的對比。若單看《橘》賦中「香皮赤實，綠葉素榮」這一句，而暫且忽略《楚辭》的上下文，其實吳淑是在非常質樸地寫「橘」這一客觀物象。上句「香皮赤實」由《異物志》中語稍作簡化而來，與「綠葉素榮」配成偶句，用語頗為簡澹。〔註36〕然而，屈原筆下的《惜來日》和《橘頌》兩篇，則是借「橘」之難遷來喻示作者的貞臣之心。如朱熹注云，「屈原自比志節如橘，不可移徙」〔註37〕。在《事類賦》中，吳淑雖然提及屈原，並徵引了南橘難以北遷之典，是否暗示其亦如屈原般有堅貞之志？由南唐入仕宋朝的吳淑，是否亦心存怨悱不平之意？《事類賦》所賦事類雖然隱含有「鑒諫」之義，但卻並非發自於作者個人的情志。這一點和祝堯說荀卿作賦非「先本於情之所發」是相類似的。《事類賦》所要表達之情理，也往往僅圍於事類本身而言。這也是《事類賦》與屈原騷體賦「引類譬喻」在本質上的不同之處。《事類賦》雖然以事類為比、為賦、為興，然而所有的意義皆指向事類本身，而並非以事類之外即作者自身的情志為主體。

此外，宋玉《風賦》、《釣賦》，也是以一物或一事為題，但皆以對問形式來寫。對問體賦自屈原《卜居》、《漁父》篇始，宋玉賦延續此體，到司馬相如《子虛賦》、班固《兩都賦》、張衡《二京賦》和左思《三都賦》，也都首先以問答發端。此類賦篇，首尾是文，中間是賦。對此，宋代祝堯在《古賦辨體》中曾指出，「其中間之賦以鋪張為靡，而專為辭者，則流為齊梁、唐初之俳體；其首尾之文，以議論為駛，而專為理者，則流為唐末及宋之文體」〔註38〕。吳淑《事類賦》作於唐末宋初，以事文本身為賦，則獨為一體，既非麗辭俳

〔註35〕 從句式角度分析「詩—騷—賦」三者的相承和轉變過程，可參考日本學者鈴木虎雄的《賦史大要》第一章。

〔註36〕 《異物志》：「橘為樹，白華而赤實，皮既馨香，又有善味。」參見《事類賦注》，第535頁。

〔註37〕 參見《楚辭集注》，第95頁。

〔註38〕 （元）祝堯：《古賦辨體》，四庫文學總集選刊，上海：上海古籍出版社，1993年，卷3，第72頁。

體,亦不同於文賦之體。

　　《事類賦·風》篇中所引宋玉《風賦》達九處之多。如吳淑《風》賦曰:
「入衿袖而留香,回桂椒而振氣」〔註39〕。此處後半句原出自宋玉《風賦》
曰:「邸萼葉以振氣,徘徊於桂椒之間」;在《風》賦中吳淑直言「賦宋玉之蘭
臺」〔註40〕。宋玉隨楚襄王遊蘭臺宮,其時有「風颯然而至」,宋玉因而作賦;
吳淑《風》賦中的「清清泠泠,愈病析酲」為宋玉《風賦》原句,吳淑未加改
動而直引入賦;《風》賦中的「來時而或能動揵,求處而每因焚羽」〔註41〕,
同樣化自宋玉《風賦》。上句比《風賦》原本的「衝孔動揵」四言句式有所擴
充,以比擬風勢之大,以致能撼動塞堤之材;「常聞順物而布氣,亦復曠目而
胗脣」〔註42〕之後半句亦出自宋玉《風賦》「中脣為胗,得目為曠」一句。吳
淑將宋玉的四言句式重新組合併調整次序,與前半句的「順物布氣」正好相
對而言,「曠目」、「胗脣」皆為症狀名,意為被風所傷〔註43〕;《事類賦·風》
最末一處引宋玉《風賦》的句子為「亦復便人寧體,動草搖枝」〔註44〕,上
句原自《風賦》中「發明耳目,寧體便人」,僅顛倒次序而已。

　　由此可見,吳淑在引《詩經》與屈原、宋玉之騷體賦時,往往將二者的
句式特徵進行互換:或在《詩經》之四言句式中添加上如「之」、「兮」之類的
虛字,或將騷體中的虛字有意省略,以達到延緩或促縮辭氣的效果。這種將
詩、騷體式進行相互轉換的嘗試,正是《事類賦》融詩、騷體賦為一體的創新
表現。

三、《事類賦》與漢賦的淵源關係

　　《事類賦》與漢賦的淵源關係不僅表現在賦體格局方面〔註45〕,而且還

〔註39〕參見《事類賦注》,第28頁。
〔註40〕參見《事類賦注》,第28頁。
〔註41〕參見《事類賦注》,第30頁。
〔註42〕參見《事類賦注》,第31頁。
〔註43〕《釋名》曰:「目眥傷赤,曰曠。」《說文》曰:「胗,唇傷也。」前者參見(漢)
　　　　劉熙:《釋名》,北京:中華書局,2016年,卷8,第114頁。後者參見(漢)
　　　　許慎撰,段玉裁注:《說文解字注》,上海:上海古籍出版社,2011年,第171
　　　　頁下。
〔註44〕參見《事類賦注》,第32頁。
〔註45〕劉培在《〈事類賦〉簡論》一文中曾指出,《事類賦》與漢大賦「控引天地、
　　　　錯綜古今」的結構相似。參見劉培:《〈事類賦〉簡論》,《濟南大學學報》(社
　　　　會科學版)2001年第5期,第47～49頁。

體現在漢代單題賦出現了題材逐步文藝化的轉變趨勢。賦在漢初興盛，和漢時君王好辭賦、文士進而作賦以獻的風氣有著直接的關聯性。如漢武帝喜好詞賦，每至一處見到鳥獸異物之奇，就命司馬相如等隨行文士作賦記之。文士為帝王作賦以獻之，頗為一時之風尚。

（一）漢代單題賦：從鳥獸瓜果到文房樂器

漢賦中以「鳥獸異物」為賦之題材者繁多，雖不盡以「一字」為題，卻多從「一物」的視角切入。比如，賈誼《鵩鳥賦》即是以偶然飛入庭舍的一隻鵩鳥為對話切入點，其首云：「單閼之歲〔註46〕，四月孟夏，庚子日斜，鵩集予舍。」吳淑在《事類賦‧夏》篇中則直接以「賈生賦鵩」〔註47〕一事入賦，取賈誼作此賦的時節，恰值四月「孟夏」，以此為點題之筆。同樣，禰衡也曾於宴會之上作《鸚鵡賦》，「筆不停綴，文不加點」〔註48〕；《事類賦》雖然未有以「鸚鵡」為題的賦，卻在《筆》篇「禰賦而未嘗停綴」〔註49〕一句中直言其事，稱讚禰衡作賦下筆之快。又如，東漢末年王威作《燕賦》一事，也在《事類賦》之《燕》篇中提及，曰：「美王威之能賦」〔註50〕。其事見於《王威別傳》：「白燕來翔，被令為賦。」但吳淑卻未提及《燕賦》中的具體詞句。

以單一物象為題之賦，除荀賦五篇、宋玉《風賦》、《釣賦》、《橘頌》之外，自漢代以來逐漸增多。例如，枚乘《柳賦》、王褒《洞簫賦》、劉楨《瓜賦》、傅毅《舞賦》、馬融《長笛賦》、蔡邕《筆賦》、繁欽《桑》賦、李尤《果賦》、王逸《荔枝賦》等等。以上各篇，皆在《事類賦》中有所提及。〔註51〕如劉楨《瓜賦》中「羃以纖綌」一句，在《事類賦》之《瓜》篇中也被直接引用，指的是以纖細的葛布覆蓋切好的瓜瓤。又如王逸有《荔枝賦》，《事類賦》中雖然未曾有以「荔枝」為題的，卻在《杏》〔註52〕、《栗》〔註53〕二篇中對王逸的《荔枝賦》分別有所徵引。可見，王逸賦雖然題為「荔枝」，卻「杏」、

〔註46〕單閼：歲陰名，卯年的別稱。
〔註47〕參見《事類賦注》，第 77 頁。
〔註48〕此典見於《後漢書》。
〔註49〕參見《事類賦注》，第 306 頁。
〔註50〕參見《事類賦注》，第 402 頁。
〔註51〕此外，據《西京雜記》記載，另有公孫詭《文鹿賦》、公孫乘《月賦》、韓安國《几賦》、路喬如《鶴賦》、鄒陽《酒賦》、羊勝《屏風賦》、劉勝《文木賦》等篇，為《事類賦》中所未收錄。
〔註52〕參見《事類賦‧杏》篇「貢西山於魏土」一句注，第 518 頁。
〔註53〕參見《事類賦‧栗》篇「別有朔濱之饒」一句注，第 530 頁。

「栗」兼採。相反，李尤的《果賦》卻唯獨寫「李」之句多被吳淑提及，如《事類賦》《李》賦篇首「仙縹神紅」一句，則直接將李尤賦中「仙李縹而神李紅」一句中的「李」字和「而」字去掉，與下句「冬華春子」形成四言對仗。

賦以單一物象為題，則多取相似的物象以極盡鋪陳描述之詳。比如東漢劉琬《馬賦》云：「吾有駿馬，名曰騏雄。龍頭鳥目，麟腹虎胸。尾如雲彗，耳如插筒。」《事類賦‧馬》篇則簡單將「龍頭鳥目」與「麟腹虎胸」調換次序來寫。又如繁欽《桑賦》寫道：「上似華蓋，紫極北形，下象鳳闕，萬桷一楹」﹝註54﹞。將桑樹的形態比擬作華蓋或宮闕。吳淑的《事類賦‧桑》篇，則只取繁欽的後半聯，將兩個四言句合為「狀鳳闕之萬桷」之七言句，與下句「擢帝女之四衢」相對仗。

除直接從漢賦本事中取材以外，《事類賦》亦多取漢賦中的字句。如班昭所作的《蟬賦》，也是以「蟬」為單獨的對象來寫，其中有二句云：「吸清露於丹園，抗喬枝而理翮。崇皇朝之輝光，映豹貂而灼灼」：丹園之中，雖不見「蟬」字，但朝飲清露並於枝頭上梳理翅膀的姿態卻描寫得十分生動，彷彿蟬態在眼前。班昭的《蟬賦》在吳淑《事類賦》的「蟬」篇中被徵引：「無知雪之遠識，徒吸露而自知」﹝註55﹞。吳淑注中稱下句出自「曹大家」，上句則出自《鹽鐵論》中的譬喻：「以所不見而不信，若蟬不知雪也」。吳淑將蟬「不知雪」與「吸清露」作為事對來寫，並在下句添上「自知」二字，凸顯了班昭原賦中的未明之意。

除以鳥獸瓜果之類為賦題以外，漢賦中亦有以單門藝術為題的，如傅毅《舞賦》、馬融《長笛賦》、蔡邕《筆賦》等。傅毅《舞賦》在《事類賦‧舞》篇中被徵引五處。其中「曳茲繭緒」﹝註56﹞一句，注云出自傅武仲《舞賦》：「白鶴飛兮繭曳緒」，實則為張衡《南都賦》中句。此一誤注，或為筆誤或為吳淑記憶混淆之故。其餘四處皆無誤，分別見於「忽鴻翥而龍游」、「揚徵兮騁角，結風兮激楚」、「超逾鳥集，拉揩鵠驚」、「當指顧而應聲」各句注中，皆側重於描寫舞人之容。

《事類賦》之「笛」篇徵引馬融《長笛賦》更有十處之多，除「若乃傳妙

﹝註54﹞ 紫極：星名，此處借指帝王的宮殿。桷：方形椽子。
﹝註55﹞ 參見《事類賦注》，第581頁。
﹝註56﹞ 參見《事類賦注》，第226頁。

理於馬融」〔註57〕一句說的是馬融作賦一事,其餘各處皆引《長笛賦》中字句,取資十分明顯。僅舉一例試作對比:吳淑《笛》賦〔註58〕開篇前兩句曰:「惟鍾籠之修幹兮,生萬仞之石嶔。不假飾於雕鐫兮,稟自然之天資。」而馬融《長笛賦》原句為:「惟鍾籠之奇生兮,於終南之陰崖。託九成之孤岑兮,臨萬仞之石嶔。」吳淑將馬融的「鍾籠」與「萬仞」二句進行了精簡並整合為一句;馬融《長笛賦》後文談「笛」之取材,分別對比了「庖犧作琴」、「神農造瑟」、「女媧製笙」、「暴辛為塤」、倕作鍾,無句式作磬等等,而吳淑僅概而言之曰:「不假飾於雕鐫」,將笛與其他種種雕錯巧麗的樂器進行了區分。

(二)虛誕與實徵:對於漢賦與左思《三都賦》的辯證兼收

　　除鳥獸草木、器物樂舞之類的單題短篇賦外,漢賦中占比最大的則是描寫都邑宮室、郊祀畋獵一類的長篇賦,如班固《兩都賦》,張衡《西京賦》、《南都賦》,揚雄《甘泉賦》、《羽獵賦》,司馬相如《子虛賦》、《上林賦》、《遊獵賦》等。《漢書・枚皋傳》也提到,「從行至甘泉、雍、河東,東巡狩,封泰山,塞決河、宣房,遊觀三輔,離宮館,臨山澤,弋獵、射馭、詆罵、蹴鞠、刻鏤,上有所感,輒使賦之」〔註59〕。可見,命文人隨行而作賦,是漢代君王出行所必備。賦所包括的內容亦十分瑣細,但以紀行為主要內容。

　　然而,漢賦所描摹的宮室都邑卻並非完全徵實可信。左思在《三都賦序》中曾經羅列漢賦「虛而無徵」的種種表現:「相如賦《上林》而引『盧桔夏熟』,揚雄賦《甘泉》而陳『玉樹青蔥』,班固賦《西都》而歎『以出比目』,張衡賦《西京》而述以遊海若。」凡此種種,皆是「假稱珍怪」,以為「潤色」賦辭之用。如果加以考證,則會發現所賦果木,「則生非其壤」;所賦神物,也「出非其所」。左思以此認為漢賦賦辭多為「藻飾」,好像無底託的「玉卮」,雖是珍寶卻不實用。正所謂「侈言無驗,雖麗非經。」與此相反,左思作《三都賦》,其中所呈現的事物都一一徵驗,「山川城邑則稽之地圖」、「鳥獸草木則驗之方志」、「風謠歌舞,各附其俗」;其賦物的主張以「實徵」為主,「美物者貴依其本,贊事者宜本其實。」〔註60〕

〔註57〕參見《事類賦注》,第 242 頁。
〔註58〕參見《事類賦注》,第 241 頁。
〔註59〕(漢)班固撰:《漢書》,顏師古注,北京:中華書局,1962 年,卷 50,第 2367 頁。
〔註60〕以上引左思《三都賦序》皆出自(南北朝)蕭統編、李善注:《文選》,北京:中華書局,2016 年,卷 4,74 頁。

　　面對漢賦與左思《三都賦》對所賦物事「虛誕」與「徵實」的兩種傾向，吳淑在《事類賦》中又是如何進行取捨？總體而言，吳淑基本上持有一種兼收並蓄的態度。例如，《衣》賦中「紛裶戌削，紆餘委曲」〔註61〕一句，引自司馬相如《子虛賦》：「雜纖羅，垂霧縠。紆餘委曲，鬱橈溪谷。紛紛裶裶，揚施戌削。」司馬相如的這種三言、四言體式，類似《詩經》，也是漢賦中所常見的句式。吳淑注云，「紛裶」指「衣長貌」，「戌削」指「裁制」；「紆餘委曲」按《文選》李善注，出自宋玉《神女賦》：「動霧縠以徐步」，縠指縐紗一類的織物〔註62〕；結合來看，司馬相如描寫的是身穿薄霧般縐紗的女子，緩緩步行時衣裳紋理彷彿溪谷流水之貌。而吳淑《事類賦》中所引，「紛裶戌削」為可實證的漢裁衣制，「紆餘委曲」卻更偏向於如《神女賦》般的虛設的假想。

　　又如，《箭》賦引《子虛賦》中所提及之「夏服」，指的是夏后氏盛放箭矢的器具，並無不實。《車》賦同樣提及《子虛賦》云：「鹽浦染輪之樂」〔註63〕。說的是在海濱狩獵時，即切下獵物的生肉，沾著車輪上沾染的海鹽食之。此事似有幾分誇誕、亦有幾分可信。

　　《事類賦》徵引班固《兩都賦》僅一處，見於《麟》賦：「故效質於漢庭，嘗見孟堅之賦」〔註64〕，指班固賦中提及「九貞之麟」一事。至於所引張衡《兩京賦》，則多關乎禮俗以及草木之名等。比如，《春》賦中「或獻琛而執贄」一句，原出自《東京賦》。寫「孟春元日」即正月元日，各地公卿從四方至京都向天子朝享，多獻美玉珍寶為禮〔註65〕。《酒》賦中「鳴鐘舉燧」一句，引自《西京賦》。描寫西京繁盛的飲酒風俗：「酒車酌醴，方駕授饔。升觴舉燧，既醹鳴鐘」〔註66〕。指以酒車盛滿甜酒，並行的車駕上盛滿熟肉，用以犒賞將士。因為五軍六師眾營同飲，於是便舉起烽火以為「升觴」之信號，鳴鐘鼓為酒盡之信號〔註67〕。《草》賦同樣徵引了張衡《西京賦》記載各種草名之處：「草則葳莎菅蒯，薇蕨荔芀，苹蓴蓬茸，緣皋被岡」〔註68〕。

　　相比之下，《事類賦》對左思《三都賦》的徵引更為頻繁，共有十六處。

〔註61〕參見《事類賦注》，第 253 頁。
〔註62〕參見《文選》李善注，第 121 頁。
〔註63〕參見《事類賦注》，第 335 頁。
〔註64〕參見《事類賦注》，第 411 頁。
〔註65〕參見《文選》李善注，第 56 頁。
〔註66〕參見《事類賦注》，第 363 頁。
〔註67〕參見《文選》李善注，第 47 頁。
〔註68〕參見《事類賦注》，第 469 頁。

其中，除了地理、器物、動植物名之外，被徵引的也不乏頗具想像力的事典。例如，《江》賦先是提到了《蜀都賦》中「帶二江之雙流」一句，指江水經過成都岷山時分為雙流〔註69〕；後在「怪泉客之泣珠」一句中，又引到《吳都賦》中鮫人泣淚成珠以作報答之事〔註70〕。左思在《三都賦序》中曾自陳，但凡所記載的物事皆「稽之地圖」、「考之方志」，鮫人泣珠一事或可徵其出處，卻並非現實中所存實事。鮫人泣珠一事，與宋玉《神女賦》、司馬相如《子虛賦》中寫神女婉約之步態，豈非同類？

再如吳淑在《蛇》賦中「或出夫象骼」〔註71〕一句注中，先言此句出自左思《吳都賦》「屠巴蛇，出象骼」，再言此事最早見於《山海經》：「巴蛇食象，三歲而出其骨。」《魚》賦中「夜飛嘗駭於文鰩」一句，亦出自《吳都賦》中寫「文鰩夜飛而觸綸」一事〔註72〕。原典出自《西山經》：「秦器之山，濩水出焉。是多鰩魚，狀如鯉魚身而鳥翼，蒼文而白首赤喙。常行西海，而遊於東海，夜飛而行。言吳之綸繳得此鳥魚。故西海北山失其鱗翼也」〔註73〕。文鰩為有翼之魚，夜行而遭遇吳人的漁網而被捕獲。相比左思原賦中「文鰩夜飛而觸綸」的描述，吳淑以一「駭」字，更增添場景聲貌之生動。此外，《魚》賦中還提及了「王餘」和「比目」兩種魚名，這兩種魚在《吳都賦》中也都有所提及。

再看《事類賦》中引《魏都賦》二處。其一見於《冠》賦「若夫藹藹揚輝」一句，引自《魏都賦》中對冠飾的描寫：「藹藹列侍，金貂齊光」〔註74〕。以貂尾加之於冠，原見於蔡邕《獨斷》：「侍中常侍，皆冠惠文，加貂附蟬」〔註75〕。惠文冠，即漢代武官常侍所佩之冠，以蟬為紋樣，以貂尾為裝飾。此外，《劍》賦「龜文龍藻之麗」出自《魏都賦》中寫劍之「文」：「劍則流彩之珍，素質之寶，虹蔚波映，龜文龍藻」〔註76〕。但對照左思《魏都賦》的原文，卻不見吳淑注引的上述這段文字。這是為何緣由？事實上，《劍》賦中所引的《魏都賦》並非左思所作，而是東晉曹毗的同名之作。但吳淑在《事類

〔註69〕參見《事類賦‧江》篇「導雙流」一句注，第113頁。
〔註70〕參見《事類賦注》，第115頁。
〔註71〕參見《事類賦注》，第554頁。
〔註72〕參見《事類賦注》，第567頁。
〔註73〕參見《文選》李善注，第92頁。
〔註74〕參見《事類賦注》，第261頁。
〔註75〕參見《文選》李善注，第99頁。
〔註76〕參見《事類賦注》，第282頁。

賦》注文中並未標明作者，故易產生混淆。

除以上各例，《事類賦》在《槐》、《梨》、《竹》、《木》、《車》、《舟》等賦中也有徵引左思的《三都賦》，所記之事也多與地理方志相關。結合《事類賦》中所引司馬相如賦與左思賦的事類來看，皆不盡為虛誕之言或有實可考。司馬相如賦中亦有寫實之事，左思賦中亦有述奇之典，只是二者偏重或有所不同。而於《事類賦》而言，僅憑每句皆注、每事可考的體例即可推知，吳淑對於事典考證和出處的重視。然而，正如宋玉《神女賦》、《山海經》之類，前代之詩賦、典籍中所記載之事，亦是虛實皆有。

許結在《賦體文學的文化闡釋》中，將《事類賦》等「博物知類」的賦篇皆歸入「科技賦」〔註77〕。需要注意的是，古代「科技」的觀念和今義是迥然不同的。現代之「科技」重視客觀與真實性，然而古人在天象、地文、動植物、器物、甚至醫學方面的論述，皆不全然是客觀可證的。例如，《露》賦中曾寫到「盛在囊中」〔註78〕，指古人認為，以「五明囊」盛露水洗眼可有明目之效，且須於八月一日那天，盛取百草之露。又如《春》賦中寫正月以「五木湯」沐浴能令人至老而頭髮不白〔註79〕。或如《烏》賦中食「赤羽烏」可令人長壽之說、《虎》賦中寫飲虎皮湯能治病之類，或為道家所信、或為民間風俗，都不符合現代醫學或科技的觀念。但吳淑將這些看似荒誕的事類依然保留下來，甚至編寫入賦，一方面或許是出於「備遺逸」的緣故，且古無志書，賦又兼具志書之功能；另一方面，或許也是緣於賦的文學本質。正是因為加入了這些看似有些破格、荒誕卻令人感到驚異、甚至饒有興味的風俗典故，反而佐證了賦的「文學性」。也正是由於賦對於各種事類的包容性和自由度（poetic licence），其所容納的文學空間也更為寬廣。

四、魏晉南北朝賦之「詠物」與「駢體化」

自漢代至魏晉南北朝，賦體的發展也是一脈相承的。清代孫梅在《四六叢話》中即指出，「兩漢以來，斯道為盛，承學之士，專精於此。賦一物則究

〔註77〕在《賦體文學的文化闡釋》中，許結將天象歲時、地理醫藥、器用伎藝、動植生物等皆劃歸為古人「博物知類的科技賦」，其中又以吳淑《事類賦》為代表著作之一。參見許結：《賦體文學的文化闡釋》，北京：中華書局，2005年，第191～198頁。

〔註78〕參見《事類賦注》，第50頁。

〔註79〕參見《事類賦注》，第69頁。

一物之情狀，論一都則包一朝之沿革。輟翰傳誦，勒成一學」〔註80〕。漢賦中既有恢宏壯闊的都城賦，也有刻畫一物之情狀極為細緻入微的單題賦，如漢末蔡邕《筆賦》等。魏晉以來，繼承前者的有左思《三都賦》、王廙《洛都賦》、鮑照《蕪城賦》等；繼承後者之詠物賦，則更是踵事增華，聲色並舉。《四六叢話》後又云：「左（思）、陸（機）以下，漸趨整煉。齊梁而降，益事研華。古賦一變而為駢賦。江（淹）、鮑（照）虎步於前，金聲玉潤，徐庾鴻騫於後，繡錯綺交。固非古音之洋洋，亦未如律體質靡靡也」〔註81〕。「駢賦」的產生，是賦體作為韻文形式逐步成熟完善而「漸趨整煉」的必然結果。同時，這也和賦之「敷陳」、鋪排寫事的主體功能是相結合的。其中，駢體賦最突出的特點即為「駢對」或對偶句式。對偶句式多者，則可稱為「俳賦」。

（一）賦在魏晉的駢體化

在《〈事類賦〉簡論》一文中，劉培曾指出「《事類賦》是以限制嚴格的駢體寫成的，以隸事對偶行文」〔註82〕。對句形式古已有之，並非魏晉駢賦的新創。然而，通篇賦以駢對的形式來寫，卻是賦體發展史上的一大重要轉變。《事類賦》中所引魏晉賦家極多，主要包括曹植、徐幹、王粲、陳琳、劉楨、韋誕、賈岱宗、向秀、左思、陸機、傅玄、傅咸、成公綏、庾儵、稽含、潘岳、潘尼、孫楚、夏侯湛、袁宏、木玄虛、郭璞、孫綽、杜育、江逌、李翯、王廙、孫惠、李顒、曹毘等。以下試舉數例來分析駢賦對句的特點。

例如，《事類賦‧扇》篇中「象明月以常滿，發惠風而愈新」——上下句分別出自徐幹《團扇賦》與曹植《九華扇賦》。徐幹賦原文為：「惟合歡之奇扇，肇伊洛之纖素。仰明月以取象，規圓體之儀度。」這四句賦文雖然在辭意上並非完全對應，但六言句式十分整齊。曹植《九華扇賦》云，「隨皓腕以徐轉，發惠風之餘寒」〔註83〕；不僅平仄對仗更為工整，上下句亦押韻。

再將漢晉之時詠同一物題之賦予以對照。《事類賦‧筆》篇中曾先後提及漢代蔡邕《筆賦》和西晉成公綏的《棄故筆賦》。首先，「至於上剛下柔之名」一句出自蔡邕《筆賦》，原賦曰：「上剛下柔，乾坤位也。新故代謝，四時次

〔註80〕（清）孫梅：《四六叢話》，李金松校點，北京：人民文學出版社，2010年，卷4，第69頁。

〔註81〕（清）孫梅：《四六叢話》，李金松校點，卷4，第69頁。

〔註82〕劉培：《〈事類賦〉簡論》，濟南大學學報（社會科學版），2001年第5期，第47頁。

〔註83〕以上三處引文參見《事類賦注》，第300頁。

也。圓和正直,規矩極也。玄首黃管,天地色也」〔註84〕。句式極為工整,近乎俳體。再看後文引到西晉成公綏的《棄故筆賦》的兩處。吳淑《筆》賦云,「觀其染清松之微煙」〔註85〕,成公綏原賦沒有「觀其」二字;另一處見吳淑賦云「三束五重之美」,成公綏原賦曰:「結三束而五重,建犀角之玄管」〔註86〕。成公綏此二句,亦非工整的駢對句式。此外,晉代傅玄也有《筆賦》一篇,為《事類賦》中所未提及。因篇幅較短,暫錄其於下,以觀其整體體式:

> 簡修毫之奇兔,選珍皮之上翰。濯之以清水,芬之以幽蘭。嘉竹翠色,彤管含丹。於是班匠竭巧,名工逞術。纏以素枲,納以玄漆。豐約得中,不文不質。爾乃染芳松之淳煙,寫文象於紈素。動應手而從心,煥文流而星布。〔註87〕

傅玄此篇《筆賦》可為駢賦之範本。全篇對仗工整,選詞巧麗。但吳淑《事類賦》中卻未提及此篇,頗令人疑惑。除此篇《筆賦》未引,《事類賦》中對傅玄的其他篇賦卻多有提及,其中包括《琴賦》、《硯賦》、《棗賦》、《橘賦》、《瓜賦》及《走狗賦》。《事類賦》引傅玄賦文分別為:「採陰山之潛璞,問眾材之攸宜。設方圓以定形,假金鐵而為池」;「勢似陵青雲,目若泉中星」;「棐棐素華,離離朱實,脆如霜雪,甘如含蜜」;「詩人睹玉暐而詠后妃之德,屈平見朱橘而申貞臣之志」;「舊有蜜筩、及青桔樓,嘉味鮮,類寡儔」;「白者如素,黑者如漆,黃踰金箱,青侔含翠」〔註88〕等等。從以上各例可見,傅玄賦雖多為駢體,但並不拘泥於「駢四儷六」之體式,其中三言對、五言對、長句對、甚至散逸不對者,亦有之。《事類賦》之體式,也並非限於「駢體」本身,亦常常有破格之例。

(二)魏晉單物題賦的「辭」「思」並重

單題賦或小賦多為魏晉文人所喜。正如清代潘錫恩在《六義賦居一賦》中所言,單題賦「窮物態之纖悉,極文詞之彪炳」〔註89〕,此種賦體大抵始於魏晉六朝時期,作品流傳後世的有:曹植《九華扇賦》、《橘賦》、徐幹《團

〔註84〕參見《事類賦注》,第 309 頁。
〔註85〕參見《事類賦注》,第 307 頁。
〔註86〕參見《事類賦注》,第 309 頁。
〔註87〕引自(清)陳元龍:《歷代賦彙》,影印本,南京:鳳凰出版社,2004 年,卷63,第 262 頁。
〔註88〕以上各句依次出自傅玄《硯賦》、《走狗賦》、《棗賦》、《橘賦》與《瓜賦》。
〔註89〕引自《見星盧賦話校證》,卷 8,第 108 頁。

扇賦》、王粲《遊海賦》、劉楨《瓜賦》等。吳淑在《扇》賦中直寫「曹植之寶
九華」〔註90〕，說的就是曹植作《九華扇賦》之緣由。「九華」原為曹植曾祖
曹騰在擔任漢桓帝常侍之時所受賜的尚方寶竹扇之名，因而作賦記之。吳淑
《海》賦也提及「王粲遊之而作賦」〔註91〕，指王粲所作《遊海賦》篇；此
外，《舟》賦「亦聞蒼隼晨鳧」句，同樣出自王粲《遊海賦》：「乘菌桂之舟，
晨鳧之舸」〔註92〕。「菌桂」、「晨鳧」為兩舟之名。此外，在《事類賦》中，
事存而原賦已不存者也頗多。例如，韋誕或許是最早作《山雞舞鏡賦》者。
《事類賦》在《雞》篇「若夫鑒形乃舞」注中引南朝宋《異苑》記載：「魏武
時，南方獻山雞，帝欲其鳴舞而無由，公子蒼舒取大鏡著其前，雞見形而舞，
不知止。遂至死。韋仲將為之賦其事」〔註93〕。此處吳淑並未像前數篇中提
及賈誼賦鵩鳥、禰衡賦鸚鵡、曹植賦九華扇之類直書所引賦之名，大抵是因
為韋誕賦至宋初已不存的緣故。

　　至晉代陸機作《文賦》、《浮雲賦》以及《桑賦》、《瓜賦》、《果賦》之時，
單題賦的描寫範圍已從荀賦的「禮、知、雲、蠶、箴」、漢賦的鳥獸木蟲、漢
末魏初舞和筆扇等賦藝之類，進一步拓展到更為抽象的「文」，直至後來唐代
白居易作《賦賦》。單題賦多以單一主題為切入點，卻不限於虛實；如荀子賦
篇中的《雲》、《蠶》、《箴》（針）三篇為實題，《禮》與《知》二篇為虛題。《事
類賦》所選百字也皆為「實」題，所言事類也皆為「實」，但事類所包含的事
理則為「虛」，虛實相濟，亦合「文顯理隱」之義。

　　這一點從《事類賦》中引到陸機《文賦》之處看得更清楚。陸機的《文
賦》本為「虛」題，因此，賦中需要鋪陳各種具體之「實」象來描寫說明。吳
淑在《珠》、《石》二篇中分別寫到「發晶熒於媚川」〔註94〕、「韞玉山輝」〔註
95〕，皆出自陸機《文賦》中「水懷珠而川媚，石韞玉而山輝」一句，說的都
是如珠玉般的奇句可為文章添彩；另，吳淑在《玉》篇中再次引《文賦》同一
語，言「輝山更幽」〔註96〕。陸機《文賦》是借玉石輝映山川來比喻文章麗

〔註90〕參見《事類賦注》，第 301 頁。
〔註91〕參見《事類賦注》，第 108 頁。
〔註92〕參見《事類賦注》，第 330 頁。
〔註93〕參見《事類賦注》，第 386 頁。
〔註94〕參見《事類賦注》，第 188 頁。
〔註95〕參見《事類賦注》，第 148 頁。
〔註96〕參見《事類賦注》，第 181 頁。

句，是借實言虛，而吳淑《事類賦》卻反取其所用物象，將陸機之「珠玉」再次添入所賦之文中，化實成虛。

同理，吳淑在《舞》篇中寫到「赴節奏以投袂」一句，同樣是借助陸機之譬喻。陸機原賦云：「譬猶舞者赴節奏以投袂，歌者應弦而遺聲」〔註 97〕。陸機原本是借舞者投袂、歌者應弦來比喻文人如何寫文章，《事類賦》中卻直陳其物象本體，並非要說為「文」之道。換言之，《事類賦》與其他單題賦在鋪陳上最大的不同，即為「事類」本身的「獨立性」。這一點並不否認《事類賦》與所鋪陳事類之間的「相關性」。每篇賦中的事類，都和「一字題」相互關聯，無論直接或者間接。如吳淑《夏》篇提及「賈誼賦鵩」，僅僅是因為賈誼作賦的時節恰巧是孟夏四月。吳淑的「一字題」，即為貫穿每篇賦中所有事類的線索，而每個對句之中兩兩相對的事類，或許也存在著某種事理上或正或反的關聯，但事實上，這些事類除了服務於賦本身的體式功能之外，並非如陸機《文賦》那般為了說清一個「虛題」或「虛理」而存在。換言之，在吳淑的《事類賦》之中，事類「本身」即為所賦的「主題」本身。這些事類以「一字題」為引，卻皆以各自原本的意義存在。

傅玄亦多作有單題賦，如《琴賦》、《硯賦》、《棗賦》、《橘賦》、《瓜賦》等。其子傅咸也曾作《狗脊扇賦》、《紙賦》、《黏蟬賦》等。晉代成公綏亦作有《筆賦》、《棄故筆賦》、《雲賦》、《陰霖賦》等，也是多以一字、或一物象再添一「賦」字為題。嵇含亦有《筆賦》、《瓜賦》等。潘岳有《笙賦》、《海賦》等。至東晉，單題賦的賦題也逐漸從琴硯筆紙、雲雨瓜果等細微之物，轉向更為宏大的物象，如木玄虛《海賦》、郭璞《江賦》、孫綽《望海賦》、曹毗《觀濤賦》等。但仍有賦小物者，如郭璞的《蚍蜉賦》等。吳淑在《事類賦》之末篇《蟻》中，曾提到「摘典麗之辭既聞郭璞」，說的即是郭璞的《蚍蜉賦》。相比那些奉詔命而作的都城大賦，詠小物之賦常常是出於文士個人的「幽閒之思」。賦辭漸趨於「典麗」的傾向和賦題本身也有非常重要的聯繫。

（三）南北朝賦體之漸趨駢儷化

孫梅《四六叢話》云，「齊、梁而降，益事妍華，古賦一變而為駢賦」〔註 98〕。南北朝時期，「賦一物則究一物之情狀」的文風愈加濃厚。單題賦由「思」

〔註 97〕 參見《事類賦注》，第 228 頁。
〔註 98〕 （清）孫梅：《四六叢話》，李金松校點，北京：人民文學出版社，2010 年，卷 4，第 69 頁。

轉向「辭」的趨勢已逐漸顯見，如謝惠連《雪賦》、鮑照《舞鶴賦》、謝莊《月賦》、顏延年《赭白馬賦》、江淹《別賦》、《恨賦》等。《事類賦·鶴》篇曾寫到「賦聞鮑昭之美」〔註99〕，說的即是鮑照的《舞鶴賦》用辭華美；《馬》篇中提到「延年賦之而特麗」〔註100〕，也是針對當時賦辭之妍麗而言。其實，賦題並沒有嚴格的時代區隔，前代所賦之題，後人再賦之，實極常見。

　　《事類賦》徵引潘岳賦篇之處也頗多，除《秋興賦》外，《事類賦》還提及《西征賦》、《籍田賦》、《閑居賦》、《笙賦》、《海賦》各篇，潘賦所涉物題繁多，包括霜、夏、秋、水、魚、馬、草、桃、李、杏、奈、棗、梨、甘、魚等。相比漢晉賦多在一篇賦中廣采物類的博覽式寫法，以單一物題為對象的詠物體式在南北朝賦中更為常見。對照前代賦，南北朝時期詠物賦的賦題逐漸呈現出兩個轉變的趨勢。一方面，從晉代至南北朝，在物題的選擇上呈現出從大到小之趨勢。物題之大者，如木玄虛《海賦》、郭璞《江賦》、孫綽《望海賦》、曹毗《觀濤賦》、梁簡文帝《海賦》等；物題之小者，有如傅咸《黏蟬賦》、郭璞《蚍蜉賦》、杜育《莽賦》、江逌《竹賦》、蕭鋒《修柏賦》等。另一方面，所詠物題的藝文化趨勢也漸趨濃厚。除《文選》中所收錄的《雪賦》與《月賦》二篇，謝靈運《怨曉月賦》、鮑照《舞鶴賦》、江淹《別賦》與《恨賦》等。以下試舉兩例以進一步考察其賦體風格的轉變。

　　吳淑《雪》賦曰：「若夫雪苑創於梁王」〔註101〕。此處，吳淑引謝惠連《雪賦》序注云：「梁王不悅，遊於兔園。俄而微霰零，密雪下。王乃歌《北風》於衛詩，詠《南山》於周雅。授簡命於司馬大夫，曰：『抽子秘思，騁子好詞，俟色揣稱，為寡人賦之。』」〔註102〕謝惠連在《雪賦序》中所言梁孝王於兔園中授命司馬相如作賦一事，並非史傳敘述，而是相如《子虛賦》般的假託之辭。這一點十分值得重視，即當時之作者已有在藝文中建立一個「虛擬作者」以代言的意識，將《雪賦》假託為司馬相如所作，無疑提高了讀者對此賦的期待。除此處所引，在《冬》賦篇「歲將暮而時將昏」一句注中，吳淑也引到謝惠連《雪賦》首句：「歲將暮，時將昏。寒風積，愁雲繁」〔註103〕。

〔註99〕　參見《事類賦注》，第 376 頁。其中「昭」為原文，非誤字。
〔註100〕　參見《事類賦注》，第 438 頁。
〔註101〕　參見《事類賦注》，第 56 頁。
〔註102〕　梁王之語在《藝文類聚》和《初學記》中皆未引，可見《事類賦》注文所取，
　　　　　並非從類書中直接摘引。
〔註103〕　參見《事類賦注》，第 95 頁。

　　賦序之例，通常對賦的創作緣由和背景進行簡要陳述。班固《兩都賦序》、左思《三都賦序》，都先是序說賦之源流，再言作賦之「主旨次第」〔註104〕。而宋玉《風賦》、賈誼《鵬鳥賦》、禰衡《鸚鵡賦》之類，則多在賦首說明作賦之緣由。

　　以「月」為物題之賦在《事類賦》中僅徵引謝靈運《怨曉月賦》與謝莊《月賦》二篇。《事類賦・月》篇云：「入廊櫳而積素」〔註105〕。此句原出自謝靈運賦「墀除兮鏡鑒，廊櫳兮澄澈」，描寫灑落在臺階上的月光如鏡子般明亮、從廊下窗間照入的月光亦澄澈若積雪。「積素」之意象是吳淑添加，和原賦「鏡鑒」的類比意象正好相照應。《事類賦・月》篇末云：「得不薦鳴琴而滅華燭，玩清質之悠悠」〔註106〕。出處有二：其一出自謝靈運《怨曉月賦》：「臥洞房兮當何悅，滅華燭兮玩曉月」；「薦鳴琴」另見於謝莊《月賦》：「去燭房，即月殿，芳酒登，鳴琴薦。」兩典均寫的是洞房花燭夜，燈燭滅而月光從窗外照入，新人彷彿置身月宮之中，正當鳴琴賞月兩相宜之時。吳淑所引兩賦在句式上並不盡相同：前者類似騷賦體，後者則為三言體，句子節奏更為緊湊。再看謝莊《月賦》中的其他句式，如「柔祇雪凝，圓靈水鏡」、「日以陽德，月以陰靈」、「連觀霜縞，周除冰靜」、「隔千里兮共明月」、「降澄輝之藹藹」、「白露藹空，素月流天」等，其中多為四言對句，但也間有六言和騷賦體句式。此外，吳淑《月》篇「素魄如圭」一句出自江淹原賦云：「秋露如珠，秋月如圭」〔註107〕。另見《露》篇「日出天而耀景，露下地而騰文」〔註108〕一句，也是引江淹同一篇賦。江淹四言對與吳淑此句，皆可作為駢對之範例。

　　《重刊賦則序》曾言駢麗賦體的代表人物為任昉、庾信：「至任、庾屬辭比事，專取工整，開後人駢麗一派，而體一變，然其體猶然古賦也」〔註109〕。然而令人不解的是，《事類賦》卻極少徵引任昉、庾信所作詩賦在，僅引任昉《述異記》中珍奇異事若干，庾信《泛江》詩一則。事實上，從《事類賦》對歷代賦家的選取中，也可看出吳淑對於前代賦的偏向性。因此，學者多言《事

〔註104〕參見《賦史大要》，第45頁。
〔註105〕參見《事類賦注》，第20頁。
〔註106〕參見《事類賦注》，第21頁。
〔註107〕參見《事類賦注》，第19頁。
〔註108〕參見《事類賦注》，第51頁。
〔註109〕（清）路德：《重刊賦則序》，《檉樺館文集》，光緒七年解梁刻本，引自《歷代賦論彙編》，第685頁。

類賦》繼承的是漢晉賦學傳統，根源也在於此。《事類賦》以事對為主，採用駢體賦的形式也是文質相合的必然要求。

五、隋唐律賦的「宗經義」與「俳律化」

清代王修玉在《歷代賦楷》例言中曾指出晉唐賦體由「俳」轉而為「律」之變：「至於兩晉微用俳詞；六朝加以四六，已為賦體之變……迨乎三唐應制，限為律賦，四聲八韻，專事駢偶，此又賦之再變」〔註110〕。自晉至唐，賦體發展進一步呈現出俳律化的趨勢。隋唐始以賦取士，賦體也逐漸朝向「經義化」的方向發展。

（一）《事類賦》較少徵引隋唐賦的原因

至隋唐時期，單題賦更是蔚為大觀；但《事類賦》卻提及不多，隋代只提及魏澹所作的《鷹賦》，唐代則僅提及唐太宗的《威鳳賦》、王威以「白燕」為賦，以及呂渭以「柳」為賦等；徵引之少，與前代賦篇的次數實不可相比。吳淑並非對於唐代的事類普遍收錄較少。據不完全統計，《事類賦》僅對《唐書》的徵引，次數就有七十九處之多，若另包括《明皇雜錄》、《景龍文館記》、《漢上題襟集》、《資暇》、《墨藪》、《酉陽雜俎》、《嶺表異錄》、《大業拾遺錄》、《因話錄》、《鹵簿令》、《唐新語》等唐代文獻筆記雜錄等在內，則徵引事類更不在少數。

《事類賦》對於前代賦之事類的選取，唯獨少見隋唐間賦，原因或許有兩方面：一方面，從文學觀上來看，從騷賦、漢賦以降直至魏晉南北朝賦，賦辭越來越趨於巧麗，直至唐賦開始俳律化，且有「官韻」的限制等等，《事類賦》不重隋唐賦而更傾向於前代賦，或許也暗含了文學觀的褒貶考量：唐賦與《事類賦》尚實的傾向相違和；另一方面，《事類賦》本身既非類書也非普通賦集，而是以「事類」為主，即如提及唐太宗所作《威鳳賦》一事，也是取太宗「嘗追思王業艱難，佐命之力」〔註111〕，所以作賦賜予長孫無忌以作褒賞之意這一事典。換言之，隋唐賦雖多，與《事類賦》所撰時期因為年代較為相近，可以選擇入賦的相關「事類」卻相對較少。但事實上，《事類賦》的賦體形式本身，卻受到了唐賦俳律化很深的影響。

〔註110〕（清）王修玉：《歷代賦楷》，康熙二十五年刻本，引自《歷代賦論彙編》，第566頁。

〔註111〕參見《事類賦・鳳》賦「資長風以舉翰」一句注，第370～371頁。

（二）《事類賦》與隋唐律賦的宗經淵源

　　《事類賦》雖然概不引律賦，但和唐律賦的關係卻十分緊密。首先，律賦體原本就是在駢賦體的基礎上進一步發展的產物。如《賦史大要》中所指出，「律賦本駢賦之狹義者」，「駢賦中實有律賦之性質」〔註112〕。雖然《見星廬賦話》將唐前之賦皆劃歸入「古賦」之列，然而賦體內在之沿承與性質的逐漸轉變，並不像區分朝代那般可輕易切割。明代徐師曾在《文體明辨序說》中按照朝代次序論及賦體之演變：

> 三國、兩晉以及六朝，再變而為俳，唐人又再變為律，宋人再變為文。夫俳賦尚辭，而失於情，故讀之者無興起之妙趣，不可以言則矣。文賦尚理，而失於辭，故讀之者無詠歌之遺音，不可以言麗矣。至於律賦，其變愈下，始於沈約「四聲八病」之拘，中於徐庾「隔句作對」之陋，終於隋唐宋「取士限韻」之制，但以音律諧協、對偶精切為工，而情辭皆置弗論。〔註113〕

　　賦體由俳變律、再由律變文的趨勢，一方面和隋唐以來以試賦取士的制度有密切聯繫；另一方面，也是由賦體對內在音律、辭理等方面的要求而決定的。以賦取士，實則是對漢晉以來文士獻賦以自薦、或隨行作賦的俳優性質的一大變革和超越。對此，王士祥在《唐代應試詩賦論稿》中曾指出，「從獻賦到奉詔限題作賦」，再到「多人同題競作」的逐漸過渡和發展，多數情況下是處於「不自覺的狀態」。其發展結果，卻是「唐前試賦的先兆」〔註114〕。換言之，隨著賦體寫作思維的轉變，科場試賦自然不再以抒寫自我情志為主導，而是朝以考察才學為主的辭理方向發展。與「帖經」之法相仿，試賦也逐漸呈現出「宗經化」的趨勢。

　　《文心雕龍·宗經》篇云：「經也者，恒久之至道，不刊之鴻教也。故象天地，效鬼神，參物序，制人紀，洞性靈之奧區，極文章之骨髓也」〔註115〕。科舉試賦，起初並不全然以經史為題。如吳淑《柳》賦曾談到唐代禮部侍郎呂渭以「瑞柳」為試賦之題，而為聖上所嫌惡。唐代試賦之題，與宋代相比更為靈活，如清代王芑孫《讀賦卮言》云，唐代試賦命題，「或用古事，或用今

〔註112〕（日）鈴木虎雄著，殷石臞譯：《賦史大要》，太原：山西人民出版社，2015年，第113頁。
〔註113〕參見《文體明辨序說》，第101頁。
〔註114〕王士祥：《唐代應試詩賦論稿》，北京：商務印書館，2016年，第14頁。
〔註115〕參見《文心雕龍注》，第21頁。

事,亦無定程」〔註116〕。至北宋,試賦多承襲唐制,「然初期雜用諸子,以廣博學識。」完全以經史為題「溯源於宋仁宗景祐年間」〔註117〕。北宋初期,試賦以經史事類為重的特徵其實從《事類賦》中已可窺知。《事類賦》雖然並非應試所作,但其中以經史為「鴻教」之源、以天地歲時為「物序」參照的書寫體系、以熟知古今物事為「制人紀」的根本,實則和律賦取士的宗旨是相通的。范仲淹在《賦林衡鑒序》中曾云,唐賦「或祖述王道,或褒贊國風,或研究物情,或規戒人事」〔註118〕。《事類賦》所錄事類內容亦與唐賦大致相仿。

（三）律賦限韻的賦格要求

律者,韻也。另一方面,科考試賦與閒時作賦最大之不同,即在於限韻。然而,唐初試賦,所限之韻數並不多。如洪邁在《容齋續筆》中提到,「唐以賦取士,而韻數多寡,平側次敘,元無定格」;自三韻至八韻者皆有之,「自太和以後,始以八韻為常」〔註119〕。因此,唐賦集中多有同題限同韻之賦。例如,以「麗容可珍、照之則舞」為韻的《山雞舞鏡賦》,在《歷代賦彙》中存錄有唐代皇浦湜與趙殷輅所作二篇。此二篇雖同題同韻,行文選辭卻完全不同。同篇賦題,亦有限不同韻者。例如,賦題同為《日月如合璧賦》,有以「應候不差、如璧之合」〔註120〕為韻、有以「兩曜相合、候時不差」〔註121〕為韻、有以「天地交泰、日月貞明」〔註122〕為韻。白居易之《賦賦》篇限六韻,通篇以「賦為古詩之風」為韻。從以上限韻各例可見,所限之韻其實也正是賦題所要闡發的「主旨」。後人多有詬病唐律賦因為限韻,專以追求「音律諧協、對偶精切為工」,而有礙於辭理或情志的傳達;然而,所限韻之初衷,其實正是為了提示賦題所蘊之情理,若切題、切韻二者兼顧,當是賦中之佳者。

吳淑作類事賦,首要將經史事類按類分題進行編排配對,同時注重句法包括字句長度、聲調和押韻等,均受到了律賦以經義為題、限韻,以及韻義

〔註116〕 （清）王芑孫:《讀賦卮言》,賦話六種本,生活・讀書・新知・三聯書店（香港）1982 年,第 15 頁。
〔註117〕 孫福軒:《中國古體賦學史論》,杭州:浙江大學出版社,2013 年,第 91 頁。
〔註118〕 引自《歷代賦論彙編》,第 518 頁。
〔註119〕 （宋）洪邁:《容齋續筆》,北京:中華書局,2005 年,第 375～376 頁。
〔註120〕 （唐）韋展:《日月如合璧賦》,參見《歷代賦彙》卷 3,第 11 頁。
〔註121〕 （唐）盧士開:《日月如合璧賦》,參見《歷代賦彙》卷 3,第 11 頁。
〔註122〕 （唐）賈餗:《日月如合璧賦》,參見《歷代賦彙》卷 3,第 11 頁。

相合等多方面要求的影響。《事類賦》雖然從單字題與隱語式寫作方面始於荀子賦，兼采詩、騷體賦，與漢晉詠物題賦一脈相承，但在賦體主體部分的寫作形式上，仍然以隋唐律賦體為範式參照。因此，借鑒律賦分析的方法來考察《事類賦》的篇章結構與句法特徵，也是最直接而有效的方法。

第二節　《事類賦》賦體體式特徵分析

律賦創作，較之古體賦，遵循著更為嚴格的律法與原則。清代朱一飛在《律賦揀金錄‧賦譜》中曾云：「律賦之法有五：一辨源、二立格、三叶韻、四遣詞、五歸宿」〔註123〕。「辨源」多見於篇首起始部分，在《事類賦》中多運用於闡釋「字題」之根源。「立格」，即確立文章的整體格局。《事類賦》雖然百篇不一，但大體的結構皆是相仿的，即從起題到鋪敘事類，再到最後之結語。然而百篇賦，起題之法又各自不同，鋪敘事類的先後次序又各自不同，結語的方式也各自不同。細察這百篇賦可以看出，吳淑在遵循統一的格局之下，進行了多種不同的賦體嘗試與創新。無論在換韻還是遣詞方面，都頗費思力。吳淑作《事類賦》並不需要如律賦般限韻或限題，然而每篇賦看似無「體」而自「律」，看似不經意之轉韻卻又與段落的轉換相互配合，這也正是《事類賦》作為賦文體本身的內在需求和本質體現所在。

一、篇章結構與層次

首除《進注事類賦狀》一文可看作總序外，《事類賦》每篇賦前並無序言。每篇賦以「一字」為題，不加「賦」字。整篇賦主要包括賦之發端、主體和結語三個部分。賦之主體再進一步劃分為若干個層次，以事類的鋪陳為展開。《事類賦》的賦篇結構，整體上遵照由起題釋源到事類展開、再以結句收尾；在主體部分，遵從經史事類在先，軼事奇聞在後的順序。然而細察每篇賦的結構，又存在諸多細微差異。換言之，吳淑作百篇一字題賦，既依循一貫的脈絡和思路，同時在篇幅、句式和聲律等各方面，都進行了多種嘗試。

（一）發端與起題

《事類賦》之起題常常以單句直起，或引經語。這種直接起題法，更近

〔註123〕（清）朱一飛：《律賦揀金錄‧賦譜》，乾隆四十一年小酉山房刻本，引自《歷代賦論彙編》，第687頁。

於古賦質樸的寫法。如《見星廬賦話》云,「賦有如題直起,不必裝頭作冒,而古質樸重,屹如山立者」〔註124〕。李調元《賦話》論律賦之起題云,「律賦起句,多先用單聯對起,不用四六俳,此正法也」〔註125〕。《事類賦》起題多引「經語」,如《詩經》、《易經》或《禮記》等。

　　《賦譜》中曾提到發語的三種功能:「發語有三種:原始,提引、起寓」〔註126〕。例如,《天》賦首先從「天」始於太初之氣、到積氣成體發端,再敘述各種關於天體形狀的論說,闡發天象、天道和人事、曆法的關係,最後以文學和夢境中關於天庭、天體的想像結尾。整篇賦圍繞前人經籍中的「天」這一觀念展開延伸,文勢曲折,內在文理貫通。《日》賦亦是如此,賦文中對於太陽東出西落的反覆鋪敘,一層層引入事類,暗含勸諫於事理之中。不同於譜錄和一般類書,事類賦的創作特性在於,將原本散置的事類本身,通過賦體的重新編織和文辭的提煉,重新建立了一種秩序。這一秩序,即賦體的文體體例。

　　以下賦篇,也都大致遵循這種文體結構來寫。首先,起題從定「名」談起。比如,《風》賦曰:「大塊噫氣,其名為風。」《雲》賦:「夫雲者,蓋川澤之氣而陰陽之聚也。」《霧》賦云:「夫霧者,地氣發而天不應者也。」也有直接用《詩》、《易》、《說文》、《爾雅》等經語開篇,如《霜》賦曰:「蒹葭蒼蒼,白露為霜。」《春》賦:「春日遲遲,采蘩祁祁。」《雁》賦:「邕邕鳴雁,旭日始旦。」三篇都出自《詩經》。也有用「別名」開篇的,比如《蟬》賦名「蟬」為「齊女」:「伊齊女之微蟲兮,亦含氣而遊嬉。」《蟻》賦以「玄駒」為螞蟻:「伊玄駒之幽瑣兮,處蟄戶而遊嬉。」又或者以歎詞開篇,如《雪》賦:「雪之時義遠矣哉!」《井》賦云:「井之時義大矣哉!」

　　如清代徐斗光《賦學仙丹》中曾云,「凡賦起者,句法必用短調,取其緊峭,相得題在」〔註127〕。《事類賦》各賦篇發端之句式多樣,所採經語多為「短調」,如《詩經》的四言句式;但也不乏以長調、或長短搭配發端之例。如《日》賦篇起句之「日,實也,人君象之而臨極者也」,即是將短調與長調相連作為發語,類仿《說文》中的釋義句式表達。《雲》、《雨》、《霧》、《露》、

〔註124〕 參見《見星廬賦話校證》,第 76 頁。
〔註125〕 參見《歷代賦論彙編》,第 91 頁。
〔註126〕 引自張伯偉:《全唐五代詩格匯考》附錄三,南京:鳳凰出版社,2002 年,第 562 頁。
〔註127〕 (清)徐斗光《賦學仙丹》,道光四年柳深處草堂家塾刻本,引自《歷代賦論彙編》,第 700 頁。

《冬》、《山》、《舞》、《冠》、《幾》、《鼎》等賦所用句法亦同。《事類賦》另多以「伊」和「兮」字搭配作為發語之助詞,最早見於《江》賦「伊嶓山兮發源濫觴」。又若《錦》賦起句之「伊織文之重錦,炳爛兮之纖麗」,將「伊」、「兮」二字拆開分置於前後兩句。或僅以「伊」字發端,不加「兮」字。如《琴》賦起句:「伊朱絃之雅器,含太古之遺美。」或將「伊」字換為「惟」與「兮」搭配,如《笛》賦起句:「惟鐘籠之修幹兮,生萬仞之石谿。」此外,也有以「若夫」起句者,即直接切入事類鋪敘部分,而省略了「發語」部分,如《歌》、《箭》賦等。由以上各例可見,吳淑並未完全遵照前人賦法,而是在各賦篇中進行了不同的句法嘗試和創新。這種頗為「大膽」的文體風格嘗試,並未止於「發語」部分,而一直貫穿於《事類賦》各賦篇的內在層次與結構編排。

(二)層次轉換與「梅瓣」鋪排法

賦的段落層次劃分多以發端的虛詞作為轉折標誌,以凸顯段落層次和敘事的層級遞進關係。孔穎達《毛詩正義》曰:「言事之道,直陳為正」〔註128〕,指寫事言理的文章在語言上應當以「直陳」為主。《藝概·賦概》中對此反駁道,「賦須曲折盡變」〔註129〕,這是從「文勢」上談,二者並不矛盾。「勢曲,故不害於義直也。」對於《事類賦》專門以事類展開的賦體而言,文勢的曲折和語言的直陳則顯得更加突出和重要。吳淑在賦文中均運用了大量的發語詞,在突出賦篇結構層次的同時也增強了文勢的曲折和連貫性:如「斯蓋」、「若其」、「若夫」、「至若」、「故其」、「於是」等等。吳淑所作《一字題賦》在敘述事類時,所用的語言通常顯達直白,並不在詞采上著墨過多;同時,在段落層次上注重文勢轉折與事類的交互烘托,增強了賦篇結構的靈動性。《事類賦》的段落層次展開多以釋物題之源始發端,再以經史子傳事類為主體,層層鋪敘,疏密相間;結篇部分則多述神異仙靈之事,似有超然於塵世之外、而意猶未盡之感。

「辨源始」通常為《事類賦》於起句之後首要切入的部分,即賦主體層次的開端。如《車》賦曰:「爾其奚仲初制,軒轅始作」〔註130〕,在「車」的

〔註128〕(漢)毛亨傳,(漢)鄭玄箋,(唐)孔穎達疏:《毛詩正義》,十三經注疏,北京:北京大學出版社,1999年,上冊,第12頁。

〔註129〕(清)劉熙載:《藝概箋注》,王氣中箋注,貴陽:貴州人民出版社,1986年,卷3,第292頁。

〔註130〕參見《事類賦注》,第335頁。

起源上不同文獻中常常存在分歧：上句據《山海經》、《世本》和《續漢書》諸書中的記載，認為最早造車的是奚仲和其子吉光，初創以木為車之制；下句言「軒轅始作」，即黃帝造車，是據《古史考》和《釋名》中的說法：《古史考》中亦提及奚仲，為大禹時人，推廣車之制度；但認為奚仲之前，為黃帝始作車，黃帝之子少皥略加牛於車；因此《釋名》稱「黃帝造車，故號軒轅氏。」因此，吳淑在《車》賦中說車為黃帝「始作」，但具體形制到奚仲時才確定，二者並不矛盾。

此外，在《酒》賦中論及酒之初制與源始，曰：「若夫儀狄初制，少康造始」〔註131〕，同《車》賦中「奚仲初制，軒轅始作」看似矛盾一樣，酒的初始來源也不一。上句認為酒最初出自帝女儀狄的記載見於《戰國策》，云：「帝女儀狄作酒進於禹」，後人也有認為「儀狄」非帝女之名，而是掌酒官之名，原文或許為「帝女（令）儀狄作酒進於禹」。下句認為「少康」始作酒出自《世本》，也提及了「儀狄」，曰：「儀狄始作酒醪，變五味，少康作秫酒。」換言之，儀狄最初釀造的是濁酒，少康始作清酒之類。需要注意的是，吳淑在《戰國策》引文後另添了孟子注，曰：「儀狄造酒美而禹疏之。」聯繫下文中提及孫權在釣臺飲酒，張昭以桀紂糟丘飲酒以亡國之事為「諫」來看，此處引孟子注語並非隨意記之；吳淑賦雖以言事類為明線，但多卻以政與諫為「暗筆」。

與他篇不同，《琴》賦論及「琴」之初制的段落並非在篇章的起始部分，而是在賦篇的中間轉折處，云：「或云晏龍初制，或云神農始造」〔註132〕。上句「晏龍初制」出自《山海經》，曰：「帝俊生晏龍，始為琴制。」下句「神農造琴」說見於《琴清英》云：「昔者神農造琴以定神，禁浮僻，去邪欲，反其天真者也。」相比《山海經》更近乎於傳說的起源說，《琴清英》的解釋更注重神農造琴得以定心神、禁浮欲的「功用性」，更具說服力。除源始之辨，《事類賦》的事類主體多以史傳事類為主，即上一章所討論的主要內容，此不贅述。

隨著段落層次的轉換與展開，《事類賦》通常依循著明暗兩條主線，以連綴整篇賦文。明線即，和一字題相關的事類典故；暗線即，從賦文本身看不出關聯，但在賦注中卻有明確關聯性。例如，《雲》賦曰：「香隨王母之車。」此句看似與「雲」並無關聯，實則按吳淑注可知，王母所乘坐的車輦名為「紫

〔註131〕參見《事類賦注》，第 353 頁。

〔註132〕參見《事類賦注》，第 234～235 頁。

雲輦」；所經之處，雲氣盡染上香氣。〔註133〕又如《雨賦》中寫道，「漂麥已稱於高鳳，流粟仍傳於買臣」〔註134〕。雖然看似是寫雨水沖走了麥粟，實際上卻是藉此事來稱讚高鳳和朱買臣二人為學的專注，以至於大雨傾盆卻絲毫沒有察覺。再如，《露》賦中「承以漢宮之仙掌，擢以魏室之金莖」〔註135〕二句，均是化用漢武帝和魏明帝作「承露盤」承接甘露的典故。

　　《事類賦》在段落層次內部，即賦之「中幅」，多採用「梅瓣」重疊式的鋪排寫法。《見星廬賦話》云：「賦之中幅，有一句一意，層出不窮，如天花亂落，梅瓣紛披，令人應接不暇，而皆以一虛字排彙出之者」〔註136〕。這種如「梅瓣」重疊的寫法在賦體鋪陳中極為常見。《事類賦》中的重疊多以「或」字引出。例如，《草》賦中云，「或當風不偃，或不扶自直……或文如藹綬，或色似青袍。或紉蘭以為佩，或服艾而盈腰」〔註137〕。又若《竹》賦中云，「或殺之而作簡，或插之而引羊……或束之而作刑，或伐之而為矢……或象道而儀天，或防露而來風……或集鳳而成實，或比禮而有筠」〔註138〕。《草》賦則依次從草的形態、顏色和用途等方面進行鋪排描寫，因為側重角度不同，連貫起來寫並不顯得十分重沓。對比之下，《竹》賦中數句皆言竹子的不同用途，若堆砌在一段寫，則未免顯得有些單調和繁冗，而將此四聯拆開分別置於各個段落中，反而起到了前後呼應和貫串相聯的作用，同時也避免了重複。

（三）體式創新：以《劍》賦為例

　　在《事類賦》百篇賦中，《劍》〔註139〕篇頗為特殊，在賦文之中插入了三首五言詩。此種寫法為其他賦中所未見。其他賦雖然也有引用五言詩，但多將詩句轉化為賦的句式，《劍》賦中所嵌入的三首五言詩，卻是有意將各種事典運用五言詩體的形式來寫。這和《劍》賦開篇提到的典故有著直接的聯繫。「昔雷煥既得豐城之寶劍，致其一於張華」一句，說的是《晉書》中提到的一段奇事，大意為：張華見「斗牛之間，常有紫氣」，於是問頗通「象緯」之術的雷煥。雷煥認為這是「寶劍之精」，於是到紫氣所指的豫章豐城縣，於

〔註133〕參見《事類賦注》，第34頁。
〔註134〕參見《事類賦注》，第41頁。
〔註135〕參見《事類賦注》，第49頁。
〔註136〕參見《見星廬賦話校證》，第11頁。
〔註137〕參見《事類賦注》，第471～472頁。
〔註138〕參見《事類賦注》，第474～477頁。
〔註139〕參見《事類賦·劍》篇，第281～292頁。

一處牢房地基的石函中發現了兩柄寶劍，並將其一贈予張華。兩柄劍上均刻有名號，一曰「干將」，一曰「莫耶」。

《劍》賦以雷煥贈張華豐城寶劍一事開篇，再敘述劍之肇始、歷代所鍛造之劍的鋒利等。後再次提到張華：「茂先見之而驚曰：此蓋邪溪之精，赤堇之粹」。此二句皆出自張協的《七命》。而後，《劍》賦再列舉各名劍之相關事類，如吳王有湛盧劍，越王亦有「純鈞、湛盧、豪曹／磐郢、魚腸、巨闕」五把劍，太甲鑄定光劍，武定鑄照膽劍，顓頊有畫影劍、騰空劍等等。在列舉了種種「希代之神兵」之後，賦文再次回到假擬的人物張華身上，云：「於是並華陰之土，遺之而為詩」。並以張華之口吻作五言詩於後，曰：「赤霄與步光，閶闔兼墨陽。楚子問風胡，吳國得干將。嬴秦佩鹿盧，虎丘葬魚腸……」此詩共九句，每句上下以五字為對，亦是以羅列劍名以及相關事典為主。繼「張華詩」之後，吳淑又以雷煥所作的「和詩」接續如下：「雷煥繼而和之曰：季札嘗心許，楊脩曾見思。昭王投五嶽，文帝藏會稽。獲稻寧同廁，攝履詎如錐……」所擬作的雷煥詩長於張華之詩，共十三句五言對，也是以敘述史傳中所記載的劍事為主，如季札贈徐君劍遲，只好係劍於徐君冢邊的樹上，徐君雖死，季札卻已將劍心許之。又如，魏文帝因思念楊脩，於是就佩帶著楊脩之劍以寄託思念。

張華見到雷煥所和之詩，「懣然心伏。」吳淑此處所用的「懣然」和「心伏」二詞著實可愛：張華覺得，比起自己所作之詩，雷煥詩所擇之事與名確實更佳。然而，雖然心中拜服，卻仍有憤懣不甘。吳淑接著評論此二人之詩曰：「繹精理之沉邃，玩驚採之繁縟」。此二人詩將劍之精理推演至深，並將繁縟的劍名一一融入詩對之中，玩得頗有興致。但吳淑之興致卻似乎並未就此打住，再擬第三首詩：「客有挹此餘風，過乎三復，千載神交，敢揚末曲，乃繫之而為歌」。有客經過此刻詩之石，走過了又三次回頭，感歎張華和雷煥的和詩真是千載難逢的「神交鋒」，於是斗膽再添上末詩一首，歌曰：「管涔輝五色，周官列三制……聊此續陽春，顧慚妍唱麗。」客詩共七句五言對，比張華之九句詩和雷煥之十三句詩都更為精短。「管涔輝五色」說的是前趙末代皇帝劉曜隱跡於管涔山，得二童子所獻寶劍，可「隨四時變為五色也」；「周官列三制」言佩劍的禮制，上中下三個等級之士所佩劍之尺寸不同。補敘完各種劍之事典後，客詩在詩末自謙道：「聊此續陽春，顧慚妍唱麗」。聊以短詩補續前二詩，雖自慚不足，但願可稍作唱和以增其妍麗。

吳淑為什麼要在《劍》賦中添上這三首詩，並假託他人來作？其用意或許有二：其一，吳淑以張華和雷煥二人之名來和詩，實則是文學創作中常見的擬代手法。正如謝惠連《雪賦》借司馬相如之名而作。其二，或許出於更加實際的因素，即劍事過於繁縟，若通篇皆如譜錄般列舉劍名和與劍有關的事類，則極易顯得枯燥和冗雜。因此，在長篇賦中營造出張華與雷煥二人名為「和」詩、實則在「鬥」劍典之情境，恰如二人交鋒。一來一往之間，雖張華「懣然心伏」敗下陣來，卻也為此賦增添了頗多閱讀的興味。

若至二人和詩而止，則有些未盡之感，於是增添第三個過客之角色。過客既代表了第三方的視角「旁觀」二人鬥詩，同時吳淑又可借客之口吻來稍稍自詡一番，而讀到此賦的讀者皆知這是作者虛構出的「劍戲」罷了，亦有些類似英文中常說的「戲劇性的反諷」（dramatic irony），增添了讀者閱讀的興味。吳淑在賦中融合詩體的寫法，既是對賦體的創新，也是對賦體包容性的開拓和試驗。

二、事對類型分析

《事類賦》兼收並蓄、雜取各體的特點，同樣體現在靈活多變的句式上。清代黃圖珌在《看山閣閒筆》中說：「賦者，古法取蒼秀淳樸，疏散自蹈，萬言不休，如古詩法。今尚香婉清新，四六對照，一針不漏，若律詩然」〔註140〕。從整體上看，《事類賦》首尾多用散句，中段主體對仗工整，雖然不盡為四六句式，或長或短，或疾或緩，但卻極為注重駢律的對照。

唐代《賦譜》云，「凡賦句，有壯、緊、長、隔、漫、發、送合織成，不可偏捨」〔註141〕。其中，「壯」句指的是三字句，「緊」句指的是四字句，「長」句指的是五字以上的句式；「隔」字則針對對句而言，稱為「隔句對」。對句體式又分「輕、重、疏、密、平、雜」六種。余丙照《賦學指南》也指出，「賦之對仗，貴極精工，駢四儷六，對白拼黃，所謂律也。大凡天地之物，莫不有偶，如天文地理，草木鳥獸，各以類對，固自《易》易」〔註142〕。此外，余

〔註140〕（清）黃圖珌：《看山閣閒筆》，袁嘯波校注，上海：上海古籍出版社，2013年，第33頁。

〔註141〕引自張伯偉《全唐五代詩格彙考》附錄三，南京：鳳凰出版社，2002年，第555頁。

〔註142〕（清）余丙照：《賦學指南》，光緒刻本《增注賦學指南》，引自《歷代賦論彙編》，第291頁。

丙照另提及兩種「反正對」:「上兩句或翻、或宕、或開,作反筆,下兩句合到正面,此先反後正法也。另一種,上二句正詮題面,下兩句或翻、或宕、或開、作反筆,此先正後反法也。」〔註143〕此類句例在《事類賦》中也多有運用,即長句對中常常用於轉換句式的手法之一。以下試從各賦中擇選若干以考察正對與反對之不同。

(一)前後皆正對

此類事對在《事類賦》中最為普遍,即上下句皆從正面的角度來敘述。如《舞》賦中的「風起而縹緲乍拂,蓮開而掘柘初呈」〔註144〕,對仗工整。上句事見《拾遺記》,說的是廣延國曾獻善舞者給燕昭王,昭王登上崇靈之臺,二女在側,忽有香風起,於是二女「隨風宛轉」起舞,卻「殆不自支」,昭王於是「以縹緲屢拂之」。據《太平廣記》記載,此二女實為女仙,一名「縈塵」,言體輕若塵;一名「集羽」,若羽毛婉轉從風。風起時,此玄天二女隨之翩然起舞,卻不能自行停止或支配自身,昭王遂以縹帶屢屢撥弄,如風拂羽毛之狀。此對下句見於《樂苑》,言「掘柘舞」之名取自羽調和商調中的樂曲,以二女童藏於蓮花之中,戴上繫有金鈴的帽子,於蓮花開放時起舞,女童轉身時可聞鈴聲。二玄女輕羽之舞與女童蓮開之舞,皆為舞中「雅妙」者,所以為「正對」之例。

《山》賦曰:「鳴陳倉之寶雞,翔淳于之白雉」〔註145〕。上句出自《三秦記》,說的是太白山南有陳倉山,山上的石頭形狀與雞酷肖,於是趙高放火燒山,雞乃飛去,晨鳴於山巔,聲音可傳三十里。或謂之為「玉雞」;下句出自《武陵記》,同樣是關於雉雞的典故。說的是淳于山與白雉山相鄰,中間的絕壁上有「白石雉」,遠望首尾長二丈,作伸足展翅狀,若在虛空中飛翔。為什麼要在《山》賦中寫關於雉雞的典故呢?讀罷注中的原文後不難發現,陳倉山的「玉雞」與淳于山的「白石雉」,多半並非真正的雉雞,實則是類似雉雞的山石;正因山石類雞,所以在筆記中添加了幾分想像和誇張的描述,如雞鳴可聞「三十里」;雉身長二丈,若飛翔於半空,云云。表面上寫的是雉雞,實際上的事典皆說的是類雞的山石,所以將此二事作對放入《山》賦之中;而「鳴」、「翔」二字皆由事典中來,可謂「正正對」得宜。

〔註143〕 (清)余丙照:《賦學指南》,第294頁。
〔註144〕 參見《事類賦注》,第228~229頁。
〔註145〕 參見《事類賦注》,第126頁。

又如《珠》賦中「蛇知隋氏之恩，鶴報噲參之德」〔註146〕一句，皆出自《搜神記》中的報恩之事。上半句說的是隋侯行路時見一大蛇有傷，於是予以救治，其後大蛇銜珠報答隋侯救命之恩。相傳珠大盈寸，純白且能在夜間發光照映整間居室，故而世稱為「隋珠」。下句說的是曾有玄鶴為戎人所傷，幸而得噲參收養，傷癒之後被放歸。其後某夜，鶴飛至噲參家門前，噲參秉燭但見雌雄雙鶴，各口銜明月珠一枚，以報答噲參救養之恩。《搜神記》中所記載的此二則報恩事，皆以「珠」為酬答之物，而《珠》賦中二句分別以「知」、「報」二字為對，落著點卻並非在寶珠價值之可貴，而在於言生物之若有靈性與知恩圖報之可貴。

《衣》賦中「或以取睢渙之麗，或以象翬翟之文」〔註147〕一句，也是正對句，皆言古衣之服制與紋章華采。「睢渙之麗」出自《陳留風俗傳》，曰「襄邑睢渙之水出文章」，所以在進奉天子宗廟的御服上繡以「黼黻藻錦，日月華蟲」為飾，是取象於「睢渙之水」。下句「翬翟之文」出自《漢輿服志》，云「聖人觀翬翟之文，榮華之色，乃染帛以傚之，始作五采以為服，凡十二章」。「翬翟」指雉雞之五采羽，古服飾中多用五采絲線，或取象於「翬翟之文」。「翬翟」與「睢渙」所指皆為古人染素帛或繡紋章之最初傚仿對象，作為「正對」之例，也是頗為恰當。

《扇》賦中「或以紀羊孚之雪，或以書柳惲之雲」〔註148〕一句，同樣採用的是「或以……或以……」的平行句式。「羊孚之雪」與「柳惲之雲」皆言以文士詩題扇之事，上句說東晉中書令桓胤，將羊孚所作《雪讚》書寫於扇面之上，曰：「資清以化，乘風以霏，值象能鮮，即潔成暉」。下句說的是琅琊王融〔註149〕見柳惲所作《搗衣詩》中「秋雲」二句頗嘉，嗟賞之，並將其題於書齋牆壁之上及平時所執白團扇上，詩云：「亭皋木葉下，隴首秋雲飛。」此二事說的皆非詩人直接作詩題扇，而是其他覽者讀詩有「感」而題扇存之，而原本平凡無奇的扇子因所題之詩，也成了文士間戚戚有感的載體。

（二）前後皆反對

此類對句多指字面義與事實上所表達的事理相反。如《珠》賦云：「張丑

〔註146〕參見《事類賦注》，第 193 頁。
〔註147〕參見《事類賦注》，第 251 頁。
〔註148〕參見《事類賦注》，第 300 頁。
〔註149〕王融，南北朝時齊國人。

欺吏以出境，伍員行詐而度關」〔註150〕。「欺吏」與「行詐」從字面上看皆為貶義，但此二事所言卻為「智謀」。上句出自《戰國策》，張丑在燕國作人質，得知燕王欲殺他，於是逃到邊境，遇到守吏要抓捕他回燕國，於是說：「燕所以欲殺我者，人言我有寶珠也，王欲得之。今我已失之矣，而燕不信我，且言子之奪我珠而吞之，王必且刳子之腹。」守吏聽聞此言十分驚恐，於是放了張丑。

下句「伍員度關」，說的也是類似之事，事見《吳越春秋》：伍員，即伍子胥，從楚國奔逃至吳國，至昭關時守關的關吏欲抓捕他，於是伍子胥詐稱楚王要抓他是因為他有美珠，如若關吏抓他，他就說是關吏奪去了珠子，於是關吏只好放了他。由上述二事可見，張丑出逃與伍子胥奔吳，皆以失「珠」為詐欺守吏之辭，並藉以脫身；此對句既符合「珠」之題設，也對得十分巧妙。此句與《雞》賦中寫孟嘗君和燕太子丹仿「雞鳴」而出關之事亦相近似。〔註151〕

《錦》賦中「輓車曾用於劉備，纜舟更說於甘寧」〔註152〕之句對，可為上述事對之相反參照：看似皆是正面義，卻實際上暗含貶義。上句寫劉備以「錦」輓車，下句指甘寧以「錦」纜舟，皆以「錦」為奢侈的象徵物。前者見於《江表傳》，言陸遜在夷陵地區進攻劉備，劉備捨棄船隻從陸路逃走，一路上靠燒皮鎧甲以斷追兵之道，並讓兵士用錦布挽著車前行進入白帝城。此即三國歷史上著名的「夷陵之戰」。關於「夷陵之戰」的說法不一，吳淑將此事安置於《錦》賦之中，或暗指「奢」為劉備戰敗的原因之一。

下句甘寧纜舟，引自《吳志》的記載：甘寧離開住地時，常以「繒錦」繫舟，行船時即將「錦」割斷捨棄，以顯示其奢華。吳淑於《錦》賦中同時提及蜀漢劉備與孫吳之甘寧，並非意在褒貶任意一方，而是在於借「錦」一字，言「誡奢」之重要性。細思此二句之用字，雖然「輓車」之「挽」與「纜舟」之「纜」為近義字，但在具體事實中卻與本義相背：劉備欲以「錦」輓車，卻難挽敗戰的結果；甘寧以錦「纜」舟，卻相反以「割錦」顯示其奢華。劉備輓車和甘寧纜舟二者皆取「反」義，可謂得「正對」反說之微妙。繼甘寧「割錦」，下句接續寫道，「入夢而嘗聞割截」，於文思上似有暗相連貫之跡。說的是江

〔註150〕參見《事類賦注》，第 190 頁。
〔註151〕詳見《事類賦·雞》篇「孟嘗傲之而獲免，燕丹為之而得度」注，第 382～
　　　　383 頁。
〔註152〕參見《事類賦注》，第 199 頁。

淹夜泊禪靈寺，夢張景陽欲取回懷中錦，言割截都盡餘數尺無用。自此江淹文章才盡。

（三）似正而反對

似正而反對，即看似所言皆為正，實際上暗示的卻是相反的事理。《錢》賦中「或以掛杖頭而遊酒肆，或以貯壺中而通泉路」〔註153〕所言二事，可為例證。上句出自《晉書》，說的是阮修日常多於杖頭掛數百文錢，造訪酒肆，即可酣飲而歸，無須擔心酒錢未付；下句出自《齊書》，說的是趙僧嚴遊棲山谷之時，常隨身攜帶一個水壺，某日清晨忽然對弟子說：「吾今當死，壺中大錢一千，以通九泉之路；蠟燭一挺，以照七尺之屍」，當夜果然亡故。乍看阮修與趙僧嚴二事並無直接關聯，除了皆提及「錢」之外。但若稍稍考察阮修之生平，便可推知吳淑為何將此二者並置為事對。據晉書本傳記載，阮修善清言，時人皆謂人死後有鬼，阮修獨論其無。相對來看，趙僧嚴卻是極信死後有鬼神之人，甚至要在死前於壺中貯錢以通黃泉之行路，與阮修簡放不信鬼神正好相反。因此此句明為「正對」，卻暗含有古人對「鬼神說」一否一信的不同態度。

又如《歌》賦中「聞越婦之采葛，聽買臣之負薪」〔註154〕之事對。上句見於《吳越春秋》，說的是越國采葛婦因為感傷於越王嘗膽之用心，乃作《若何之歌》，辭曰：「嘗膽不苦味若飴，今我采葛以作絲。」下句出自《漢書》，說的是朱買臣四十餘歲家貧，以砍柴為生，路上常誦詩書；其妻相隨，數次令其「毋行歌道中」，後乃離去。越王臥薪嚐膽與朱買臣「負薪」忍羞並於五十歲發跡拜為太守二事有類似之處，但《歌》賦中此句卻並非直言二人臥薪嚐膽或負薪忍羞之苦，而是從「婦」之角度來看。「聞」、「聽」二字字義相同，前者說的是越婦「知」越王嘗膽之苦而歌之，後者態度則相反：買臣妻雖相隨行，卻「不知」買臣所歌詩書之志與負薪忍羞之苦，與越女之歌正好形成鮮明的對比。再次，在看似很工整的「正對」句中，所言事對卻是相反的，可見作者擇取事類之用心。

再如《井》賦中，「抱甕既說於漢陰，灌韮亦聞於鄧析」〔註155〕一句，分別出自《莊子》和《說苑》，討論是否使用機械灌溉農田之事。上句說子貢經

〔註153〕參見《事類賦注》，第 208 頁。
〔註154〕參見《事類賦注》，第 216 頁。
〔註155〕參見《事類賦注》，第 154～155 頁。

過漢陰縣時，見一農夫從隧道進入井內取水，再抱著盛好水的大甕去灌溉田地。子貢好奇問道，為何不以桔槔汲水灌溉，既省力又效率高，農夫卻答曰：「有機事必有機心，機心存乎胸中，則道之所不載也。」下句同樣說的是鄭國大夫鄧析將桔槔灌田之法教與衛國五大夫，一日即可澆灌百塊田地。事實上，衛國五大夫也拒絕了鄧析的建議。漢陰縣農夫抱甕取水，與衛國五大夫負缶取水，在他人看來既費力又功效甚微，每日僅可澆灌很小的一塊田地，但二者摒棄以機代勞、不取巧的樸拙之心仍是值得學習的。若聯繫上一句「豈可為田而見塞」，說若造田而塞井，則因小而失大，不可為之；不難看出，吳淑引子貢和鄧析二事，亦在言「井」之重要性。在過於追求效率、充斥著機巧之心的當代，或許也能有幾分啟示。

（四）似反而正對

「似反而正對」，即字面上看似舉的都是反例，實際上所言事理卻是正面的。如《錢》賦中「嘲崔烈之銅臭，笑江祿之鐘鳴」〔註156〕二事。從上下句中「嘲」、「笑」二字的對應來看，此二句頗似「正對」，實則不然。上句出自《後漢書》，說的是漢桓帝時，崔烈以五百萬錢買官得三公之位，人皆嘲笑其「銅臭」；下句出自《梁書》，說的是南朝梁時有位文士名為江祿，為武寧郡守時頗有資產，將所積攢的錢幣都貯藏在屋牆之內，結果牆壁因此而傾塌，使得遠近的銅器皆發出鳴響。於是人們戲稱江祿為「銅山西傾，洛鐘東應」者也。

「銅山西傾，洛鐘東應」本為《世說新語》中的典故，說的是漢武帝時未央宮前殿的銅鐘無緣無故響了三日三夜而不止。東方朔曰：「臣聞銅者山之子，山者銅之母，以陰陽氣類言之，子母相感，山恐有崩弛者，故鐘先鳴。」三日後，果然有山崩之事發生，延綿二十餘里。因此，江祿因藏銅錢而牆壁崩塌，導致人們戲稱其為「銅山西傾，洛鐘東應」者，和崔烈買官被笑「銅臭」，實則為相反之意。

江祿，原本字「彥遐」，年幼篤學而善文章，相傳曾撰有《列仙傳》十卷流傳於世；江祿曾為太子洗馬、湘東王的錄事參軍，後為湘東王的政敵盧陵威王所招攬，江祿死後湘東王為泄其忿恨，竟然改「祿」字為「榮財」，即「祿」之字面義。若讀類書之人只見「嘲崔烈之銅臭，笑江祿之鐘鳴」一句，而不深

〔註156〕參見《事類賦注》，第 209 頁。

究江祿被稱為「鐘鳴」者之緣故，又見其小字為「榮財」，或許也很有可能將他看作崔烈一類的人吧！吳淑將此二人擬為「正對」，卻也似有考察閱者所知事典是否詳實之意，稍有不慎則可能導致誤解。

（五）前正後反對

這種事對寫法在《事類賦》中也極為常用。前正後反，指前者為褒賞態度，後者為貶諷。如《秋》賦中，「耽靈運之吟思，諷謝瞻之詩筆」〔註157〕一句，分別取謝靈運《九日從宋公遊戲馬臺詩》和謝瞻《九月從宋公戲馬臺詩》作為比對。雖然一為「九月」，一為「九日」，所指同為重陽九月九日宋公劉裕在戲馬臺為孔靖設宴踐行，謝靈運與謝瞻皆作詩以稱頌孔靖多年出征討邊之功。對比二詩，謝靈運詩曰：「季秋邊朔苦，旅雁違霜雪」；謝瞻詩曰：「風至授寒服，霜降百工休。」從吳淑所用「耽」、「諷」二字，實可見其對於二詩十分明確的褒貶態度。謝靈運詩多述邊朔之苦，像秋雁逆霜雪而行，另如「良辰感聖心」、「脫冠謝朝列」等句，也可見多從孔靖之視角來寫；相反，謝瞻詩卻多言「聖心眷嘉節」、「風至授寒服」與歡筵芳醴之類，多從聖心對老臣眷顧的角度來寫，比之謝靈運詩，謝瞻詩實為不及。

《水》賦中，「新豐則時平乃清，臨淄則世亂而竭」〔註158〕一句，也是從一正一反的角度來寫。上句出自《唐書》：「新豐鸚鵡穀水清。世傳云，穀水清，天下平」；相反，《述征記》中記載：「臨淄牛山，下有女水。齊人諺曰：『世治則女水流，世亂則女水竭。』慕容起時，乾涸彌載，及宋武北征，乃激洪流。」雖然此二則記載多為民間傳言，但以水清則天下治平、水源枯竭為世亂之徵，在看法和角度上卻是十分相似的。

《冰》賦：「想慕容之涉海，自葉威靈；憶黃巾之渡河，俄聞敗喪」〔註159〕。此處雖然是長句對，也是相反之事對。上句見《晉書》，言慕容皝上書說，正月十三日親自征戰郭遠時，借陛下天威和將士的「竭命精誠」，而「感靈海為冰」，於是在海上踏冰前行了三百餘里，最終取得輝煌戰績。下句出自《後漢書》，說的卻是黃巾軍起義之時，青州刺史擔心賊寇乘冰渡河，於是往河中投下許多「陷冰丸」，使得黃巾軍潰敗逃喪。前者慕容皝借海上結冰之勢而取勝，與後者化冰而致黃巾軍潰敗，正好取「冰」對戰勢影響的正

〔註157〕參見《事類賦注》，第91頁。
〔註158〕參見《事類賦注》，第138頁。
〔註159〕參見《事類賦注》，第158頁。

反效果，可謂「反對」而事皆成。

　　《珠》賦中，「若夫卻文龔之貢，納蘇則之詞」〔註160〕說的都是貢珠之事，但一「卻」一「納」，態度截然相反。上句自《東觀漢記》，說的是永建四年逢災，漢陽太守文龔卻獻大珠給順帝，順帝「封珠卻還」。下句出自《魏志》，說的是魏文帝曹丕欲復求之前西域通使所獻大珠，蘇則卻勸諫說，「陛下德流沙漠，不求自至；求而得之，不足貴也。」聽到此話，文帝只好默然不語。同是對待「獻珠」一事，漢順帝之「拒」與魏文帝之「求」形成鮮明的反照，卻同在勸諫君王如何持正、不納賄、不屈尊下求，以免有失君王威儀。下一句「在易粟而猶可，顧彈雀以非宜」，同樣也是從相反的事類角度來寫。上自《說苑》，說的是墨子問其弟子禽滑釐，若遇凶年，在「隋侯之珠」和「一鍾粟」之間會如何選擇？滑釐曰：「粟可取也。」下自《呂氏春秋》，說的是「以隋侯之珠彈千仞之雀」，可否？答曰：「非宜」，原因在於「所用重，所要輕也」，怎可以價值傾城的隋侯珠去換一隻雀呢？同為隋侯珠，在饑荒之年卻可能不如一斗可充饑的粟米，價值高低亦因時而異，是為「反對」。

　　《錦》賦中，「甄琛既欣於晝服，項羽亦嫌於夜行」〔註161〕，以「欣」與「嫌」、「晝」與「夜」兩組「反辭」來寫衣錦還鄉之事。上句出自《後魏書》，言甄琛任定州刺史時，在故鄉「衣錦晝遊」，十分欣喜。下句見《漢書》，說的卻是項羽在漢中思歸故鄉，以「衣錦夜行」來比富貴不得歸之意。此對雖然以含義相反的辭語來寫，但此二事中「錦衣」的象徵義卻是相同的。

　　又若《歌》賦中「林類優游於拾穗，宣父傷嗟於獲麟」〔註162〕一句，亦是寫歌者相反之情緒。上句寫衛國年近百歲的老人林類，「拾遺穗於故畦，並歌而進」，何等優游曠達；下句卻是說孔子聽聞麟獸死，傷嗟不已而歌曰：「唐來何求？麟兮麟兮，我心憂。」而借由孔子與林類所歌之事，亦可從中看出兩人不同的處世之心：孔子傷仁獸之死，感傷世道窮矣，卻仍不忍置身世道之外；百歲者拾穗而歌，近死而不懼，其心或許早已超然世外。隱於世者優游，不隱於世者必傷嗟；二者又該如何抉擇？

　　《舞》賦中「或見稱於鴝鵒，或被責於沐猴」〔註163〕一句，同樣也是

〔註160〕參見《事類賦注》，第189頁。
〔註161〕參見《事類賦注》，第199頁。
〔註162〕參見《事類賦注》，第215頁。
〔註163〕參見《事類賦注》，第225頁。

將相反的事類並置為對句。首先，從「稱」、「責」二詞，已可見相反的態度。上句「鴝鵒」舞見於《晉書》，說的是謝尚不拘，在王導宴上作鴝鵒舞，座上賓客皆擊節為應，謝尚卻旁若無人；下句「沐猴」舞見於《漢書》，說的是平恩侯許伯拜丞相設宴，酒酣樂作之時，少府檀長卿自起作沐猴舞，與狗相鬥，座上賓客皆大笑，諫議大夫蓋寬饒卻彈劾檀長卿此舞失禮，許伯為之謝罪才得以解圍。謝尚鴝鵒舞與檀卿沐猴舞看似為相似的事類，皆為宴會上助興之舞，如《蒙求》一類的類書也常將二者並置，云「檀卿沐猴，謝尚鴝鵒」；但吳淑在《事類賦》中的寫法卻表現出很大的不同。首先，《事類賦》將二事次序倒置，而不是像《蒙求》一樣以歷史時間為序，將東晉之「鴝鵒」置於西漢之「沐猴」之前；更值得注意的是吳淑所插入的「見稱」和「被責」二詞所表示的明確態度。吳淑並非像前代類書將事類「並置」而不置可否，而是進一步提出了對事件的評價和看法：謝尚應王導之請託而作鴝鵒，在眾賓客的應和聲中卻如若無人獨自起舞，實則從而不卑，持節而舞，所以「見稱」；相反，檀長卿酒酣而作沐猴，甚至與狗鬥戲，實際上只是為博眾人一笑，舞似俳優，因失禮而「被責」。吳淑以此二舞為事對，雖借鑒自前人類書，卻在類事的基礎上添加了態度更為明確的語詞，以便後人能夠分辨出相似事類的不同之處。

同樣，《笛》賦中「向秀悵悵而思舊，王愷忍暴而殺妓」〔註164〕一句，以笛聲所導致之不同結果為事對。上句引自向秀所作《思舊賦》序，因經過舊日廬舍時聽到鄰人笛聲，於是「追想疇者，遊宴之好，感音而歎之」，故而作賦以紀思念故舊之情。下句出自《晉中興書》，說的卻是帝舅王愷設酒宴，女妓吹笛時不慎「小失」，王愷便令黃門將其毆打致死，回到酒宴上即一改容色，神態自若，彷彿什麼事也未曾發生。此二事雖然皆因笛聲而起，卻一致哀思、一致殺身之禍。向秀所思之嵇康、呂安二友同樣以事見法，不得善終；聞鄰人笛聲之時，亦正值「日薄虞淵，寒冰淒然」，滿眼冬日蕭殺之景；下句王愷殺笛妓，雖宴酣酒熱，亦不免令人心中頓生寒意。《笛》賦中也寫道，「或以起路傍之愁，或以助軍中之勇」，此二事均出自《樂纂》，也是說笛聲「感人」之不同效果，或委婉而引發愁思，或高亢而使人壯勇。所以物事人情皆有正反兩面，不可不辨。

〔註164〕參見《事類賦注》，第242～243頁。

（六）前反後正對

《霧》賦中提到「識夏桀將亡之兆，想伊尹既卒之時」〔註165〕，說的是人亡逝時遇大霧，但《書中候》卻說的是「桀無道，地吐黃霧」，認為夏桀亡故之前大地上所彌漫的「黃霧」為異兆；而當伊尹死去後，天亦降大霧，三日不散。《帝王世紀》亦記載其葬儀之隆重，「以天子之禮祀，以太牢親臨喪三年，以報大德。」同為異常徵兆的霧氣，因為所出現的時間不同，解釋也不同：黃霧生於桀亡之前，為不詳之徵；伊尹卒後，天卻降大霧以顯示其哀憫，為有德之徵。也可將此例看作古代對於同一徵兆的不同解釋。

另一例見於《江》賦中，「感交甫之喪珮，思楚昭之得萍」〔註166〕一句，說的也是一失一得。上句出自《列仙傳》，言漢人鄭交甫曾於江濱遇到江妃二女，得贈珮一枚，行數十步後，忽然懷中珮玉不見，二女亦消失不見。下句見《家語》，說的是楚昭王渡江時，見江中「有物大如斗，圓而赤直」，於是令舟人取之到魯國問孔子，孔子曰：「此萍實也，可割而食之，吉祥。惟霸者能獲之。」

《金》賦中，「躍大冶者知其不祥，雨櫟陽者稱其為瑞」〔註167〕一句，雖然都說的是得「金」之事，卻一為不祥、一以為瑞。「大冶鑄金」的典故原出自《莊子》，說的是冶鐵匠在鑄金之時，突然有塊金屬踴躍說：「我定要鑄成莫邪劍！」冶鐵匠以為這是塊不祥之金而丟棄之。《莊子》此篇實則以「金」喻「人」，若有一人形突然跳出來說「把我造成人吧」，造化者也必定以此為「不祥之人」。下句「櫟陽雨金」原見於《史記》，說的是秦獻公十八年時發生的奇事，天降金雨，人皆以之為瑞兆，於是在櫟陽祭祀白帝。雖然祥瑞的看法不同，但「躍金」、「雨金」皆可看作非自然現象，在這一點上有相通相類之處。

祥瑞和吉凶，往往呈現出不同的物象表現。如《絲》賦中的「凶則灰浮於水上，吉則夢掛於山頭」〔註168〕，指通過不同的呈象來判斷吉凶。上句見《晉書》，說的是以五色絲作繩並燒為灰來占卜病者吉凶，若投入水中，灰浮起後又還原成絲繩的樣子，則病者不可治癒。下句見《後魏書》，說的卻是張

〔註165〕參見《事類賦注》，第 47 頁。
〔註166〕參見《事類賦注》，第 115 頁。
〔註167〕參見《事類賦注》，第 170 頁。
〔註168〕參見《事類賦注》，第 203 頁。

亮任幽州刺史之前，薛珝曾夢見亮於山上掛絲，於是占之，曰：「山上絲，是『幽』字。」是以為吉夢。

《錢》賦中，「子母相權，單穆之諫周景王；輕重為制，管仲之輔齊桓」〔註169〕，也是以「長句對」和「反對」結合來寫。上句出自《國語》，說的是單穆公勸諫周景王勿鑄「重錢」，錢重曰「母」，錢輕曰「子」，只有輕重小心權衡，才是安民治國之道；若「廢輕而作重，民失其資，能無匱乎？」但景王終究沒有聽從單穆公之言，鑄大錢通行於市，因而景王治政之時，財政極為匱乏緊張。相反，管仲在輔佐齊桓公時，卻十分重視錢制的輕重權衡，若「民有餘則輕之」，若「民不足則重之」，百姓富足，而國家亦得以昌盛發展，齊桓公稱霸亦得益於此。此二則雖為相反的事類，卻皆在說權衡錢制輕重對於治政的重要性。

《冠》賦言「鄙宋康之示勇，傷子路之結纓」〔註170〕，是從「冠與禮」是否相悖之事來寫。上句出自《桓子新論》，說的是宋康王「為無頭之冠，以示勇。」「無頭之冠」又作「無顏之冠」，或注云「冠不覆額」，蓋指無帽簷、不遮額頭之冠。下句「子路結纓」見於《左傳》，說的是石乞、孟黶二人作亂，以戈擊子路，斷其帽纓，子路曰：「君子死，冠不免」，於是「結纓而死」。前者宋康好勇而無禮，後者子路卻結纓而冠，知禮而亡，著實令人感傷。

（七）特殊對仗之色對

除事對之外，《事類賦》中還有言對等，其中又以色彩之對最為顯著。例如《虎》賦末云：「豈獨紫葛驗江陵之化，抑亦白質為魏世之祥」〔註171〕。上句寫虎化身為人常穿著「紫」葛衣，下句寫魏文帝將要接受禪讓之時，郡國見「白虎」，被認為是祥瑞的徵兆。以紫對白，為《事類賦》中較為罕見的以顏色為對仗。再如《馬》賦中「若乃服乘黃，驂紫燕」〔註172〕，是以輿服制中的「乘黃」和「紫燕」二神馬名為對，恰好黃紫二色又形成了色彩上的對照。同見於《馬》賦，「至於匈奴之五方異色，公孫之群騎皆白」〔註173〕：以冒頓國圍困漢高祖於平城時的異色戰馬〔註174〕，與駐防邊境、被

〔註169〕參見《事類賦注》，第205頁。
〔註170〕參見《事類賦注》，第262頁。
〔註171〕參見《事類賦注》，第419頁。
〔註172〕參見《事類賦注》，第433頁。
〔註173〕參見《事類賦注》，第431頁。
〔註174〕按吳淑注，西方皆白馬，東方皆青馬，北方皆烏馬，南方皆赤馬。

稱為「白馬長史」的公孫瓚作為事對組合。二者不僅在色彩上形成鮮明對照，並且正好形成了一攻一守的對陣。除以上二例，《馬》賦中另提到「或以青絲禍梁，或以黃班識陳」〔註175〕，也是以勒馬之「青絲」與擒虎之「黃班」作為色對。

再如《兔》賦中的「赤表盛王之瑞，黑為革命之祥」〔註176〕，分別以「赤兔」和「黑兔」為祥瑞之物。《梨》賦中提到，「玩紫條之甘脆，賞縹蒂之芳鮮」〔註177〕，指上林苑中種植的兩種不同品種的梨樹：如紫條梨和縹蒂梨〔註178〕；「或玩以玄光，或植以青田」〔註179〕，此處的「玄光」與「青田」雖然並非皆為梨名，但玄光梨與產於青田村的「官梨」，也可看作是顏色上的對仗。又若《橘》賦中的「香皮赤實，綠葉素榮」，同樣也是色對。

《龍》賦中的「九色駕王母之車，五采負帝舜之圖」〔註180〕，以負載王母車輦的九色龍和帝舜時負圖而出的「五采」黃龍，作一顏色對仗。《山》賦「烏龍白騎，紫蓋青泥」〔註181〕一處同樣提及「龍」，指的卻是白騎山上的黑石似龍，白石似馬。「紫蓋」與「青泥」皆為山峰名。以「烏」、「白」對「紫」、「青」，也是典型的色對例子之一。此外，《水》賦中「識武都之泥紫，見閬土之蛇青」〔註182〕，同樣也是採用色對的形式，分別言用以封印詔書的「紫泥」與阻斷水路的「青蛇」。

由以上對句可見，吳淑所作類事賦與《語麗》《語對》之類的類書最大的不同之處即在於，《事類賦》不僅重「言對」，更重「事對」。《事類賦》的事對編排極具巧思，或同為正說，或同為反說，或一正一反互為對照，或似正而反，似非而是。這種不斷變換事對類型的編排方式，一方面緩解了大量事對堆砌的枯燥與繁冗，另一方面也激發了讀者進一步思考和回味。賦與類書最大的區別也正緣於此：類書兼收事文，卻不「介入」事文；賦鋪敘事文，卻增加了作者的判斷和辨識。由此，《事類賦》的屬性進一步確定：似「類書」而為「賦」者也。

〔註175〕參見《事類賦注》，第435頁。其中「班」為原文，非誤字。
〔註176〕參見《事類賦注》，第467頁。
〔註177〕參見《事類賦注》，第528頁。
〔註178〕縹：青色。
〔註179〕參見《事類賦注》，第527頁。
〔註180〕參見《事類賦注》，第546頁。
〔註181〕參見《事類賦注》，第131頁。
〔註182〕參見《事類賦注》，第138頁。

三、用韻與換韻

（一）律賦限韻與韻字的「音義相合」

今人所謂「押韻」，常常僅就音韻之義而言，與文意本身份而論之；但「韻」與「意」之間實為密不可分。賦體中最重押韻者即律賦，律賦甚至有限韻的要求。《律賦揀金錄・賦譜》中指出：

> 唐始以駢賦取士，儷以四六，限以聲韻……第一韻擒題，即小講也；二、三韻漸次入題，即入手提比也；四五韻鋪敘正面，即中比也；六韻或總發，或互勘、或推原；七韻或旁面佐證，或題後數衍，總之歸納題旨為正，即後比、結比也。末韻或頌揚、或寓意，頌揚須大雅，寓意勿至乞憐。〔註183〕

以律賦取士的限韻原則，要求音韻和每節賦段之論述相諧和並同步。因此，換韻往往也是賦段轉折的標誌之一。《事類賦》雖然不及唐代科舉考試中以八字限韻之律賦那般嚴格，但在用韻與轉韻方面也明顯受到了唐賦俳律體的深刻影響。以賦取士起初並無「定韻」之制。李調元《賦話》曾引《能改齋漫錄》云：「賦家者流，由漢晉歷隋唐之初，專以取士，止命以題，初無定韻。至開元二年，王邱員外知貢舉，試旗賦，始有八字韻腳，所謂『風日雲野，軍國清肅』」〔註184〕。

換言之，唐代試賦之「八字韻」，並非僅僅具備音義功能，而且具備賦題的衍生闡釋功能。如白居易《賦賦》，以「賦者、古詩之流也」為所限韻字，亦如賦題之注腳。再如唐賦中有多篇賦皆名為《日月如合璧賦》，所限韻字卻各有不同：如韋展賦此題，是以「應候不差、如璧之合」為韻；盧士開賦此題，是以「兩曜相合、候時不差」為韻；賈餗賦此題，是以「天地交泰、日月貞明」〔註185〕為韻等；如唐人王棨《夢為魚賦》以「故知人生，不似魚樂」〔註186〕為韻，通過觀韻字即可知其賦之旨意所在。或如唐人裴度《歲寒知松柏後凋賦》以「貞心勁節、翠貫四時」〔註187〕為韻等，同樣

〔註183〕（清）朱一飛：《律賦揀金錄・賦譜》，乾隆四十一年小酉山房刻本，引自《歷代賦論彙編》，第687～688頁。
〔註184〕引自《歷代賦論彙編》，第80頁。
〔註185〕參見《歷代賦彙》，卷3，第11頁。
〔註186〕參見《歷代賦彙》，卷113，第467頁。
〔註187〕參見《歷代賦彙》，卷113，第464頁。

是以韻字作為賦題之核心。

賦題與賦韻相輔相成，即賦韻不僅僅為俳律體聲韻相互協調所需，而且具備了解釋賦題的功能。這種源起於唐代試賦官韻限定的賦韻「音義相合」的現象，對於熟諳唐律賦的吳淑在創作《事類賦》時也產生了很深的影響。正如清代王芑孫在《讀賦卮言》中所言，「官韻之設，所以注題目之解，示程序之意」〔註188〕；換言之，在科舉考試賦題之下再限韻字，並非純粹出於束縛士子學思、或增加作賦難度的目的，同時也是對賦題所包含的義理進行闡釋和概括，避免士子偏離賦題之主旨。

（二）換韻與換意同步

賦多長篇累文，通常由多個相對獨立的賦段構成。每個文段之間的連綴和轉換，最明顯的標誌是起首的虛字，常見的有「若夫」、「若其」、「至於」、「至乃」、「至若」、「若乃」、「爾其」、「觀乎」等語。配合不同賦段之間的轉換，《事類賦》的用韻也是每段一換：若賦段較短，僅三聯，則此三聯句尾所押之韻相同；若賦段較長，則凡是此段之事對，必押同韻。

換言之，《事類賦》換韻所依循之法則，並非按照三句或五句一換韻之成規，而是隨著所賦事類段落之長短而定。在擇選事對的基礎上，同時兼顧賦段內韻腳字的諧和統一，是極費苦思之事；可以想見《事類賦》每篇賦成賦之難。和《白孔六帖》以及《初學記》一類以經史事類為事對的類書相比，《事類賦》需進一步將散置的事對進行整合，並使其協律成賦。這樣做的結果，不僅使所賦事典易於記誦，而且在事實上對宋初賦文寫作中「經義派」和「律賦派」所遭遇到的矛盾和難題，進行了有效地化解。

《中國古體賦學史論》指出，「宋初雜用諸子，仁宗景祐年間，專用經義，表現出經義派對律體賦派的滲透」〔註189〕。雖然《事類賦》的敘述風格多以經義事類為主，行文上除起結之處多為散語，但賦文主體仍以俳律為宗，特別注意每段韻腳與不同段落之間換韻的選擇。此亦是《事類賦》有別於照搬事類之類書的獨特藝文屬性之一。正是由於《事類賦》中「換韻即換意」的創作手法，即使在缺乏虛詞引導語的情況下，閱者也可以通過辨識段落的韻腳轉換進行賦段間的區分。試以《冰》賦為例：

〔註188〕參見《讀賦卮言》，第 19 頁。
〔註189〕孫福軒：《中國古體賦學史論》，杭州：浙江大學出版社，2013 年，第 88 頁。

冰

《易》曰：履霜始凝，馴致其道，而至於堅冰。

爾其納於凌陰，出於朝覿。

沖沖以鑿，峨峨斯積。

洞清澈於玉壺，想肌膚於姑射。

若夫得東風而自解，當北陸而斯藏。

王祥求魚而見臥，子馮闕地而為牀。

六尺積胡貉之地，五斛給汝南之喪。

室在宣陽之側，井鑿雲臺之傍。

至其梓慎曾占，凌人是掌。

懷疑每見於狐聽，應候則聞於魚上。

自立冬而始結，及仲冬而益壯。

想慕容之涉海，自叶威靈；

憶黃巾之渡河，俄聞敗喪。

爾乃不礱自朗，向日方燃。

遇勁風而自合，當白日而難全。

王充一尺之說，東門五寸之言。

庾儵之賦寒井，馬彪之詠長川。

驗以一瓶之論，誦茲七月之篇。

至夫斷彼積雪，生於寒水。

思罍而常以在抱，負重而那勝見履。

既泮而男女始合，將釋而農桑並起。

井怪琅邪之寒，河訝滹沱之異。

雖非登廟之實，實作群臣之賜。

開於春仲，方祭韭而獻羔；

祠以司寒，必桃弧而棘矢。〔註190〕

　　《冰》賦以《易》中的經義之言為開端，從闡釋「冰」為何物的角度起題。這種以經語為賦篇開端的寫法多見於《事類賦》，並不特殊。然而，《冰》賦與他篇賦所不同之處，正在於其所押各韻腳，實際上皆出自於「履霜始凝，

〔註190〕參見《事類賦注》，第157～159頁。

馴致其道，而至於堅冰」：如首尾之「覿、積、起、異、賜、矢」等韻字，與「始、致」為同韻；賦中部之「藏、床、喪、傍、掌、上、壯」等韻字，與「霜」字韻同；「燃、全、言、川、篇、寒」等韻字，與「堅」字同韻。其他如「靈」、「井」與「凝」、「冰」，「鑿」、「抱」、「寶」、「羔」與首句之「道」，「射」、「解」、「河」、「合」與「而」字，「論」與「馴」，以及首句之「履」與倒數第六、七句末之「水」、「履」等，也是隱藏之押韻處。

由賦題的義疏之語而衍生出賦韻的寫法，與唐代律賦限韻之法極為相似。然而，《事類賦》較之唐賦限韻皆限「本字」的做法又更進一步，即所用韻字並不完全與原韻字相同，只需所押韻部相同即可。《事類賦》一方面既非科考試賦之作，所限韻字並不及官韻嚴格；但另一方面，作為御覽之賦，《事類賦》在用韻和韻字的選擇上也極需審慎。於是在二者的權衡之間，也衍生出其獨特的韻腳處理方式。在考慮聲韻前後應和的同時，而不影響到事類本身的義理。韻字的「音義同步」，是《事類賦》的創作難點，也是吳淑從唐律賦中所汲取的韻格規定之一。

（三）《吳淑〈事類賦〉用韻研究》釋疑

針對《事類賦》韻體研究的專著極少，目前可見的，僅王恩保《吳淑〈事類賦〉用韻研究》一文考察最為細緻。從音韻學和詩律學角度來考察《事類賦》的韻體風格，對於研究宋初賦文格律及其與唐代律賦的延承和變革關係都有十分重要的參考意義。《事類賦》以事對為主，押韻多在偶句句末。依據其押韻規律，也有助於判定不同版本中的賦句順序。例如《瓜》賦中，「垂星漢之文，植戊辰之日」一句，《四庫全書》所抄錄的影印版本中的句序與冀勤等所校之版本正好顛倒。結合上下文的用韻情況來看，上文段起始為「若夫名擅三芝，香浮七夕。／《戴禮》摽時，《漢官》載職」，後二句為「嘉其三蔓，惡茲兩鼻。／戍葵丘而未代，隱東陵而自亡佚」。從以上諸句所押尾韻字——「芝」、「夕」、「時」、「職」、「鼻」、「佚」——可見，「植戊辰之日」一句似應置於偶句更為妥當，即《四庫全書》所抄錄之順序。

據統計，《事類賦》全書共有約 840 個韻段；其中有三處未押韻者，王恩保先生在其文中曾提出質疑：

> 一是 1《天賦》：「雪霜降而風雨施，無非教也。四時行而萬物茂，復何言哉？」教、言二字不押韻。二是 40《弓賦》：「初觀宛轉之形，翩其反矣；乍得穹隆之狀，受言藏之。」反、藏不協。

三是 76《松賦》「芝名飛節，石號康於。聞響而賞心者弘景，燃節而讀書者顧歡。」於、歡非韻。〔註 191〕

其中第三處，若參考四庫全書影印本進行校對，即會發現「于」字或為「干」字之訛。亦可和《唐書》所記載之「康干石」進行對照，即可知非「康于石」。自然，「干」、「歡」二字協韻得當，非押韻之疏忽。

至於前兩處，皆可看作是「押虛字」之例。余丙照在《賦學指南》中曾指出，「押虛字最難穩愜……或順押，或倒押，或活押，或實押」；其中引到唐賦的事例，如唐肇垚《王猛捫虱賦》中「歟或撫髀，豈是因人者也；瞭如指掌，尚須俟我乎而」〔註 192〕。「也」、「而」二字即為虛字押韻，這種情況與上文《弓》賦中「矣」、「之」二字同。但虛字押韻並不一定要求協韻，如蔣詩《去害馬賦》中「應竹竿而吸鼻，其在斯乎；搓棉絮以纏頭，伊胡為者。」筆者注為虛字「順押法」，其中「乎」、「者」二字本身並不押韻。再對照上文《天》賦中「也」、「哉」二字，亦為類似的押虛字法，此或可為王恩保先生釋疑。此外，從《虛字韻典》、《虛字輯要》和《虛字韻藪》等專門搜集虛字韻的類書可見，押虛字並非吳淑《事類賦》所獨創，而是押韻本有之一法。

第三節　《事類賦》遣詞用語間所隱含的作者意識

一、外觀類動詞隱含的態度

《事類賦》以事對為賦之主體，於句眼處往往使用動詞將上下句連綴為一體。雖然每篇賦中所言事類並無統攝性的主旨，僅僅以「一字題」為線索編排成賦，但看似置身於事類之外的「觀看者」，卻常常在句眼處隱隱表露出不同的褒貶態度。如《火》賦中「憫池魚之及禍，喜藏臺之為福」〔註 193〕，一憫一喜，正顯露出對於城門失火殃及池魚與晉平公藏寶臺失火二事所持的不同態度。若將《事類賦》中所運用的此類動詞作一簡要概括，大致可分為「外觀」與「內感」兩大類。

〔註 191〕王恩保：《吳淑〈事類賦〉用韻研究》，《古漢語研究》1997 年第 3 期，第 15 頁。
〔註 192〕光緒刻本《增注賦學指南》，引自《歷代賦論彙編》，第 264 頁。
〔註 193〕參見《事類賦注》，第 165 頁。

（一）表示中立的外觀類動詞

　　吳淑在敘述事類之時，往往處於「觀者」的角度，不置可否。此類中立性動詞，往往與「觀」相關。例如，《火》賦「望炎山之草木，瞻夢澤之雲霓」〔註194〕一句中的「望」與「瞻」，即皆是從觀者的角度，將炎火山遇山火後草木復生與楚王遊雲夢澤時看到如雲霓般熊熊燃燒的野火二事聯而成對。此二事不僅與「火」相關，而且以「瞻」、「望」二字相對仗，也使讀者考察事類的視角得以統一。

　　此類動詞還包括「觀」、「閱」、「識」、「見」、「聞」、「知「、」訪「、」睹、「矚」、「認」、「驗」、「考」、「明」等。例如，《天》賦中「瞻浩浩之元氣，仰蒼蒼之正色」〔註195〕；《日》賦曰：「晞光景之曬曬，矚暑度之遲遲」〔註196〕。「瞻」與「仰」，皆言向上觀天；「晞」與「矚」，皆言遠望日光緩緩升起之景象。亦如《月》賦中「睹爪牙而為咎，見側匿而為凶」〔註197〕，皆是通過觀測月象盈虧以占卜政事吉凶。又如《雲》賦中「瞻黃帝之花葩，識漢皇之龍虎」〔註198〕，皆指通過觀測雲象之祥瑞以預測爭鬥之勝負。

　　此外，如《風》賦中「待闔闔而藏庶物，候不周而謹邊備」〔註199〕一例，「待」、「候」二字雖然並不直屬於「觀」類動詞，但靜待與等候風至以知時節變化，同樣暗含有「觀」、「識」之意，當歸為同類。

　　由外部之「觀」再延伸至內部之「思」。此類動詞也常見於《事類賦》的句眼運用。如《霧》賦：「識夏桀將亡之兆，想伊尹繼卒之時」〔註200〕。上句指夏桀治國荒淫無道，「地吐黃霧」；下句指伊尹卒後，天降大霧，持續三日，以彰顯其德行。「識」與「想」在字面上本並無相反意義，然而前者用「識」字，重在外部之「觀」；後者用「想」字，卻更側重於內「思」。同為天降霧象，卻可能由於觀者闡釋角度的不同而被賦予完全相反的涵義。類似的運用同樣見於《霜》賦，如「知馬蹄之所踐，思葛屨之曾履」〔註201〕，同樣看似

〔註194〕參見《事類賦注》，第 163 頁。
〔註195〕參見《事類賦注》，第 6 頁。
〔註196〕參見《事類賦注》，第 15 頁。
〔註197〕參見《事類賦注》，第 20 頁。
〔註198〕參見《事類賦注》，第 34 頁。
〔註199〕參見《事類賦注》，第 28～29 頁。
〔註200〕參見《事類賦注》，第 47 頁。
〔註201〕參見《事類賦注》，第 54 頁。

是「正對」，卻實為「反對」。眾所皆知，馬蹄可踐踏於霜雪之上；然而穿著用葛草編成的簡易草鞋，曾步行於霜雪之上，卻令人不忍。此處用「知」與「思」，與《霧》賦中用「識」與「想」之用意相似，皆旨在通過動詞的微妙變化，試圖於淺深之間，喚起讀者對於不同事類進行參照考察。

（二）表示驚異的外觀類動詞

奇異或突發之物象，也常常引發讀者的驚訝之感。此類常見動詞有「驚」、「訝」、「駭」、「怪」等。如《天》賦：「驚鄭國之再旦，悟齊公之仰視」〔註202〕；《星》賦：「既訝如雨，復驚隕極」〔註203〕；《風》賦：「才驚虎嘯，復訝鳶鳴」〔註204〕、「駭法獄之逢獸，驚鞠陵之見人」〔註205〕；《雲》賦：「驚林木之為狀，見冠纓之儼容」〔註206〕；《海》賦：「怪精衛之銜木，驚徐衍之負石」〔註207〕；《河》賦：「識潛流之隱伏，驚迅逝之逶迤」〔註208〕；《水》賦：「驚迅湍於灩澦，駭懸流於呂梁」〔註209〕。以上皆是狀寫因自然宏大之氣象而感到驚訝。

《鼓》賦：「訝雷門之鵠飛，驚建康之鷺騖」〔註210〕一句，也是此例。上句見《臨海記》，相傳東晉時會稽郡有雷門鼓，打鼓聲可聞於洛陽，後遭叛賊孫恩斫破，見一白鵠從鼓中飛出；其後云，元嘉中〔註211〕於郡西山祭祀山神，敲打山上的石鼓，若金石之響，聲音可聞數十里，而以此山名為「白鵠山」。下句見劉瓛〔註212〕《定軍禮》，云白鷺為「鼓精」。此說法源於吳越相爭時期，吳王夫差曾啟蛇門以壓制越人，於是越人於雷門擊鼓以「禳災」，後移此鼓於建康宮的端門，有對白鷺從鼓中飛出，因此以白鷺為「鼓精」。雷門鼓之白鵠，與建康宮之白鷺正好為「對」；「鵠」亦音「鼓」，「建康」一句為雷門鼓之注釋，言「建康」是避免與「雷門」重複。以「白鵠」或「白鷺」為鼓精，可見

〔註202〕參見《事類賦注》，第 4 頁。
〔註203〕參見《事類賦注》，第 26 頁。
〔註204〕參見《事類賦注》，第 29 頁。
〔註205〕參見《事類賦注》，第 31 頁。
〔註206〕參見《事類賦注》，第 36 頁。
〔註207〕參見《事類賦注》，第 109 頁。
〔註208〕參見《事類賦注》，第 122 頁。
〔註209〕參見《事類賦注》，第 136 頁。
〔註210〕參見《事類賦注》，第 245 頁。
〔註211〕元嘉：南朝宋宋文帝劉義隆之年號。
〔註212〕劉瓛：南朝齊文學家。

古人的認知與想像是建立在物類相感的基礎之上。

由於見到異常物事而不由地從內心所生發出的「驚異」、「驚駭」之感，原本並無立場偏向性；但《石》賦中寫到「驚孝子之取水，感女郎之浣衣」〔註213〕，「驚」與「感」相對應，則發生了潛在的情感偏移。此時，敘述者已然不再如上述觀、聞、識、見、思、想等處於相對中立的立場，而是逐漸為物事所染，並有感而發。

由物事感發而進一步表露出敘述者立場的指向性動詞，在《事類賦》描述事對時同樣被廣泛運用。吳淑作為經史事類的編排者，以「一字題」為線索，將前朝歷代的事文聯署成賦；若將《事類賦》看作類書，則無需摻雜編撰者的個人態度。事實上，每篇賦以事類為賦文主體，並無統攝性的主旨；然而每組事對，或某一類物事，都有各自內在共通的主旨和義理存在，如上文所言的誠奢、仁孝、儀禮等等。將這些經史事文按照不同的旨歸進行分類編組，同時需要將經籍數語「約束」於一句之內，點到即止；然而，吳淑所作類事賦與類書之最大區別，或許恰好在於句眼之「一字」，往往暗含著敘述者的立場與褒貶。

（三）表示褒貶的外觀類動詞

以「一字」表示褒貶，也是吳淑在描寫事對時經常使用的修辭手法。褒貶類動詞在各篇賦中都是顯著的存在。表示褒賞類的動詞包括「美、嘉、賞、表、偉」等，而表示鄙薄類的動詞包括「鄙、笑、諷」等。

《日》賦曰：「嘉黃琬之捷對，偉晉明之幼慧」〔註214〕，前者嘉賞六歲的黃琬以月初解釋日食為祖父解脫困境之事，後者言晉明帝幼時被問及長安與太陽孰近孰遠而對答如流，十分聰慧。又如《舞》賦中以「反比」寫到「嘉陸遜之受賜，鄙顧譚之不止」〔註215〕。同樣是酒宴上起舞助興，陸遜受到嘉賞，顧譚因不知止而被家父斥責。再如《紙》賦中「嘉百幅於杜暹，美一函於魏武」〔註216〕，上句寫唐朝宰相杜暹為參軍任期已滿將歸時，有一吏員贈其紙萬張，杜暹盛情難卻之下只好收取百幅，並感歎道，這與昔日清吏收受一枚大錢有何差別！杜暹因為清廉而受到嘉賞，魏武帝卻是因為推行廉政：「美一函於魏武」指《魏武令》要求各屬官每月初都需要進表其「得失」，賜給各

〔註213〕參見《事類賦注》，第 148 頁。
〔註214〕參見《事類賦注》，第 13 頁。
〔註215〕參見《事類賦注》，第 227 頁。
〔註216〕參見《事類賦注》，第 318 頁。

官員「紙函」一枚。此外，若《車》賦云「美晏子之能讓、嘉宰予之見辭」、《酒》賦中「賞鍾會之不拜，美孟嘉之得趣」、「嘉皇甫之質厚，鄙王琨之儉嗇」等等，也都是以一語而點明吳淑對於不同事類的褒貶態度。

二、內感類動詞的多重涵義

表示內感類的指向性動詞包括「感、傷、哀、憐、悵、憫、歎」等。如《星》賦中云，「感仲弓而嘗聚」〔註 217〕，寫陳仲弓與諸子姪造訪荀季和父子，於是星象顯示「德星聚」，也是從星象與人事相感而動的角度來考察。《風》賦中寫到「感由庶女」〔註 218〕一事，言齊國寡婦名為「庶女」者贍養姑母，姑母親生女兒因為貪圖財產而殺害其母，並將罪名嫁禍於庶女，庶女蒙冤而不能自辯，於是向上天哭訴，上天有所「感」而招致大風。此二處言「感」，皆為「感通」、「應感」之意。《雷》賦中「感齊臺之庶女」，所言事同，但感天的效力卻不同：《風》賦言招致大風，此處卻是震雷怒劈齊臺，威力更甚。

不同物類、物性之間的感通是《事類賦》中反覆強調的重點之一。如《牛》賦中「嘉彼柔謹，哀其觳觫」〔註 219〕，也是出於「同感」而感到哀傷：後者語出《孟子》，寫齊王見牛從堂下過，渾身瑟瑟發抖，為將要舉行的「釁鍾」〔註 220〕而心有不忍。又若《秋》賦中寫道，「吟嘯成群，感李陵於塞上」〔註 221〕，原為李陵《與蘇武書》中描寫秋日塞外草木衰敗之景，應和著胡笳的淒清之聲與牧馬的悲鳴，而更添悲涼之感。吳淑於《秋》賦中卻從相反的角度來描寫牧馬胡笳之「吟嘯」，或有感於孤身在塞外的旅者而予以應和和慰藉，在原詩的秋涼意境之上卻別添殊致。人可感物，物亦可有感於人，這點也正是前文提及《事類賦》所包含的重要「類」應觀念之一。

《露》賦中「或感至孝於趙郡，或表善政於零陵」〔註 222〕，此處「感」與「表」同義，既有感動、也有嘉獎表彰之意。《雪》賦中「悟晏子而流恩，感負薪而施惠」〔註 223〕皆是借事中人物的口吻來敘述：上句省略的主語為齊

〔註 217〕 參見《事類賦注》，第 24 頁。
〔註 218〕 參見《事類賦注》，第 30 頁。
〔註 219〕 觳觫：恐懼貌。
〔註 220〕 釁鍾：以牛血塗鍾以祭祀。
〔註 221〕 參見《事類賦注》，第 87 頁。
〔註 222〕 參見《事類賦注》，第 49 頁。
〔註 223〕 參見《事類賦注》，第 58 頁。

景公。齊景公從晏子的諫言中有所感悟而脫下狐裘以感知百姓飢寒；下句所言之意同，也是寫衛君雪日裏見擔柴者衣薄而自己身穿厚重的裘皮，感而有愧，於是下令打開糧倉賑濟百姓。以事件中人物的口吻直言「感」、「悟」，也更能激發讀者產生同感。

再如《蟲》賦中「憐五能於鼫鼠」〔註224〕，寫鼫鼠有五項技能，但卻「能飛不過室，能緣不窮木，能遊不渡水，能穴不掩身，能走不先人」，著實令人感到憐惜。後又寫到「憫飛蛾之赴燭」，言劉宋時期傅亮居禁中時心懷憂懼，夜間見「飛蛾赴燭」有感而發，於是作感物詩以寄寓其思。〔註225〕

《歌》賦中同樣寫到「憐被杖之曾子」〔註226〕：曾參曾因耕耘瓜地時誤將瓜根耕斷，被父親杖責乃至昏厥在地，許久過後才蘇醒。但曾參醒後卻到父親面前認錯並詢問父親是否有恙？曾參不顧自己被杖責的疼痛，反而為慰藉父親裝作若無其事，著實令人憐惜其孝心。

《琴》賦中「憐窮士之投楚，悵龜山之蔽魯」〔註227〕所言二事亦令人頗為感傷。上句出自《琴操》，寫三窮士〔註228〕同去投奔楚王，途中遭遇暴風雨且缺乏糧食，其中二窮士將乾糧都給了革子，最終凍餓而死，僅革子一人得以存活。下句言孔子作《龜山操》以抒發自己向季桓子進諫而不得的悵惘之情，比喻季桓子若龜山遮蔽魯國般不聽勸諫之言。

《水》賦中「感若思之置坐，為左慈之逆流」〔註229〕，隱藏的敘述主語正是虛擬的「詩人」或吳淑自身。又若後文中寫道，「歎逝者之如斯，處眾人之所惡」，一方面感歎時光逝去如流水，另一方面卻又從水流向低窪之地，即眾人「所惡」之處，而得以有所感悟。感歎、感通、感悟，既為物類之間或人與物事之間所「感」知的不同層面，同時在某種程度上亦是相通的。

三、賦末結語中隱露的作者情志觀

明人陳全在《刻事類賦後序》中曾言：吳淑作《事類賦注》，「全拜公命，

〔註224〕參見《事類賦注》，第577頁。
〔註225〕此處吳淑注中根據《宋書》記為「感物詩」，實為《感物賦》。
〔註226〕參見《事類賦注》，第216頁。
〔註227〕參見《事類賦注》，第233頁。
〔註228〕指其思革子、石文子和叔恣子三人。
〔註229〕參見《事類賦注》，第137頁。

得僭一言於卷末」〔註 230〕。《事類賦》通篇以事對為主體，有典者必注以原文出處，唯獨末尾一聯，通常為吳淑感歎結篇之語，少有注釋。在這些結語中，吳淑除不時流露出終篇時的感慨以外，也常常點出例舉篇中事類的目的。縱觀百篇賦的結語寫法，大致可劃分為以下三種：

（一）總括式結語

所謂「總括式結語」，即吳淑在篇末以一語總結概括對所言事類的看法。《天》賦篇末云，「斯皆臆度之謂，豈見聞於耳目也。」指《天》賦中所列舉的各種論說，如將天極比作「保斗」〔註 231〕或斗笠、日月星辰如磨盤上的螞蟻，或以「倚杵之期」言末世天地間的距離僅余杵長，或想像天體如糖漿之滑潤，猶如鍾乳石之狀。但以上種種，其實都不過是古人臆測揣度罷了，誰又曾真正親眼目睹？由《天》賦篇末結語可見，吳淑作《事類賦》之目的，並非在於探討前人論說孰是孰非，更多在於列舉出種種假說，其主要意圖在於「辨識」，而非「辯論」。

《日》賦結語與《天》賦句式相似，云「斯皆光景之非盛，未若比王道之當中」〔註 232〕。古人以「日」為君象，若君王治政昌明，則日象亦盈滿無虧；反之，若出現日食、月食之異象，則為上天「垂譴」之兆，或為君王失德的象徵。《日》賦正是希望借助以往「非盛」之「光景」，來說明隱諫君王修正德行的重要性。因此《日》賦結語也是以一言來點出鋪陳以上種種事類的主旨。

同樣，《星》賦結語也是採用相似的口吻：「然而妖不勝德，亦何勞於具陳」〔註 233〕。古書中關於星象的記載多為祥瑞之兆，如漢高祖劉邦初入館時，言有「五星聚於東井」；星象多為德象或帝王降生之兆，如黃帝和白帝出生的傳說中皆有類似「大星如虹」，流光照耀大地的記載等。雖然主凶的妖異星象也時有發生，但史書記載仍多以吉瑞為主。

《風》賦篇末引用《尚書》中「聖時風若」一語云：「蓋君聖而時若，自均調而得宜」〔註 234〕。和《日》、《月》、《星》等賦將天象與君王之道參照而言的思路是一致的。又若《霜》賦篇末云，「然則，道義得則時令順，

〔註 230〕引自（明）陳全，《刻事類賦後序》，參見《事類賦注》附錄，第 593 頁。
〔註 231〕保斗：凸起的壺蓋中央。
〔註 232〕參見《事類賦注》，第 17 頁。
〔註 233〕參見《事類賦注》，第 27 頁。
〔註 234〕參見《事類賦注》，第 32 頁。

夫復何云」〔註235〕。此處是接續上文言及的兩件事：魯僖公即位時，「隕霜
不殺草」。暗示君王失政有違天道；夏桀當政無道，天降嚴霜以為懲戒之象。
因此，賦末云「道義得則時令順」，正是針對以上二則因君王失政而道義不
施、時令不順的故事所得出的反思與警醒之語。

　　除點明主旨之外，總括式結語中主要還嘉賞物類之珍美、繁多及其功用
等。如《露》賦結語云，「嘉零落之溥兮，含滋廣被」〔註236〕；《李》賦末言：
「斯朱李之為美，冠眾果之鮮芳」〔註237〕；《杏》賦末言：「冠鬱棣以稱珍，
見閒居之麗賦」〔註238〕。此類皆是從讚賞的角度來結篇。《草》賦末云：「斯
品類之繁多，故云百卉」〔註239〕；《蟲》賦末云：「斯種類之繁夥，豈可一二
而陳諸」〔註240〕？二篇結語都強調的是品類之盛，不勝枚舉。《紙》賦末云，
「斯可以資日用於詞園，垂無窮之芳烈者也」〔註241〕，重在強調紙之功用；
又若《柳》賦末云，「斯楊蒲之為用，蓋民家之所利」〔註242〕，強調楊柳的功
用價值。

　　服用部之《舟》、《車》、《鼎》三篇賦，雖然都是強調器物的功用性，但從
結語部分卻能明顯看出各自的側重點並不完全相同。《舟》賦末云，「所以浮
巨浸而濟不通，為利斯溥」〔註243〕，側重講「舟」的便利性與用途之廣。《車》
賦末云，「斯國容之為盛，見文物之彰施」〔註244〕，比上篇言「舟之利」又更
進一步，從車輿的禮制、紋飾、材質等方面，即以物器之「文」來彰顯「國容
之盛」。《鼎》賦篇末之結語，又再次回到《易》、《禮》之經語，言：「觀象犧
易，利金玉之貞；致用王家，有崇貫之異」〔註245〕。

　　歲時部之四篇賦以記述時令為主，按自然次序之春、夏、秋、冬排列。
但考察四篇賦末之結語，卻各有異同。如《春》賦末云，「斯並著於時令，故

〔註235〕參見《事類賦注》，第 54 頁。
〔註236〕參見《事類賦注》，第 51 頁。
〔註237〕參見《事類賦注》，第 514 頁。
〔註238〕參見《事類賦注》，第 518 頁。
〔註239〕參見《事類賦注》，第 473 頁。
〔註240〕參見《事類賦注》，第 577 頁。
〔註241〕參見《事類賦注》，第 317 頁。
〔註242〕參見《事類賦注》，第 498 頁。
〔註243〕參見《事類賦注》，第 330 頁。
〔註244〕參見《事類賦注》，第 341 頁。
〔註245〕參見《事類賦注》，第 346 頁。

存之於翰林」〔註246〕;《夏》賦末云,「斯皆夏令之所施,故紀之以備遺逸也」〔註247〕。《秋》、《冬》二篇結語的寫法也不同,如《秋》賦末云,「斯九日至盛集,見前賢之軌跡」〔註248〕;《冬》賦末云,「斯清祀之嘉辰,而前賢之遺美也」〔註249〕。《春》、《夏》二賦側重言時令之儀俗,《秋》、《冬》二賦則更為側重記敘前代所流傳下來的祭祀儀禮之不同。如《冬》賦中間部分,吳淑也寫道,「斯長至之令旦,故時訓之攸尚」。簡而言之,歲時四篇,前二者重在言「時令」以備遺逸保存,後二篇側重言「時訓」,為前賢所遺留之禮,不可廢棄。

(二)反比式結語

「反比式結語」比總括式結語要更進一步,即在概括點題的基礎上同時將另一事物作為參照,起到對比襯托的作用。如《硯》賦末云:「斯所以作城池於筆陣,非徒比石墨於讒說也」〔註250〕。上句出自王羲之《筆陣圖》,將水硯比作城池,卻又並非是像石墨相互浸染而變黑因而比作讒言那般。這也是為何吳淑在文房四賦中將《硯》賦僅次於《筆》賦,以筆、硯、紙、墨的順序排列,而非慣常所言的筆、墨、紙、硯之序。《墨》篇結語正好對應《硯》篇,言「斯筆陣之鍪甲,實文苑之攸先也」〔註251〕。

《雲》賦結語也是採取同樣的手法來寫:「斯所以垂災異之譴,警政令之虧,豈徒誦漢武《秋風》之句,玩湯休《日暮》之詩」〔註252〕?此語似是對《月》賦中表達的「暫時忘記事類的經世之用,而陶醉流連於賞玩月光之中」之義的回應。《雲》賦篇更側重於「雲」的《易經》之象和觀測祥瑞的用途,卻也時不時引用詩賦,如「鳳翥鸞翔,龍申蠖屈」〔註253〕分別出自陸機《浮雲賦》和成公綏《雲賦》中描寫雲狀之詞。然而,雲狀不獨見於詩賦,同樣見於觀雲雨之書,如《相雨書》中記載有「濯魚雲」,《易通卦驗》中亦曾記載云,「春分,正陽雲出張,如積白鵠。」白雲或黃雲為祥瑞之兆,雲如「丹蛇」

〔註246〕參見《事類賦注》,第73頁。
〔註247〕參見《事類賦注》,第81~82頁。
〔註248〕參見《事類賦注》,第91頁。
〔註249〕參見《事類賦注》,第99頁。
〔註250〕參見《事類賦注》,第316頁。
〔註251〕參見《事類賦注》,第323頁。
〔註252〕參見《事類賦注》,第37頁。
〔註253〕參見《事類賦注》,第35頁。

尾隨星後，則預示大戰中將領被殺。換言之，《事類賦》將詩賦與經世事類並舉，既重視物題的文學審美性，同時關注到物題在不同時代的象徵義之變遷。然而從《雲》賦篇末一聯的表述語氣「斯所以……豈徒誦……」不難看出，吳淑更加看重事類的「經世價值」，如漢武帝《秋風詞》、湯休《日暮》詩之類，或許只可片刻賞玩，不可長久流連。

「雖無出岫之心，亦有思山之意」〔註254〕亦出自於詩文。雖然作者在《雲》賦賦末正言道，所言種種「雲」之事類，更多的是為了「垂災異之譴，警政令之虧」，而非僅是詩詞之意象。但此處重申觀物象以測吉凶或考察政德之得失的功用性，聲明物事並非唯獨為詩賦所用，實則將事類的經世致用性比文學性看得更為重要。然而這一點，與《事類賦》本身以賦這種文學體裁來呈現所謂的經義事類，卻是十分矛盾的。與作者所強調的恰恰相反，《雲》賦中所採錄的諸如《史記》之「鬱鬱紛紛」、《兵書節要》之「非霧非塵」、《相雨書》之「濯魚待雨」、《易通卦驗》之「縹緲赤繒，翩翻白鵠」等等，卻充滿了藝文屬性和「雲」這一物象的審美觀照。古人觀「雲」，到底是先取其所類之象，還是先存有測吉凶的意圖再去觀物象？換言之，經義與文學的等級和界限，是否像作者在《雲》賦結語中所申明的如此明確？這種矛盾和思考，事實上一直貫穿在《事類賦》的創作之中，看似隱匿的作者意識實則一直連綴在所引用的「經語」之中，須細察知。

（三）事比式結語

但在很多篇賦的末聯中，吳淑並沒有採用概括式的寫法，而是仍然接續上文以事對為結語。這種「以事為比」的結語，往往以長句對的形式，在延長的語氣中，為整篇賦增添了幾分意猶未盡之感。然而，與全篇主體部分所選擇的事類所不同的是，列於賦末的事比，常常於文辭間隱約露出幾分作者的悵歎之感。

例如，《雨》賦篇末之長句對仍是出自經語。上句「考於犧易，悵西郊之未零」〔註255〕，此處引自《易》：「密雲不雨，自我西郊」。句中所用「悵」之一字，為《易》原文所無，為作者自添，表露出對西郊密雲卻不降雨的歎惋。下句「玩彼麟經，眷北陵而可避」原出自《左傳》中「蹇叔哭師」一則，講秦

〔註254〕前者出自陶潛《歸去來辭》，後者出自張載詩。
〔註255〕參見《事類賦注》，第 43 頁。

穆公不聽老臣蹇叔的諫言而執意伐鄭。蹇叔明知前路凶多吉少，只好對隨行
出征的兒子說：「殽有二陵，（其南陵）夏后皋之墓，其北陵，文王之所避風雨
也」，暗示秦師有可能戰死於此二陵之間。然而，仔細體會吳淑在《雨》賦中
所用「眷北陵而可避」之字面意，實際上並非襲用蹇叔的視角，而是自己對
周文王死後棲身北陵可避風雨的感懷。然而，結合《左傳》中蹇叔之子出師
一事，再看吳淑賦末此語，似乎也隱約能感覺到，作者希望蹇叔之子在途經
北陵時，能受到文王恩德的眷顧而避開此難。從以上二聯可見，吳淑在賦末
引經語時，亦往往在句眼之中，有意無意間轉到了自己的觀察視角，不自覺
地流露出自己的感歎。

賦末聯之事比，也常常取仙異之事。例如，《蜂》賦云：「吐口中而為戲
仙客何神，綴衣上以興讒伯奇何罪」〔註256〕。上句出自《葛仙公別傳》，言葛
仙公曾作奇戲，將口中飯粒吐出幻化成飛舞的群蜂，後群蜂飛入口中又變回
飯粒。下句言尹吉甫之子伯奇至孝，後母為除去伯奇，於是取蜂去毒之後繫
於衣上，假裝向伯奇求助，卻對尹吉甫進讒言說伯奇對其有不軌之心。伯奇
為證清白而自盡身亡。葛仙公吐蜂作奇戲，與伯奇後母借毒蜂誣陷伯奇，兩
事之間並無可比性或相關性，那麼吳淑為何偏偏將這一對事類置於《蜂》賦
末篇？若對比吳淑的措辭與原典的不同之處，則不難察覺到其中的共同點在
於「何」之一字。「仙客何神」似有二解，或感歎仙客戲法之妙，或云此仙客
所作只是障眼的戲法，並非神異之事。但聯繫「伯奇何罪」的質問，吳淑對待
仙客的態度當是後者。

《事類賦》對於仙道靈異之事並不避諱，且多有記敘。此類事典多出自
《列仙傳》、《神仙傳》、《述異傳》、《廣異記》、《述異記》、《幽明錄》、《神異
經》、《異苑》、《博物志》、《十洲記》、《搜神記》、《拾遺記》等專門以述異記奇
為主的傳、記、雜錄等，此外還來源於經史子傳和地方志，如《山海經》、《抱
朴子》、《莊子》、《列子》、《晉書》、《南史》、《北史》、《北齊書》、《地理志》、
《漢武內傳》等。吳淑對神異類事典的熟悉，和他參與預修《太平廣記》等類
書也有很大的關聯。

按宋史本傳所記載，吳淑另著有《江淮異人錄》三卷和《秘閣閒談》五
卷〔註257〕，可見他對於此類軼事的關注。吳淑對於仙、道、佛三家以及其他

〔註256〕參見《事類賦注》，第 584 頁。
〔註257〕參見本書附錄 A。

靈異事類所採取的態度，與他在《天》賦中表明的對各種論說的態度是近似的，即僅出於收錄、辨識的目的，以防事類遺佚。換言之，《事類賦》中所徵引的大部分仙道異事，並非是從「實徵」或驗證真偽的角度出發，而更多是從藝文的角度：那些看似神異的事蹟，並非真實發生，卻存於古人豐富的想像之中。這種超越真實的想像事實上也正是《事類賦》文學性的生長點。實際上，吳淑在反覆強調事類之經世價值的同時，對於經義之外的藝文性事類並未廢棄不採，而是將後者與經世性事類並存於《事類賦》的敘述空間中。這是吳淑為《事類賦》所著力開拓出的能夠兼容並包各種事類的文學空間，也是他在賦體形式方面所作的嘗試與創新。

　　從《事類賦》的創作構思、布局謀篇到各種細部措辭可見，吳淑在創作類事賦之時的運思，既遠遠超出了「類書」的要求，亦遠非尋常的「幽閒之思」可比。不可否認，在《事類賦》中，吳淑對於經史事類的經世價值之重視，要高於詩賦或神異想像事類的藝文價值。但由於《事類賦》本身也歸屬於「藝文」，所以《事類賦》主要的經世價值，又是通過藝文的方式表達的。在這個意義上，《事類賦》也有效化解了宋初賦文寫作中「經義派」和「律賦派」所遭遇的矛盾和難題，即經義化對文學性的消解。

第四節　小結：《事類賦》對賦體創新與文學批評的啟示

　　《事類賦》的賦體風格是古體賦與律體賦結合與創新的產物。吳淑借由經史事類傳達事理經義的同時，也十分注重賦體的層次結構、俳偶句對的靈活轉換、以及押韻和換韻等。《事類賦》的鋪敘層次多以經語引題，次列舉其名物源始；再以史傳事類為主體，層層鋪敘，交錯展開；結篇則多述神異仙靈之事，似有超然於事類之外、而意猶未盡之感。《事類賦》在賦題與隱語式寫作形式上最接近於荀子賦，如《禮》、《知》、《雲》、《蠶》、《箴》五篇賦。在引用《詩經》與騷體賦時，吳淑卻常常將二者的標誌性句式進行互換，如在原本《詩經》的四言句式上添加虛辭，增強了辭氣之婉轉；或將《楚辭》的長句簡化為四言句式，加快了辭句的節奏。這種體式上的轉換嘗試，對於賦體創新有非常大的啟示意義。與此同時，這種創作形式也不禁令人思索，詩體賦與騷體賦之間若互換句式，是否也代表著賦體本質也發生了改變？事實上卻不然。

　　正如吳淑將靜態的物題往往置放於動態的類從關係中，賦體形式也是如此。對賦體的定義，事實上並不取決於其句對之長短。如《賦譜》中所言，賦之句式包括長句對、短句對、隔句對等等；吳淑在《事類賦》中靈活地運用了句式長短的變化，以免出現賦之「調複」現象，即以「俳句、單句以疏之」〔註258〕。賦篇首末句之句調也往往互補相合：賦首多引用經語，如《詩》、《易》、《禮》等以三言、四言句式居多；賦末結語也以長句對居多，句式靈活多變。

　　《事類賦》以俳律體為主，間雜以詩、騷體式，是將古體賦與律體賦結合的賦體創新嘗試。這種賦體風格首先緣於類事賦以事對俳偶的題材「限定」，為避免由於堆砌事類而造成閱讀的繁冗感，因此利用古體賦與律體賦在句調上的變化，使得賦之辭氣時緩時急，文勢亦如山巒之綿延起伏。另一方面，由於賦體形式本身的「兼容性」與「靈活性」非常強，《事類賦》百篇事實上也是一項潛在的賦體實驗。《玉》賦中「韜玉山輝」引陸機《文賦》，將陸機用作喻體的物事從「被賦予」的意義之中抽離出來並作為「本體」；吳淑所引之物事，即為物事本身，玉則為玉，並不另指他物。這種以事類本身為觀照對象的賦體寫作形式，在賦文學史上頗為罕見。若陸機以「文賦」來論「文」本身，白居易作《賦賦》以「賦」為所賦之對象本體，或如潘恩所作《六義賦居一賦》，皆是以所論之「本體」為所論之「形式」；而吳淑所作《事類賦》，卻反過來將慣常「據事以類義」、用以借寓或印證他義之事類作為關注的「本體」，是文學批評史上需要關注的特殊現象。同時，吳淑有意在《事類賦》中隱去作者主觀意識的介入，卻又在句眼或結語處常常不自覺表露出自我的態度和感慨。這種看似有些「矛盾」的作者與文本之關係，不僅和吳淑由南唐入仕宋朝的文士心態有關，而且也激發了前人批評中所常常忽略的對《事類賦》作者潛隱意識的關注與發掘。

〔註258〕　（清）邱士超《唐人賦鈔》，嘉慶十八年刻本。引自孫福軒，韓泉欣編輯校點：《歷代賦論彙編》，北京：人民文學出版社，2014年，第693頁。

第五章 《事類賦》與類書中經史與藝文的融合現象

　　《事類賦》增以賦注，即在每句賦文後皆注引經史原文及出處之後，在某種程度上兼備了類書的屬性。然而，古時所編類書和今義「百科全書」式的檢索工具書，在本質上存在著諸多不同。其中最突出的一點在於中國古代類書中的文學特徵或「詩跡」〔註1〕，即詩賦常常與經史在類書中並置，甚至可以互為取資。張滌華在《類書流別》中曾指出類書內容所經歷的「三變」：

> 最古類書，大都專輯故事（如皇覽、遍略）；稍後乃有掇拾字句者（如語對、語麗）；更後則事文兼採（如類聚、初學記）。故類事之書，其始多混入史、子，而後來又往往與總集參合。所以然者，類書初興，本以資人君乙夜之覽，故於古制舊事，最為詳悉。及其流既廣，文家漸用之以備遺忘。〔註2〕

　　早期類書，以《皇覽》和《華林遍略》為例，多以「類事」為主要目的，更為注重經史文獻的經世致用價值；稍後之類書，如梁代朱澹遠《語麗》、《語對》等，以「類文」為主，多採擷詩文中的麗辭對句，更為注重是否能為詩文所用。再到唐代類書，如《藝文類聚》、《初學記》之類，漸趨於「事文兼採」，且記事在前，列文於後，將經史與藝文一併收錄。類書從魏晉南北朝到唐代的逐步發展，從整體上反映出從「類事」、「類文」到「事文兼採」的融合趨勢。

〔註1〕「詩跡」一詞見於日本學者松尾幸忠《關於唐代類書的詩跡觀點》一文，其中主要以《北堂書鈔》、《藝文類聚》、《初學記》和《白氏六帖》之目錄和類書中所收錄的名物為考察對象，探索唐代類書中的文學痕跡與事文並存之現象。參見松尾幸忠：《唐代の類書における詩跡的觀點について》，中國文學研究，2003 年第 29 期，第 25～39 頁。

〔註2〕張滌華：《類書流別》上海：商務印書館，1958 年，第 21 頁。

　　《事類賦》作為兼有類書屬性的類事賦，恰好成書於唐宋類書編撰的鼎盛時期，與類書的沿革和發展有著密不可分的聯繫。官修類書與私修類書，雖然緣於不同的編撰目的，但都是研究類書與文學之間互動或相互作用的重要參照。《事類賦》原本是吳淑私自編撰的類事賦，後因受詔作注，才使得此書同時兼具官修類書的屬性。《事類賦》以經史事類為主體，同時兼採歌、詩、賦等藝文，最終以賦體和賦注的形式呈現，是類書駢偶化與經藝融合現象的重要表徵。

　　若對《事類賦》前後期所出現的類事類書籍進行梳理和比照，則會發現《事類賦》的成書時間恰好處於類書中經史與文學融合的重要轉折期。《事類賦》之前，即從魏晉到宋初的類書，或是以經史事類為主、作為治政與施教之參考，或是以文學取資為目的、以備創作之用，直至唐代《藝文類聚》的出現，事類與詩文，才一併被類書採錄。《事類賦》之後，「經」以致用的藝文觀念已逐步形成並趨於完備。這種經文觀念的轉變，使得後期類書的編撰，逐漸朝著博物學的方向發展，即類書物類視野的進一步擴充。這一點反映在私修類書上，表現為對經史中的「微物」更為關注；體現於官修類書方面，則使得納入類書之文獻愈來愈多，如明代所編修的《永樂大典》與清代的《四庫全書》等等，直至成為類書之集大成者。

　　結合類書發展史探討中國傳統類書與文學的深層交織與共通點，以《事類賦》前後期類書為對比參照，是探索類書從類事、類文到事文兼備這一表層現象背後成因的重要線索依據。《事類賦》作為唐宋之際類書與賦的重要交織點，對於進一步研究傳統類書中經史與文學的融合現象具有不可忽視的學術史意義。

第一節　私修類書與文學取資

一、西晉陸機《要覽》與「類物名」

　　據《宋史・藝文志・類事類》的書目著錄，西晉陸機《會要》（或作《要覽》〔註3〕）是最初由文士私修的藝文類類書。此書於南宋時尚存，似亡佚於元代。《中興館閣書目》中所引陸機《自序》，稱此書為：「直省之暇，乃集要

〔註 3〕　《舊唐書・經籍志》、《崇文總目》、《新唐書・藝文志》、《通志・藝文略》、《遂初堂書目》以及《玉海・藝文》等皆作陸機《要覽》。

術三篇：上曰《連璧》，集其嘉名，取其連類；中曰《述聞》，實述予之所聞；下曰《析名》，乃搜同辨異也」〔註4〕。雖然陸機此書已亡佚，但從以上自序可見，《會要》或《要覽》一書的基本體例大致可分為類物名、述見聞與辨同異三個部分。首先，陸機作此書於「直省之暇」，即作於公務之餘暇。這一編撰緣起，與吳淑所言「摘典麗之辭、悅幽閒之思」相近〔註5〕。其次，《會要》或《要覽》一書，其所集內容為文章「要術」，雖以資暇為最初目的，卻更有益於日後的文學創作。再者，陸機此書體例雖然分為三部分，《連璧》和《析名》實則都以物之「名」為主。這也與吳淑《事類賦》對於物類名稱的關注相一致。「集其嘉名，取其連類」，亦可謂《事類賦》的顯著特徵。

　　《事類賦》中有兩處引自陸機的《要覽》：一為《風》賦中的「至若稱離合」句。吳淑注引陸機《要覽》曰：「列子御風，常以立春遊八荒，立秋歸乎風穴。是風至，草木發生，去則搖落。謂之離合風」〔註6〕。吳淑此條所引「離合風」，或出自《要覽》中的「連璧」篇，為陸機所集並加以解釋的各種「風」的名稱之一。另一處見於《事類賦・夏》中的「茂樹連陰」一句。吳淑同時注引梁元帝《纂要》與陸機《纂要》，「連陰」為夏樹名〔註7〕。陸機此書亦作《纂要》，或是在抄錄時與梁元帝《纂要》一書混同；或是陸機另作有《纂要》，與《會要》或《要覽》並非同一本書，但兩書旨歸與體例當大致相近，而陸機的《纂要》在吳淑作《事類賦》時仍可見，即於宋初仍未亡佚。陸機《要覽》，實已肇「類物名」之先聲。

二、梁代朱澹遠《語麗》、《語對》與「事對」的初創

　　繼陸機《會要》之後，文人私修的詩文類類書呈現逐漸增多的趨勢。如蕭梁時期的朱澹遠曾編有《語麗》十卷和《語對》一卷。和《會要》「類名述聞」的體例所不同的是，朱澹遠《語麗》與《語對》二書更加側重採集麗辭。據《直齋書錄解題》記載，《語麗》十卷，為「梁湘東王功曹參軍朱澹遠撰，採掫書語之麗者，為四十門」〔註8〕。朱澹遠另有《語對》一卷，亦不傳。雖

〔註4〕　參見《玉海・藝文》「晉陸機要覽」一條。（宋）王應麟：《玉海》，南京：江蘇古籍出版社、上海：上海書店，1987年，卷54，第1205頁。
〔註5〕　參見《蟻》賦結語，第587頁。
〔註6〕　參見《事類賦注》，第30頁。
〔註7〕　參見《事類賦注》，第76頁。
〔註8〕　（宋）陳振孫：《直齋書錄解題》，上海：上海古籍出版社，1987年，第423頁。

然此二書皆已佚，但其體例對後來隋朝杜公瞻《編珠》、唐代徐堅《初學記》等以「語對」為編寫形式的類書產生了非常直接的影響。以「偶句隸事」的「語對」形式，也構成了「以事對為賦」的《事類賦》中最基本的句式。

四庫提要曾特別提到：「朱澹遠《語對》十卷、《對要》三卷、《群書事對》三卷，是為偶句隸事之始」〔註9〕。《隋書・經籍志》與《新唐書・藝文志》中，皆作朱澹遠《語對》十卷、《語麗》十卷；《舊唐書・經籍志》與《通志・藝文略》皆記《語麗》十卷，未提及《語對》；在《日本國見在書目錄》中，《語麗》有十一卷，或是包括了《直齋書錄解題》中所言的《語對》一卷。可見，四庫提要中所言《語對》十卷或許和《語麗》書名有所混淆。此外，《對要》三卷和《群書事對》三卷在前代書目中均未提及，抑或是後人假託朱澹遠之名所編。但若結合南北朝時期駢體文之盛行來考察，同時期以「偶句隸事」為特徵的語對類類書自然也是一時之風尚。由於朱澹遠此類各書皆已佚失，如今僅可從題目猜測一二。但《事類賦》所採用的「事對」之體最初發源於南北朝時期的詩文類類書，這一點是基本可以確定的。

三、《白孔六帖》：「帖經」與經史事類集要

白居易《白氏六帖》也是文人自發編纂、雜採事類以「備詞藻之用」的一部類書。據《新唐書・藝文志》記載，此書原名為《白氏經史事類》，又名《六帖》。《直齋書錄解題》中按《醉吟先生墓誌》亦稱此書為《事類集要》〔註10〕。無論是「經史事類」或「事類集要」，其名都和《事類賦》之題十分相仿。但《六帖》之編類工作，卻並非一人之力。《楊文公談苑》稱白居易作《六帖》，是「以陶家瓶數千，各題門目作七層架，列置齋中，命諸生採集其事類投瓶，倒取之，抄錄成書，故其所記時代多無次序」〔註11〕。略覽《六帖》的事文編次，確無固定章法，此傳言或許可信。後宋人孔傳續撰三十卷，與白居易此書合為一百卷，並稱為《白孔六帖》。

「六帖」之名，原為唐代開元中期的科試方法之一，即將經書的兩端蓋住只空一行作為考題，或裁紙為帖，稱為「帖經」。《六帖》的編寫體例與「帖經」的試題形式十分相似，也是先取經籍中片言或某一句話，後以小字標注

〔註9〕參見本書附錄三。
〔註10〕參見《直齋書錄解題》，第424頁。
〔註11〕參見《楊文公談苑》，第8頁。

出處或原文。例如，「高明柔克」一條，下注「高明，天也。柔克，寒暑不干」；「鶴鳴九皋聲聞于天」一條，下注「張重答漢昭帝」〔註12〕。《白氏六帖》由於出自數人之手，有些注釋較為詳備，有些則十分簡略。貶斥《六帖》者，多認為此書無疑只是應付科舉的「餖飣」之書；褒揚此書者，如《玉海》引《中興書目》對白氏帖的評價為：「居易採經傳百家之語，摘其英華，以類分門，悉注其所出卷帙名氏於其下，以天地事分門類為聲偶」〔註13〕，更為側重《六帖》所摘取的「經傳之語」、分門別類的編目方法和聲偶排列的類分法等。

同樣，對於孔傳的《六帖新書》，褒貶也不一。洪邁《容齋隨筆》中將孔氏此書歸入「淺妄書」之列：「孔傳《續六帖》採摭唐事殊有功，而悉載《雲仙錄》〔註14〕中事，自穢其書」〔註15〕。即認為此書選錄標準不高，亦不精贍。宋人韓子蒼在《六帖新書》序中卻褒揚此書道，「孔侯之書，如富家之儲材，榱棟杗桷，雲委山積。匠者得之，應手不窮」〔註16〕。後者是從《六帖》可為文學提供「儲材」之資的角度，更重視其之於科舉考試的功用性。

將《白孔六帖》和《事類賦》互為參照，其中值得注意的有以下幾點。首先，白居易《六帖》，多採「經傳」或「經史」中的事類，比孔傳《六帖》收錄《雲仙散錄》一類更為精審。吳淑《事類賦》在選材上亦不限於經史子傳，同樣收錄了諸多緯書、散錄與筆記之類。這點在《進注事類賦狀》中已有說明。其次，對照西晉陸機《會要》，梁代朱澹遠《語麗》、《語對》，梁代沈約《袖中記》、《珠叢》，隋杜公瞻《編珠》等之類，同樣是以「備詞藻之用」的書籍，白居易《六帖》則更側重經史事類，而非嘉名、麗辭、或填充詩文的故實。

宋人對於經學以及經史事類的重視，比唐代有過之而無不及。在密實典重的經史事類中穿插進《雲仙散錄》一類，或許也從另一個側面反映了宋人

〔註12〕 從《白氏六帖》的帖文與帖注可見，帖文往往只是所注經史文的提要語，且前後條之間並無關聯性。這與《事類賦》化用經史事類、聯而成賦的寫法本質上是不同的。

〔註13〕 參見《玉海》，卷42，第802頁。

〔註14〕 即《雲仙散錄》，後唐馮贄編，主要記載五代軼事。吳淑在《事類賦》中亦多採奇聞異錄，如《神異經》、《幽明錄》之類，但未引《雲仙散錄》，或亦認為此書事類並不足取。

〔註15〕 （宋）洪邁：《容齋隨筆》，上海：上海古籍出版社，1978年，卷一「淺妄書」條，第6頁。

〔註16〕 參見（宋）韓子蒼《白孔六帖原序》。

在經學之外渴望獲得「幽閒之思」的訴求。讀吳淑《事類賦》，特別是結合十餘萬言的賦注，感受或許和《六帖》是相同的。將經史中浩繁的事類分門別類是《六帖》的突出體例之一。雖然略顯繁雜瑣細，且缺乏年代次序的梳理，卻十分有益於「儲材」。從早期文士編類書以備作詩之資，到唐宋「帖經」以備科考之材，也是這一類自修類書自魏晉南北朝到唐宋間發生的主要變化之一。吳淑《事類賦》的創作，正若將這些碎片化的「帖經」以賦的形式進行重新整合編排，同時也增添並融入了「帖經」之外更為豐富的文學色彩。

四、《北唐書鈔》：錄經史以備文用

雖然虞世南是由隋入唐，《北堂書鈔》卻撰成於隋時；但《宋史・藝文志》卻將《藝文類聚》列於前，《北堂書鈔》次之。此書為虞世南「仕隋為祕書郎時，鈔經史百家之事以備用」〔註17〕。劉禹錫在《嘉話錄》中也提到虞氏此書為「事可為文用者」〔註18〕。換言之，虞氏《北堂書鈔》和陸機《會要》的編撰初衷都是相同的，即記事以備撰文章之用。

於諸多文士而言，閑暇時搜採麗辭事典、並進行編類分目而成的此類「類書」，多是以有益於將來「作文」為目的；甚至是帝王，也都希望得此種「類書」以助益「藝文」的創作，如梁元帝《纂要》或隋煬帝敕撰的《編珠》。此類類書並不等同於藝文，這也是在本質上具有「藝文」屬性的《事類賦》在根本上有別於前人類書之處。但《事類賦》受宋太宗詔命所補充的賦注部分，卻應當歸入類書之列。

《北堂書鈔》依次分為「帝王部、后妃部、政術部、刑法部、封爵部、設官部、禮儀部、藝文部、樂部、武功部、衣冠部、儀飾部、服飾部、舟部、車部、酒食部、天部、歲時部和地部」，與《事類賦》部類內容亦有很多相仿之處。雖然「帝王、后妃、政術、刑法、禮儀、藝文」等並不在《事類賦》的部目標題中，卻都隱藏分布在每篇賦文之中；如《栗》篇提到梁武帝與沈約比「徵栗事」，《月》篇借每月生的莢草來喻君德、《雪》篇以雪天楚王「翠被豹舄」以誡奢等；「后妃」之事也多有在《事類賦》中提及，如《木》賦言「樛木」以象徵后妃之德、《竹》賦提到舜死蒼梧、二妃以淚揮竹而有「斑竹」之典等。政術、刑法、禮儀也都融合在所賦的事類之中。另一顯著區別在於，《北堂書

〔註17〕 參見《郡齋讀書志校證》，第423頁。
〔註18〕 參見《四庫全書總目》「北堂書鈔」條提要，卷135，第1142頁。

鈔》將天部、歲時部與地部置於所有部目之末，與《事類賦》將此三部列於全書之首正好相反。但二書均將歲時部插入天部、地部之間，亦頗相仿。

　　類書中經史與藝文的界域應當如何劃分？從以上各部文人私修之類書可見，將經史材料中的物名、事類和麗辭等摘錄纂集以備詩文之用，是自西晉陸機《要覽》以來文人私纂類書的主要目的。為詩文創作取資之書，也有直接從藝文取材者，如沈約《袖中記》、《珠叢》等，然而卻並未被歸入類書。換言之，純粹以詩賦等藝文為取資、且缺乏類目綱法的文集，往往並未被納入「類書」的體系之中。一方面，從陸機《要覽》、白居易《六帖》到虞世南《北堂書鈔》之類的文士私修類書，不僅所收納的經史材料和類目體例逐漸趨於完備，而且將經史事類作為文學取資的編纂目的也愈來愈明確。另一方面，朱澹遠《語對》之類的類書直接以「偶句隸事」的駢對形式編撰，已初步將經史事類直接轉化為文學的創作形式。這兩點對於宋初吳淑編纂和創作《事類賦》，都產生了非常重要且深遠的影響。

第二節　官修類書：經藝融合與事文兼備

一、官修《編珠》：以經語備詩材

　　除文士私修的類書，官修類書同樣呈現出經史與藝文融合的趨勢。隋朝杜公瞻《編珠》為官修類書的最早實證，雖然此書也存有偽託之爭議。此書在《宋史‧藝文志》中雖有記載，但唐志中卻只提及杜公瞻《荊楚歲時記》一書，並未提及《編珠》。清代高士奇有《編珠補遺》二卷，以及《續編珠》二卷。另外，《御定分類字錦》的四庫提要，曾特別提及《編珠》的著錄情況：「考類書全用對句，始於隋杜公瞻之《編珠》。然其書隋志、唐志皆不載。至宋志始著錄。而宋人無引用者，亦無舊刻舊鈔流傳於世。至康熙中，乃有高士奇家刊本，頗疑依託」〔註19〕。隋朝杜公瞻此書雖然較之《初學記》要早，但隋唐志皆未記載；《宋史‧藝文志》及其後書目雖多有著錄，但有些亦不題撰人。對此，余嘉錫在《四庫提要辯證》中已證明《編珠》的真實性〔註20〕。

〔註19〕參見《四庫全書總目》「御定分類字錦」條提要，卷136，第1157頁。
〔註20〕參見余嘉錫：《四庫提要辯證》，北京：中華書局，2007年，卷16，第951～952頁。另參見劉全波，何強林《〈編珠〉編纂與流傳考》一文的考證，北京理工大學學報（社會科學版），2019年，卷21，第189～194頁。

其實，從《編珠》的序文和體例來看，亦不像是偽託之作。據《編珠原序》所述：

> 皇帝在江都，日好為雜詠及新體詩，偶緣屬思，顧謂侍讀學士曰：「今經籍浩汗，子史恢博，朕每繁閱覽，欲其故實簡者，易為比風。」爰命微臣編錄，得窺書圃，故目之曰：編珠。其朱書者，故實；墨書者，正義。時大業七年正月，奉敕撰進，勒成四卷。著作佐郎兼散騎侍郎，臣杜公瞻謹序。〔註21〕

依杜公瞻此序，《編珠》最初的編修目的僅是為了供皇帝作詩文所用，使之能夠更簡便地從繁瑣的典故中捃拾詞句，以作「比風」之用。因此，這與陸機《會要》集嘉名以備自用，朱澹遠採儷語以作詩，在文學取資的角度上皆是十分相仿的。後如白居易集《六帖》，也是備經史為藝文之用。《編珠》與文人私修之書的區別，只是皇帝無需自己費時費神去搜集，僅需下詔命侍讀學士編錄即可。此外，四庫提要中也提到《編珠》的體例，「略如徐堅《初學記》之體，但前無序事，後無詩文」；原書分十四部，依次為「天地、山川、居處、儀衛、音樂、器玩、珍寶、繪彩、酒膳、黍稷、菜蔬、果實、車馬、舟楫」；今僅存「音樂」以上五部。〔註22〕對照吳淑《事類賦》的部類劃分，雖然和《編珠》不盡相同，但二者之間仍有諸多重合和相似點。《編珠》所提及的大部分內容如天地、山川、音樂、珍寶、酒膳、車馬、舟楫等，在《事類賦》中均被涵蓋。

細察其編寫體例，《編珠》和《語對》、《語麗》之類本質上並不相同。《編珠》所注重的並非「採摭麗辭」，而是經籍子史中的「故實」。例如「九野四荒」，分別指《呂氏春秋》中的「九野」之名與《爾雅》關於「四荒」的典故；這種標記法與《蒙求》之類幫助記誦典故的做法相似，但對比吳淑在「天」篇中提及「九野」的兩處來看——「亦聞九野為稱，十端是紀」、「立圓儀之八尺，識太玄之九名」，吳淑的《天》賦則更進一步把典實融合在賦體對句中，賦的整體性更為顯著。除「九野四荒」、「絳雪赤雲」、「玉虹金霧」等四言語式，《編珠》也多採用「四四」、「三三」兩種語體，如「日迴烏翼雲起魚鱗」、「日下桑枝月中桂樹」等八言體，「金波月玉葉雲」、「濯枝雨觸石雲」等六言體。

〔註21〕 參見《景印文淵閣四庫全書》本。
〔註22〕 參見《四庫全書總目》「編珠」條提要，卷135，第1141頁。

　　此外需注意的是，雖然《編珠》與《事類賦》的編寫形式不同，諸多典故出處卻是相同的。按《編珠》原序，四、六、八言等提要語皆用朱色筆跡書寫，每條之下再用「墨書」標明原典出處；例如「濯枝雨觸石雲」一條，下標：周處《風土記》曰：「六月，常有大雨名濯枝雨。」《事類賦·雨》篇在「未能破塊，才堪濯枝」〔註23〕一句的注文中亦列有周處《風土記》。

　　但也有出自同一典故，但二者的注引出處卻不同者。例如《編珠》「隨風薤傾日葵」一條，後錄陸機《園葵詩》曰：「朝榮東北傾，夕穎西南晞。」但《事類賦·日》篇「美葵藿之傾依」一句，雖然所引之事相同，但吳淑卻注出自《左傳》：「鮑牽為齊侯，刖足。仲尼聞之曰：『鮑莊子之智不及葵，葵猶能衛其足。』」吳淑接著補注曰：「葵傾葉向日，自蔽其根。」並引潘岳《閑居賦》：「襄荷依陰，時霍向陽。」〔註24〕《事類賦》多次徵引陸機賦，如《文賦》、《浮雲賦》、《桑賦》等，可見吳淑對陸機詩文十分熟悉，想必對《園葵詩》也不陌生。但吳淑為何沒有像《編珠》一樣把陸機《園葵詩》引入賦注當中呢？其原因或許有二。首先，陸機詩也是借用「葵傾日」的典故，而《左傳》中孔子感歎鮑牽不如葵能「衛其足」，才是原典出處。但吳淑卻引了潘岳的《閑居賦》，似有意不引陸機詩。

　　劉勰在《文心雕龍·事類》篇中曾特別談到陸機《園葵詩》中的用典不當問題：「陸機《園葵詩》云：『庇足同一智，生理合異端。』夫葵能衛足，事譏鮑莊，葛藟庇根，辭自樂豫。若譬葛為葵，則引事為謬，若謂庇勝衛，則改事失真：斯又不精之患」〔註25〕。除了「葵能衛足」，劉勰另提及樂豫以「葛藟庇根」勸說宋昭公的典故，事見《左傳·文公七年》。當時宋昭公想要驅趕公族，大臣樂豫勸說道，「葛藟猶能庇其本根，故君子以為比，況國君乎！」在原事典中，「衛足」是譏諷，「庇根」是勸言；兩個典故看似相近，卻在不同的情境之下產生了不同的涵義。然而陸機在《園葵詩》中卻用「庇足」一語以蔽之，相當於混同了兩個典故，所以有「改事失真、不精之患」。

　　這或許是《事類賦·日》篇「美葵藿之傾依」一句之吳淑注不引陸機詩的原因。由此亦可看出，吳淑注《事類賦》，必以精審為先。相較而言，《編珠》在「隨風薤傾日葵」一條只引了陸機詩，卻未說明《左傳》的兩個出處，

〔註23〕參見《事類賦注》，第 39 頁。
〔註24〕參見《事類賦注》，第 16 頁。
〔註25〕參見《文心雕龍注·事類》篇，第 616 頁。

可見，《編珠》一書，或許僅是為了供皇帝采詩材之便罷了！從《編珠》的編寫體式中，也不難推測宋人幾乎不引的緣由：所謂「編珠」，不過是提綱挈領之辭，其目的僅是為了便於記誦經籍子史中的典故，實在無需多注。雖說《編珠》是為了便於隋帝寫詩取材而受詔命所編，《事類賦》同樣也是受詔而作，但吳淑卻是在首先完成百篇「一字題賦」之後。此二者之性質實不相同。

二、事文兼採的唐代官修類書

隋唐之前的官修類書，如三國魏文帝時的《皇覽》、南北朝梁武帝時的《華林遍略》、以及北齊後主敕撰的《修文殿御覽》〔註26〕，今皆不存；存世至今的官修類書，當屬《藝文類聚》為最古。比之私修類書，官修類書在體例上更為嚴謹完備。唐代類書中，多事文兼備，經史與藝文的界域也呈現出進一步融合的趨勢。這一變化，一方面和隋唐以來以經義為題的試賦制度密切相關，另一方面也和經義與文學的互動或曰相互影響分不開：經義向文學滲透，文學（如賦體）將經義吸收和包容在自身之內。

（一）《藝文類聚》與《事類賦》對比參照

《藝文類聚》為唐代歐陽詢奉詔所編。按四庫提要，「是書比類相從，事居於前，文列於後。俾覽者易為功，作者資其用。於諸類書中，體例最善」〔註27〕。《藝文類聚》事文兼採的特點，在本章開頭引《類書流別》談類書之「三變」時已有提及。與《北堂書鈔》、《白氏六帖》所不同的是，《藝文類聚》所收錄之事文並未添加提綱之語，而是直錄其文。《藝文類聚》的編目體例對《事類賦》的部類劃分也起到了重要的影響。事實上，《藝文類聚》並非只包括「藝文」，如《六帖》中的「經史事類」列於藝文之前。《藝文類聚》「事先於文」的體例，也反映出當時文章寫作中重視引經據典的風氣。

在《藝文類聚》所收錄的「藝文」中，賦的比例並不在少數。同樣，在《事類賦》中，徵引的賦典也相當多。吳淑在作每篇賦時，是否有參照《藝文類聚》所選的賦或詩文呢？試以二書中所引到的詩賦為對比參照。《藝文類聚》〔註28〕在「天」目之下，僅錄晉代成公綏《天地賦》一篇。而《事類賦·天》

〔註26〕 也作《玄洲苑御覽》或《聖壽堂御覽》。
〔註27〕 參見《四庫全書總目》「藝文類聚」條提要，卷135，第1142頁。
〔註28〕 以下所引各目及其中詩賦皆出自（唐）歐陽詢等撰：《宋本藝文類聚》，上海，上海古籍出版社，2013年。下不另注。

篇中，卻只引西晉潘岳的《西征賦》。在「日」目之下，《藝文類聚》並未收錄任何賦，僅載錄劉楨、張載、傅玄、李鏡遠、劉孝綽等人之詩作。吳淑在《日》賦「傷桑榆之遲暮」一句注引劉鑠的《擬古詩》云：「願垂薄暮景，照妾桑榆時」，也為《藝文類聚》所無。又如，「月」目之下，《藝文類聚》收錄了南朝宋文人周祗的《月賦》、謝靈運的《怨曉月賦》和謝莊的《月賦》。《事類賦・月》篇中，同樣引到謝靈運《怨曉月賦》與謝莊《月賦》。然而，吳淑所引的揚雄《長楊賦》、江淹《別賦》，卻均未收在《藝文類聚》之中。

又如「雲」目之下，《藝文類聚》收錄楚荀況《雲賦》、晉陸機《浮雲賦》、《白雲賦》二篇、晉成公綏《雲賦》和晉楊乂《雲賦》。對比《事類賦・雲》篇，也引到陸機《浮雲賦》〔註29〕與成公綏《雲賦》。於「風」目之下，《藝文類聚》載錄有楚宋玉《風賦》、後漢趙壹《迅風賦》、晉代李充、陸沖、湛方生、江逌、王凝之等人所作《風賦》、齊王融、謝朓的《擬風賦》。但《事類賦・風》篇只引宋玉《風賦》；吳淑《風》賦另引漢武帝《秋風詞》〔註30〕，為《藝文類聚》所未錄。再如「雪」目之下，《藝文類聚》收錄了晉孫楚、李顒《雪賦》、宋謝惠連《雪賦》、周劉璠《雪賦》。《事類賦・雪》篇也引謝惠連《雪賦》，卻僅言及其序〔註31〕，此序《藝文類聚》中亦未收錄。可見，吳淑所引，多未從《藝文類聚》中摘錄，而是從史傳中所記載的原文節錄。此外，吳淑另引司馬相如《美人賦》，見「爾其玄陰晦」一句注云：「時日西夕，玄陰晦冥，流風慘列，素雪飄零」；將所賦之「雪」隱藏於注文之中。

「雨」目之下，《藝文類聚》載錄了魏文帝曹丕、曹植、應瑒的《愁霖賦》、晉代潘尼《苦雨賦》、陸雲《愁霖賦》、傅咸《患雨賦》與《喜雨賦》、成公綏《陰霖賦》與《時雨賦》、南朝宋傅亮《喜雨賦》、以及梁張纘的《秋雨賦》。而《事類賦・雨》篇中，卻只提及成公綏《陰霖賦》的「沉灶生蛙，中庭運舟」一句。另《藝文類聚》於「雷」目之下，收錄了晉李顒《雷賦》，而《事類賦》之「雷」篇未引任何賦。

〔註29〕參見《事類賦・雲》篇「鳳翥鸞翔」注，第35頁。

〔註30〕參見《事類賦・風》篇「或濟汾河而有詞」注，第32頁。

〔註31〕參見《事類賦・雪》篇「若夫雪苑創於梁王」注，第56頁。云：「梁王不悅，遊於兔園。俄而微霰零，密雪下。王乃歌北風於衛詩，詠南山於周雅。授簡命於司馬大夫，曰：『抽子秘思，騁子妍詞，侔色揣稱，為寡人賦之。』」此為吳淑引自謝惠連的《雪賦序》，謝概述作賦之起由；對照《藝文類聚》和《初學記》中所收錄，此二書皆有刪減，並無此序。

　　「春」目之下，《藝文類聚》收錄了晉傅玄《陽春賦》、湛方生《懷春賦》、周庾信《春賦》等；而吳淑在《事類賦・春》篇中卻只在兩處引了張衡的《歸田賦》與《東京賦》。其一見「王雎鼓翼以嚶鳴」，出自《歸田賦》云：「仲春令月，時和氣清；原隰鬱茂，百草滋榮。王雎鼓翼，鶬鶊哀鳴；交頸頡頏，關關嚶嚶。於焉逍遙，聊以娛情。」描繪的是仲春時節，草木滋潤，春鳥鼓動著翅膀低鳴的景象。另一處則見「或獻琛而執贄」，出自張衡《東京賦》云：「孟春元日，群后旁戻，具惟帝臣，獻琛執贄。」此處重點說的是孟春元日所舉行的儀禮和禮器，即「獻琛執贄」。

　　「夏」目之下，《藝文類聚》載有晉傅玄《述夏賦》、梁江淹《四時賦》與晉李顒《四時賦》。對比之下，《事類賦・夏》篇卻引的是嵇含的《困熱賦序》〔註32〕：「三伏之節始奏，商秋之辰未期，餘下俚貧生，居室卑陋，狹巷不來清風，短廡不足增蔭。並天而寒暑殊，同世而憂樂異。」其中，在「並天」句前省去了「歎彼夏屋之士，體逸高廊」一句。大致說的是嵇含身居陋室，於三伏天困熱難忍，清風不過窄巷，短廊又不足以遮蔭。由此感歎雖身處同一片天底下，卻有人憂愁有人歡樂。此處與《雪》篇相似，都是只引賦序，但《雪賦序》中乃是假想的情境與借託，此處卻是言作賦本身這件事，正如《夏》賦中直言「賈生賦鵩」，指的是孟夏四月，有鵩鳥集棲在賈誼的屋舍，因此作《鵩鳥賦》之事；與談到嵇含作《困熱賦》之意相同。

　　吳淑在《夏》篇中也引用了晉潘岳的《秋興賦》：「輕箑薦而纖絺御」〔註33〕。潘岳《秋興賦》原文為：「屏輕箑，釋纖絺」；本意是初秋天漸涼，於是收起輕便的扇子，換下細薄的葛衣。為何吳淑要在《夏》賦中引秋事？比照潘岳《秋興賦》與吳淑《夏》賦之語，就會發現兩處所用的「動詞」不同：原賦中的「屏」（收起）、「釋」（解下）被替換成了「薦」和「御」二字。一方面是由於「御」字與吳淑《夏》賦前文中「爾其長風扇暑」末字「暑」為對韻，另一方面也契合了夏「薦扇」和以薄衣御涼的時氣。此處也可見吳淑選擇事類之精審，並非如從類書中提鍊字句那般簡易。

　　《藝文類聚》在「秋」目之下，所收錄的賦篇有西晉潘岳《秋興賦》、盧湛《感運賦》、江逌《述歸賦》、南朝宋袁淑《秋晴賦》、沈勃《秋羈賦》、梁簡文帝《秋興賦》與《臨秋賦》、以及江淹《四時賦》等。對照《事類賦・秋》

〔註32〕參見《事類賦・夏》篇「嵇含困熱以思風」注，第 81 頁。
〔註33〕參見《事類賦注》，第 76 頁。

篇，吳淑在《秋》賦中僅提及潘岳《秋興賦》，見「露凝冷以淒清」一句。潘岳賦原句為「月朣朧以含光，露淒清以凝冷」。吳淑稍微調換了詞序，目的是與下句「蟬含風而蕭瑟」的對仗能更為工整。此外，《事類賦‧梨》賦也提到西晉孫楚《秋賦》（「朱橘甘美，紫梨甜脆，凝津隱於斷牙，融液易於含雪」），《霜》賦提及南朝宋何瑾的《悲秋夜賦》（「霜凝條而璀璀，露霑葉兮泠泠」）。對比可見，《事類賦》所記事文，並非只按照題名進行索引歸類，而是多從具體的句意語境來進行選擇。

相比賦文，吳淑《秋》賦也多徵引前人的「詠秋詩」。除《藝文類聚》同樣收錄的南朝宋謝惠連《懷秋詩》、南平王劉鑠詩、鮑照《秋日詩》一首〔註34〕，《事類賦‧秋》篇中還提及鮑照《秋夕詩》（「金氣方勁殺，降陽微且彈」）、謝惠連《擣衣詩》（「白露滋園菊，秋風落庭槐」）、陸機詩（「蕭蕭素秋節，湛湛濃露凝」）、謝惠連《七夕詩》（「雲漢有靈匹，彌年闕相從」）、潘尼《七月七日侍皇太子宴玄圃詩》（「朱明送夏，少昊迎秋」）、謝靈運《九日從宋公遊戲馬臺詩》（「季秋邊朔苦，旅雁違霜雪」）、以及謝瞻《九月從宋公戲馬臺詩》（「風至授寒服，霜降百工休」）。此皆《藝文類聚》所未載。

再如，《藝文類聚》「冬」目之下，列有晉陸機《感時賦》、梁江淹《四時賦》、晉陸雲《歲暮賦》、梁蕭子雲《歲暮直廬賦》、以及晉傅玄《大寒賦》。《事類賦‧冬》篇亦有所不同，引的是東晉袁宏的《北征賦》（「天高地涸，木落冰凝」）、謝惠連《雪賦》（「歲將暮，時既昏，寒風積，愁雲繁」）、以及鮑照的《舞鶴賦》（「窮陰殺節，急景凋年」）。

由以上各例可見，《事類賦》和《藝文類聚》雖然在部類上十分相近，所徵引的事文也有部分重合之處，但同時也存在諸多互補和差異之處。換言之，吳淑所賦事類並不同於通常類書按照「字題索引」一概收錄，而是在圍繞這個字題的「關聯性」事類中按照經義事理進行篩選後，再按照賦體的方式進行重新鋪敘和書寫。像《藝文類聚》之類的類書，僅僅是將與題目相關的經史藝文從原始材料中進行原文摘錄；《事類賦》則更進一步，在經史材料的基礎上將物名、源始、史傳、詩賦、異聞等按照賦體的篇章層次結構，以更為精簡的語言和對仗押韻的表達方式，連貫成賦。因此，對比類書中如散珠般的事與文，《事類賦》則是若編珠般將這些經史與藝文事類按照內在的經緯編織

〔註34〕此處，吳淑更明確地注為鮑照「答湯惠休」詩；且所引為「枯桑葉易落」，與《藝文類聚》中所錄「枯枝葉易落」有一字不同。

成文，實現了經史與藝文的進一步融合。

（二）《初學記》與《事類賦》對比參照

《初學記》為唐代徐堅等奉敕所撰，其首要目的在於「類集要事，以教諸王」〔註35〕。劉肅在《大唐新語》中曾記載云：「玄宗謂張說曰：『兒子等欲學綴文，須檢事及看文體。《御覽》之輩，卷帙既大，尋討稍難。卿與諸學士撰集要事並要文，以類相從，務取省便，令兒子等易見成就也』」〔註36〕。此處「御覽」或指《修文殿御覽》之類的類書，卷帙多且尋檢難。於是張說與徐堅、韋述等學士編寫了此書，後詔以「初學記」為名。從「初學」之題也可見此書旨在為唐玄宗諸子學習經史提供了初步參考。

另一方面值得關注的是，唐玄宗詔語表現出的對於「要事」與「要文」的同等重視，與前代類書多側重一方殊為不同：甚至以「要事」為收錄「要文」之必備前提。回顧之前官修的類書，《皇覽》、《華林遍略》之類專錄事類，《文章流別》、《文選》之類專錄藝文，即便《編珠》之類也僅以「語對」的形式以便作詩隸事之用，並不足以教導諸國子。

從《初學記》的編寫體例來看，「前為敘事，次為事對，末為詩文」，與《藝文類聚》先事後文之體最大的不同即在於「事對」。「事對」的添加，一方面像《編珠》、《六帖》之類，易於尋檢事類，且便於記誦；另一方面，在《六帖》獨立的「帖經」語句之上，將事類「兩兩對仗」比照，是《初學記》比前者要更進一步之處。對於「事對」之前的「敘事」部分，《初學記》也不似前之類書僅羅列在目，而是敘事「次第若相連署」。在仿照《初學記》「事對」編寫體的基礎上，若再進一步將各種事類以「賦對」的形式編寫成賦，則更為難事。唐代李匡乂在《資暇集》中曾指出《初學記》以「吳牛」對「魏鵲」甚為疏闊：

> 《初學記》「月」門中以「吳牛」對「魏鵲」。吳牛以不耐熱，見月亦喘。然魏鵲者，引魏武帝歌行「月明星稀，烏鵲南飛」為據，斯甚疏闊。如此則盍言「魏鳥」乎？漢武帝《秋風詞》云「秋風起兮白雲飛，草木黃落兮雁南歸。」今月門既云「魏鵲」，則風事亦可

〔註35〕 參見《四庫全書總目》「初學記」條提要，卷135，第1142頁。

〔註36〕 （唐）劉肅撰，許德楠注解：《大唐新語》，北京：中華書局，1984年，第137頁。

用「漢雁」矣。若是採掇文字，何所不可？東海徐公，碩儒也，何
乖之甚！〔註37〕

《初學記》中原事對為「吳牛喘」與「魏鵲飛」。李匡乂認為此事對「疏
闊」之處在於，「吳牛喘月」與曹操歌行中的「烏鵲南飛」並不能組成邏輯緊
密的事對，因為「烏鵲南飛」與「月」的聯繫，僅僅是前句「月明星稀」中帶
了個「月」字罷了。若以此為標準，「風」門之下是否也可以取「漢雁」為事
對？因為漢武帝《秋風詞》中也提及了雁南歸。諸如此類「索引式」的類對方
式，從事文對仗的角度來看，確實不免有些牽強附會。

雖然以「偶句隸事」自梁代朱澹遠《語對》、《語麗》時已出現，但「唐以
來諸本駢青妃白，排比對偶者，自徐堅《初學記》始。」《初學記》事對多以二
言、三言、四言為對，二言對如「三體—六氣」、「四極—九野」、「榆星—桂月」、
「文露—光風」、「合璧—連珠」、「編珠—連貝」之類，三言對如「姮娥月—少
女風」、「白鶴雲—黃雀風」、「貫白虹—夾赤鳥」、「似騏步—類鳧飛」、「長安近
—車輪遠」等；四言對如「夸父棄杖—魯陽揮戈」、「爰居避災—鳥鵲識歲」等。
後以小字另注出處和原文。事對中有同一出處者，但更多為不同出處。

《初學記》對於《事類賦》的影響主要體現在兩方面：其一，《初學記》
「類集要事、以教諸王」的編撰目的與《事類賦》的潛在目的是一致的。《事
類賦》所取事類多本於經史，其中以治政、禮法、修德等對於國子有助益的
事類為主。其二，《初學記》在事文之間插入「事對」的形式，可溯源至前代
《編珠》、《語麗》等類書的編寫體例，對於《事類賦》進一步將經史事類比協
成賦，提供了更進一步的參考與借鑒。然而，正如李匡乂在《資暇集》中所指
出的，《初學記》之「事對」更側重於字面義，不若吳淑在擇取事類時對其中
所傳達出的經義有更為細緻的考量。

三、宋初類書的經文觀念拓展

吳淑曾參與《太平御覽》、《文苑英華》等宋初類書的預修事宜。《太平御
覽》之編撰始於太平興國二年，至太平興國八年完成，歷時六年時間。《太平
御覽》初名為《太平編類》，因為宋太宗御覽，故而賜名更之。從「編類」之
初名可見，《太平御覽》也是側重於將事文依類相從進行收錄，其中被引用的
各類文獻約 1690 種。值得關注的是，《太平御覽》前三部之「天部」、「時序

〔註37〕（唐）李匡乂：《資暇集》，北京：中華書局，1985 年影印本，卷上，第 6 頁。

部」與「地部」，與《事類賦》將「歲時部」置於「天部」和「地部」之間的插入法是一致的。《太平御覽》共分為五十五門，所涉及的事文與物類較前代類書又進一步擴充，包括天、時序、地、皇王、偏霸、皇親、州郡、居處、封建、職官、兵部、人事、逸民、宗親、禮儀、樂、文、學、治道、刑法、釋、道、儀式、服章、服用、方術、疾病、工藝、器物、雜物、舟、車、奉使、四夷、珍寶、布帛、資產、百穀、飲食、火、休徵、咎徵、神鬼、妖異、獸、羽族、鱗介、蟲豸、木、竹、果、菜茹、香、藥、百卉。

對照《事類賦》的部類劃分可見，《太平御覽》可謂為其先聲。如禮在樂之前，舟於車之先，與《事類賦》的部目順序是一致的。但也有諸多不同之處，如「火」在《太平御覽》中單列為一部，在《事類賦》中卻為「地部」最末篇；「服章」和「服用」、「珍寶」和「布帛」在《太平御覽》中均分列為兩部，《事類賦》中皆合併為「服用部」、「寶貨部」。再如，《太平御覽》將獸部放在羽族、鱗介、蟲豸等部之先，與《事類賦》「生」目中以羽禽部為先也不同。另外，竹部在《太平御覽》中獨立為一部，且次序位於木部之後，《事類賦》則將《竹》篇放置於《草》篇和《木》篇之間。

此外，最為顯著之不同在於「草部」或「百卉」部的次序。《事類賦》將草部置於草木部之先，與《太平御覽》中將「百卉部」置於最末正好相反。吳淑在《草》篇賦末云，「斯品類之繁多，故云百卉〔註38〕。」《太平御覽》作為類書，部類羅列要更為注重事類涵括的完備性；而作為賦的《事類賦》，雖然兼具類書屬性，但更加注重賦題、部類次序與賦的整體結構的安排。換言之，《事類賦》是在《太平御覽》的基礎上，對事類體系進行了進一步的提煉和整合，使之更為精簡有序。另外，《事類賦》賦注所引文獻逾四千多種，比之《太平御覽》又增加了三倍。可見，《事類賦》雖然在部類體系上更為精審，但在文獻材料和事類的博贍方面卻未見遜色。

第三節　《事類賦》的成書背景與對後期類書的影響

一、唐宋之際類書中經史與藝文的融合

據《宋史‧藝文志》記載，《初學記》之後另有一本類事之書名為《事對》，

〔註38〕《說文》：卉，草之總名也。

題為唐代燕公撰，共十卷。此書亦是「採經史屬辭比事，間作詩語記之」〔註
39〕。以事對或對偶的形式來編寫類書的風潮自此逐漸盛行。從《初學記》至
吳淑《事類賦》，其間大致又出現過 200 部左右的類書，其中又以要覽式與事
對式的這兩種類書最為顯著。

　　此類類書有兩個主要特點：一為纂要類類書，多記載經史事類；二多比
事儷語、經語編珠式的提要式類書。如唐代劉綺莊的《集類》〔註 40〕，薛高
立《集類》〔註 41〕、《邊崖類聚》，《類事》，于政立《類林》，《輶車事類》〔註
42〕，《章句纂類》，《子史語類拾遺》，韋稔《筆語類對》〔註 43〕，朱澹《語類》，
《雕玉集類》，劉國潤《廣雕金類集》，晁光乂《十九書語類》，劉濟《九經類
議》，雷壽之《古文類纂》，《引證事類備用》，《門類解題》，《南史類要》，《十
史事類》，《三傳分門事類》，《鹿革事類》，《詩句類》，《左傳類要》，《唐朝事
類》，《分聲類說》，《〈文選〉雙字類要》〔註 44〕，《書林事類》〔註 45〕，曾恬
《孝類書》，李安上《十史類要》〔註 46〕，僧釋守能《典類》，晏殊《類要》
〔註 47〕，《故事類要》等。

　　古類書十有九佚，今人只能從類書題目和書錄記載中推測其大致原貌。
由以上所列類書，已大致可見當時類書的主要分布：其一，以經史事類為主，
兼錄子傳雜說與仙靈僧佛之事；其二，不唯獨關注經傳中的事類，另對其中
的麗辭、聲韻進行類輯。即從文學或「藝文」的角度重新編類經史，以備文章
徵引之用。

　　為何唐宋類書中多以「經史事類」為主？一則，經史事類多關乎「政典」。
以唐代杜佑《通典》為例：先因劉秩仿照《周禮》六官職法編寫《政典》三十
五篇，杜佑以為未盡完備，於是採經史典制廣為二百卷，凡分為《食貨》、《選

〔註 39〕　《玉海》，卷 55，第 1047 頁。
〔註 40〕　劉綺莊《集類》：以傳記、雜事為主。
〔註 41〕　薛高立《集類》：多記載仙靈之事。
〔註 42〕　《輶車事類》：編《春秋》及史傳奉使之辭。
〔註 43〕　此書又名《應用類對》。
〔註 44〕　《〈文選〉雙字類要》：取《文選》中藻麗之語、分類纂輯。
〔註 45〕　或云《書雲事類韻會》之簡稱。
〔註 46〕　《十史類要》：記戰國迄五代雜事。
〔註 47〕　葉夢得《避暑錄話》稱，晏殊「平生未嘗棄一紙，雖封皮亦十百為沓。每讀
　　　　　書得一故事，則批一封皮。後批門類，命書吏傳寫。即今《類要》也。」晏
　　　　　殊此舉，與白居易與門生投瓶編《六帖》同，所攢百卷事類確需經年累月之
　　　　　工夫。

舉》、《職官》、《禮》、《樂》、《兵刑法》、《州郡》、《邊防》八門。四庫提要稱杜佑此書「博取五經群史、及漢魏六朝人文集奏疏之有裨得失者，每事以類相從。凡歷代沿革，悉為記載，詳而不煩，簡而有要」〔註48〕。換言之，「以類相從」的類書編寫法，對於整理歷朝事蹟與經史文集中紛雜的事類是極為有效的。除杜佑的《通典》以外，另有《古今國典》、《五經資政》、《經典政要》、《經史要覽》之類。「資政」尤其是為君王治政提供借鑒的目的性，決定了官修類書多取材於「經史事類」與歷朝沿革制度。

其次，引「經史事類」為諫議之言，使得此類類書亦為臣子所需。甚至有將歷代諫言編成類書當作參考的，如唐代杜光庭《歷代忠諫書》十卷、張易《諫書》八十卷、宋代趙元拱《唐諫諍論》十卷等。其三，唐代李翰《蒙求》、白廷翰《唐蒙求》、曾恬《孝類書》、邵笥《賡韻孝悌蒙求》之類，則是以古人事蹟、特別是孝悌仁義之善者，作為教益幼童與世人的書籍。根據《郡齋志》記載，李翰《蒙求》一書多「纂經傳善惡事實類者，兩兩相比為韻語」〔註49〕，以便幼童記誦。

近人評價吳淑《事類賦》，多將其與李翰《蒙求》一書並舉，多含貶義，以《事類賦》為養蒙幼教之書，編寫過於淺顯，與藝文不可相較。暫不論《蒙求》是否藝文之屬，先需辨明古今幼蒙之差異，以今人之見論古，難免有失偏頗。如吳淑《事類賦·硯》篇中曾提到：「學時方俟於凍開」。此句出自《四民月令》：「正月硯凍開，命童幼入小學，十一月硯冰冷，命童幼讀學《孝經》、《論語》。」又如《竹》篇言及徐伯珍學書鍊字之事，《松》賦言及顧歡燃松節讀書之事等。古人以時氣冷暖制定不同的學制，為君理政亦可以此為鑒；徐伯珍、顧歡少時以竹葉為紙、松節為燈之事，不僅在於勤學之功，亦是在言篤志於學的美德。因此，纂輯前人事蹟中的善言嘉行，如仁、孝、信、義、儉、讓等，不僅可以培養士子的品性，亦可起到教化世人的作用。

自《編珠》、《語對》到《〈文選〉雙字類要》之類的類書可見，「偶對隸事」的文學風潮也直接影響到類書的編寫體式。此外值得注意的是，在《宋史·藝文志》以及大部分書錄中，對於經史類、雜事類、藝文類、類韻類等類書並無明確界定與劃分，大抵按照時代次序排列。至宋初，類書的事類選材範圍逐步擴增至經史之外，如仙靈佛道之事；另一方面，出現了《〈文選〉雙

〔註48〕參見《四庫全書總目》「通典」條提要，卷81，第694頁。
〔註49〕參見《郡齋讀書志校證》，第672頁。

字類要》和《錦帶》一類的類書，它們與《編珠》、《語對》等多從經史中提煉語對的方式不同，而是從「藝文」本身提煉語對，以前人詩文為徵引典故。

從唐至宋初，雖然經史類與藝文類類書仍扮演著各自的角色，或以「資政」、或以「資暇」，但兩者卻在各個層面上越來越趨於融合。一方面，經史纂要類類書多以「事對」、甚至韻語形式進行提煉，便於記誦。經史事類不僅有益於制定政治典章，同時也是藝文徵引事典的主要來源。另一方面，藝文類類書在搜輯事典時，打破了原本經史與子傳、筆記、雜說等事類的界域，拓展了詩文的取材範圍。同時，藝文寫作越來越強調「比事」與「儷語化」，講求聲韻對仗與文學化的辭藻。

二、《事類賦》對宋後期類書的影響

《事類賦》「偶句隸事」的書寫體例以及將各種事類按字題重新編排的方法，對於後世類書也有著非常重要而深遠的影響。與《事類賦》在書寫體例上最為相仿的，是宋代徐晉卿的《春秋經傳類對賦》。徐晉卿賦以《左傳》為參照本，將其中主要事類「緯以儷語」〔註50〕，對仗工整，但於「義理」上卻並未有進一步的闡發。這一點較之《事類賦》有所不及。《事類賦》雖然在「義理」上同樣無明顯闡發，但連綴事類的語辭常常含有鮮明的態度。同時，《事類賦》將相通義理之事類從繁冗的經史典籍中提取並進行重組，再輔以賦注的補充解釋。也因此，《事類賦》對於「義理」的傳達更多是「隱諫式」的引導，以期通過相仿之事類，使閱覽者從中有所「微悟」。

南宋唐仲友（1135～1216 年）所撰《帝王經世圖譜》，主要「以《周禮》為綱、諸經史傳以類相附」〔註51〕。《事類賦》起題多以經語為主，再將經史事類按類附於其後。唐仲友所撰圖譜專以《周禮》為基本主線，但類事之思路與《事類賦》頗為相仿。宋代陳景沂《全芳備祖》〔註52〕主要記載花果草木、農桑、蔬、藥等，也是物類之分支。此書仿照《藝文類聚》先事後文的體例，先記各種事類，再錄相關詩句，如五言、七言之古詩、絕句、律詩等。《事類賦》在記載花果草木之類時，卻是事文相雜，並不作嚴格區分。

南宋章如愚撰有《山堂考索》一書，也是「以經世為心」〔註53〕，分類

〔註50〕參見《四庫全書總目》「春秋經類對賦」條提要，卷 137，第 1161 頁。
〔註51〕參見《四庫全書總目》「帝王經世圖譜」條提要，卷 135，第 1147 頁。
〔註52〕參見《四庫全書總目》「全芳備祖」條提要，卷 135，第 1150 頁。
〔註53〕參見《四庫全書總目》「山堂考索」條提要，卷 135，第 1150 頁。

細緻：前集分六經、諸子、百家、諸經、諸史等十三門，後集分官制、學制、刑法等七門，續集和別集另有增補。南宋謝維新《古今合璧事類備要》〔註54〕也是仿照《藝文類聚》的體例，先為事類，後為詩集。再若林駧和黃履翁所撰《源流至論》，「於經史百家之異同、歷代制度之沿革」，尚有體要，可為參考。此外，四庫提要中另提到，由於宋神宗時取消詩賦，專以「策論取士」，於是「類事之家，往往排比聯貫，薈萃成書，以供場屋採掇之用」〔註55〕。這也無疑是吳淑《事類賦》能經很多世代流傳至今的重要原因。

　　與宋初以及南宋各類書的對比參照可見，《事類賦》一方面在宋初類書較為繁冗的體例基礎上進行了精簡和整合，另一方面對於後期更為專門化的類書在體例上都可謂為之先聲和體例範式。

三、仿照《事類賦》體例的明清類書

　　明代類書中參照《事類賦》的書寫體例所撰者頗多。如明代劉允鵬曾著《續事類賦》，今已不存，僅於四庫提要中關於《龍筋鳳髓判》一條有所提及〔註56〕。另外，明代何三畏撰《何氏類鎔》，與《事類賦》編寫方法相仿，四庫提要稱何氏書「取類書典故，以駢語聯絡成文。每類各為一篇，以便記誦。即宋吳淑《事類賦》之意，但不為韻語耳。然皆不注出典，事無源委，不便引用。亦不及淑所自注淹洽也」〔註57〕。

　　需要注意的是，如與《藝文類聚》的對比所見，《事類賦》的事典取材，大多並非出自於類書，而是直接徵引自經史原文。這一點與《何氏類鎔》之類從類書中直接取典的方式本質上是不同的。再如明代程良孺所撰《茹古略集》，按四庫提要記載，「每篇皆採擷藻麗之詞，聯為偶語，其體全同《事類賦》」〔註58〕。《事類賦》雖然多採「藻麗」之物名，但所引詩賦等並不以「藻麗」為標準，而往往和所賦之事典、或為賦之情境有更大的關聯性。

　　再若明代張雲鸞所撰《五經總類》，與《事類賦》的事類類分法也有相仿之處。《五經總類》主要分為「經濟」與「學術」二類。「經濟類」包括「天道、地道、君德、臣德、聖學」等，「學術類」包括「衣服、飲食、器用、宮室、

〔註54〕參見《四庫全書總目》「古今合璧事類備要」條提要，卷135，第1151頁。

〔註55〕參見《四庫全書總目》「源流至論」條提要，卷135，第1151頁。

〔註56〕參見《四庫全書總目》「龍筋鳳髓判」條提要，卷135，第1142頁。

〔註57〕參見《四庫全書總目》「何氏類鎔」條提要，卷138，第1171頁。

〔註58〕參見《四庫全書總目》「茹古略集」條提要，卷138，第1175頁。

草木、鳥獸」等。但細察之，兩書亦有若干不同之處。《事類賦》在論及服用器物如「舟、車、鼎」等，同樣強調禮制國容，即按《五經總類》的劃分思路，也當歸為「經濟類」，而非「學術類」。此外，《事類賦》所引天地、各種君臣與先聖事蹟，並非都與經世濟用相關，也包括仙靈想像、仁義禮德等等，歸為「學術類」也未嘗不可。換言之，《事類賦》中各種事類的屬性呈現多元化的特徵，並不能以「經濟」與「學術」作為劃分標準。在《事類賦》的「類從」觀念中，一草一木，一鳥一獸，皆與天地陰陽息息相關。因此，自然與人文，經世與學術，往往相雜並置，聯為一體。

此外，明代類書如《十三經類語》、《庶物異名疏》、《五車韻瑞》等等，也都和吳淑《事類賦》的體例有諸多相仿之處。更有類撰「微蟲」之書，如穆希文之《蟬史》，專門記載鳥獸鱗蟲之事，其中類似《禮記》分「羽蟲、毛蟲、鱗蟲、甲蟲、諸蟲」〔註59〕五類。明代陳禹謨《駢志》也是取「古事之相類者，比而錄之」。但並不分立門類，僅以「甲至癸十干為序」。四庫提要評價此書「名為隸事，實則鈔胥」〔註60〕，即直接摘錄典籍原文。另外，明代王志慶編有《古儷府》，主要採擷「六朝唐宋駢體足供詞藻之用者」，再分類編輯，共包括十八門，如「天文、地理、歲時、帝王、宮掖、儲宮、帝戚、人、職官、禮、樂、道術、文學、武功、居處、恩賚、物類」〔註61〕，大抵仿照《藝文類聚》的體例。對照二書，《駢志》專以類事，《古儷府》專以取文。看似為事文之分化，但前者記事，也是以事比對偶的形式，以備駢文寫作取資之用，後者採駢體之儷語，卻不限於藝文，而是從天文地理到文學物類等各種經史文獻中進行取材。

相比於明代各種私修之類書，清代類書的編撰更為集中化和統一化。如康熙年間所欽定編修之《御定淵鑑類函》、《御定駢字類編》、《御定分類字錦》、《御定子史精華》、《御定佩文韻府》、《御定韻府拾遺》等等。官修類書體例更為精要，若《御定駢字類編》，也是按照類似從天地到人事的編排體例，中間包括「時令、山水、居處、珍寶、數目、方隅、彩色、器物、草木、鳥獸、蟲魚」等。

〔註59〕參見《四庫全書總目》「蟬史」條提要，卷138，第1174頁。

〔註60〕參見《四庫全書總目》「駢志」條提要，卷136，第1156頁。

〔註61〕參見《四庫全書總目》「古儷府」條提要，卷136，第1156頁。四庫提要云此書有「十八門」，但目次僅列十七門，或缺漏一門未錄。

　　除官修類書體例愈加完備外，私修類書也愈加精善。例如，奉敕編撰《歷代賦彙》的清代學士陳元龍另輯有《格致鏡原》一書，也是以類事為主，共分為三十類目，如「乾象、坤輿、身體、冠服、宮室、飲食、布帛、舟車……禮器、樂器、耕織器物、日用器物、居處器物、香奩器物、燕賞器物、玩戲器物……木、草、花、果、鳥、獸、水族、昆蟲」等。其中，對於各種器物的分類頗為細緻，每物必「溯其本始」，為「博物之學」〔註62〕。清代周池撰有《駢語類鑒》。《唐鑒偶評》曾評價此書「兼仿李瀚《蒙求》、吳淑《事類賦》之體，以故事可資法戒者，編為儷偶」〔註63〕。清代吳寶芝所撰《花木鳥獸集類》，專門搜集「花木鳥獸故實」〔註64〕，體例類目也十分詳實。

　　《事類賦》雖然主要以類事為主，但對於物類之異名與源始也記載頗多，其「博物學」研究在近年來也逐漸受到越來越多的關注。然而，《事類賦》終歸有別於專以「博物」為目的之譜錄或類書，在更大程度上，仍然是以物名所涉及的事實典故為主要歸旨。以下試舉數例以考察二者之異同。《霜》賦開篇引《詩經》中「蒹葭蒼蒼，白露為霜」起題，後從「釋名」的角度來解釋「霜」之字義，云「物當收縮、義取喪亡」。上句仍是出自《詩經》「九月肅霜」，但卻更側重詩注部分對於「肅霜」的解釋曰：「肅，縮也；霜降而收縮，萬物也。」指的是霜降導致萬物收縮之效果；下句引《釋名》曰：「霜，喪也。其氣慘毒，物皆喪也」；同時引《考異郵》曰：「霜之為言亡也，物以終也。」〔註65〕「霜」與「喪」一為諧音，皆是從霜氣降落於萬物之上所產生的「縮」、「喪亡」或「終」之各種影響來解釋。如「霜」與「喪」之類以諧音字來解釋字義的例子也非常多。又如《鼓》賦曰：「鼓，動也；含陽而動者也。」次句引《詩經·靈臺》曰：「若夫鼉鼓逢逢、矇瞍奏公」，再言應歲時而鼓：「應春分而著義；當啟蟄以施功。」「鼓應春分」一句出自《說文》，曰：「鼓，郭也；春分之音，象萬物郭皮甲而出，故謂之鼓。」〔註66〕此處解釋字義，也是取「鼓」之諧音「郭」，形容鼓聲如春分時萬物破皮殼而出之聲。再若《酒》賦云，「既陰陽之相感，亦吉凶之所起。」「陰陽相感」指造酒時以「黍」為酒陽，「麴」為酒陰，陰陽相感而成酒；「吉凶」卻是從「酒」的相近字義來談，

〔註62〕參見《四庫全書總目》「格致鏡原」條提要，卷136，第1189頁。
〔註63〕參見《四庫全書總目》「駢語類鑒」條提要，卷139，第1181頁。
〔註64〕參見《四庫全書總目》「花木鳥獸集類」條提要，卷136，第1159頁。
〔註65〕參見《事類賦·霜》篇「蒹葭蒼蒼，白露為霜」注，第53頁。
〔註66〕參見《事類賦·鼓》篇首二句注，第245頁。

見《說文》中「酒」之二義：「酒，就也，所以就人性之善惡也。一曰造也，吉凶之所起造也。」〔註67〕從諧音的角度來解釋字義，多篇賦中均有提及，如夏—大、冬—終、鼓—郭、河—下、筆—畢等，皆是取發音相類似的字；反過來看，古人造字中或許亦存在「類音」之現象，即取音節相近之字為義。音與義相類、相通、相感，和古人從「類」的角度認知世界有很大的關聯性。

此外，《事類賦》之「博物」觀念亦體現在物題之異名，如「筆」的不同稱謂，楚國稱「筆」為「聿」、秦國稱「筆」、吳國稱「不律」、燕國稱為「之弗」等。根據原料或形制之不同，物名也進一步細化。如《硯》賦中提到，硯臺以外方內圓為定形，又因中間略隆起水環之而似玉璧，也稱為「璧雍硯」或「分題硯」。再若《紙》賦中所例舉多種紙的名稱，如側理紙、赫㼝紙、松花牋、鳳尾諾、玉屑紙、香皮紙、桃花牋、雲藍紙、蠶繭紙、金花紙、薜骨紙、剡藤牋、麻面紙、琅玕紙、藤角紙、縹紅紙、雲陽紙、樹葉紙、桑根紙等。又若《茶》賦中將「荈」與茶並稱，如西晉杜育作《荈賦》；按《爾雅》注云，「早採者為茶，晚採者名荈，蜀人名為苦茶」〔註68〕，是按照採摘時間來區分。除茶荈外，另有「檟」、「蔎」、「茗」之異名。茶之名類更是數不勝數，如賦中所提及有薄片茶、白露茶、霜華茶、石楠茶、皋盧茶、真香茗、仙人掌茶、甘露茶、五花茶、含膏茶、騎火茶、柏岩茶、鶴嶺茶、鳩阬茶、鳳亭茶、雀舌茶、蟬翼茶、小江園、明月簝、碧澗簝、茱萸簝、紫筍茶等等。

《事類賦》與譜錄一類最大的不同之處，即在於不僅列舉出各名號，更重在考察各名號之來由與事由。例如，「赫㼝」原本指薄小紙，為《漢書》中在記載漢成帝時，趙婕好因妒傅氏生子，於是用綠篋裝藥二枚，並附「赫㼝」書曰：「告傅能努力飲藥」〔註69〕。「雲藍紙」見於晚唐詩人段成式《與溫庭筠雲藍紙絕句序》云，「子在九江出意造雲藍紙，既乏左伯之法，全無張永之功」〔註70〕。大抵是笑話溫庭筠想傚仿古人造雲藍紙，卻欠缺方法和工夫，於是送了五十枚給他。「蠶繭紙」據說為王羲之書寫《蘭亭序》所用。「琅玕紙」的事典亦頗為有趣：據《酉陽雜俎》中記載云，天寶中有位雅禪師在東都龍門居住，庭院中多古桐樹，桐木開花時有奇異的蜂群聚集，聲音如人吟，

〔註67〕參見《事類賦・酒》篇「既陰陽之相感，亦吉凶之所起」注，第353頁。
〔註68〕參見《事類賦・茶》篇「烹茲苦茶」注，第348頁。
〔註69〕參見《事類賦・紙》篇「漢成赫㼝」注，第317頁。
〔註70〕參見《事類賦・紙》篇「段氏雲藍」注，第317頁。

禪師湊近一看，竟是一個個小蜂人；禪師將蜂捕進紗籠中，並採桐花放置其旁，後忽有數蜂靠近紗籠，安慰關在籠子裏的蜂人說：「予與青童君弈，勝獲琅玕紙十幅，君出當為我寫星子詞」〔註71〕。禪師聽此言並非人世之事，於是舉籠放之。《酉陽雜俎》中言此地相傳為廣成子所居，所記青童君亦大抵為仙道之事。由以上各例可見，《事類賦》實可謂明清博物學類書之先聲。

綜上而言，《事類賦》對於後世類書的影響主要體現在兩方面：一方面，《事類賦》的類分觀念，包括從天地到人事、從山川到草木、從禮樂到人文等等，拓寬了後期類書的物類觀念與經史材料取資的範圍；另一方面，《事類賦》以事對為主的編寫形式，對於藝文類類書的編寫也提供了十分重要的參考和借鑒。《事類賦》之後，類書的經史屬性與藝文屬性呈現進一步融合的趨勢。同時，隨著經文觀念的擴張，可納入事類選擇視野的經史文獻逐漸增多，因此續事類賦、廣事類賦之作也是層出不窮。這也正是《事類賦》經世不衰的重要原因之一。

〔註71〕參見《事類賦·紙》篇「青童琅玕之美」注，第318頁。

第六章 結語：打撈邊際文本、照亮文化史的陰影地帶

　　宋初吳淑所撰之《事類賦》，是一種兼具類書功能的特殊賦體形式。《事類賦》成型於唐宋類書編撰的鼎盛時期、同時與唐宋以律賦選拔文士的科考制度息息相關，融合經史事類於賦體之內，是考察唐宋之際文風傳承與轉變、類書與賦體的交際、經學的經世價值與文學的審美價值可否並存等批評史命題的重要參照點。因此，《事類賦》及其賦注的研究，仍有很多潛在的學術價值有待發掘。以上章節的討論，也僅僅是冰山一角。《事類賦》對於宋初賦學研究的補充、賦之經世價值與審美價值的重新發掘、以及對賦體創新和賦文學空間的建構與拓展都具有十分重要的學術史意義。

　　《事類賦》因為兼具類書的功能和賦的藝文屬性，而成為一個位於工具書編撰和文學史研究之間的邊際文本。正是緣於《事類賦》特殊的「雙棲」身份，所以長期以來，《事類賦》既沒有成為類書研究的重點考察對象，更沒有被當作純正的文學作品予以文學史的重視與研究，而處於被忽視、遺忘甚至行將湮滅的尷尬處境當中。本著在中心對象之外發現和關注邊緣存在，在歷史的宏大敘述之餘傾聽和體貼微末言說的原則，本書嘗試對吳淑的《事類賦》及其賦注，展開盡可能全面深入而又細緻詳實的考察，希望在隨時可能吞沒歷史的忘川中，打撈一個凝聚和銘刻著較豐富傳統文化基因和密碼的獨特文本，從而照亮中國文學史和文化史上一段即將沉入湮滅的陰影地帶，為中國古代文學史和文化史的研究，留存盡可能豐裕的標本、盡可能充足地刺激其更生、促其新變的資源和可能。

　　《事類賦》存世刻本資源豐富，自南宋至明清時期的刻本序跋主要從「文辭」和「學術」兩個層面對《事類賦》進行了較為客觀的評價：一方面，《事類賦》將經史事類編寫成賦，是自南北朝類書以「偶句隸事」到唐代類書「駢青妃白，排比對偶」之編寫體例的進一步融合和創新；另一方面，《事類賦》博採經史事類，賦注考證精審，不僅是士族大夫閑暇時檢討章句的案頭書，也是當時學子備考試賦的重要取資。無疑，《事類賦》博贍的典故事實與獨特的賦體形式，與當時的取士制度自相契合，這也正是此書能夠得以經世留存的重要原因之一。然而，近代學界將《事類賦》劃歸入「類書」之列的潛在共識，以及類書的工具書性質，使得《事類賦》研究一直未受到應有的重視。事實上，《事類賦》將賦與經術、文學融於一體的創作形式，正是對中國傳統類書與文學之關係進行重新審視的重要切入點。

　　因為在歷史上《事類賦》更多的時候被劃歸入類書之列，所以《事類賦》之「類」，即《事類賦》對十四部類及下屬的一百篇賦的類屬劃分及其類目順序的排列邏輯，就成了本書所關注的首要焦點。吳淑《事類賦》依循類書體例，以天地歲時為始，廣採自然珍寶與人文物象，再到花果草木與羽禽鱗蟲，體現了古人以「類」觀物、辨物、感物的認知方式。《事類賦》所賦百題，是從對經、史、子、傳、譜錄、筆記等各類典籍中的事典進行的精練與賦藝化，通過賦與賦注的結合，實現了由經到賦，再由賦轉向經的導學過程。通過與歷代辭書、類書之體例的比較研究發現：儘管《事類賦》在部類劃分和次序安排方面對前代類書有所借鑒，但有別於類書偏重所收類目的豐富和完備，而相對忽視類目之間的邏輯關聯，《事類賦》在部類劃分和類目次序的安排上，表現出遠較類書精審和嚴謹的內在邏輯。事實上，《事類賦》十四部類的劃分及其具體物類的歸屬與排序，不僅體現了中國古人「以類辨物、以禮為序」的認知邏輯和排序標準，也蘊含著一系列諸如天地精華、陰陽五行、「同氣相應、同類相從」，「應物斯感、應類而生」等獨具中國特色的傳統文化觀念。

　　具體而言，《事類賦》十四部類在整體上可以劃分為三大部分：由天部、歲時部和地部三個部類所構成的「根」目；中間從寶貨部到飲食部的五個部類，按照自然與人文兩相對照的方式，組成了與「人」密切相關的「文」目部分；最後則是八個由天地精華所共同滋養生成的部類，代表了《事類賦》的「生」目。在此當中，吳淑在「根」目的「天部」和「地部」之間插入「歲時部」；將「文」目部分的「什物部」置於「服用部」中間，從而將「服用部」

分為前後兩半；又在「生」目的「禽部」、「獸部」和「麟介部」、「蟲部」之間插入「草木部」與「果部」；並讓三大部分的首尾插入部分——「歲時部」和「草木部」「果部」之間，表現出明顯的呼應關係。凡此種種，甚至在「根」目與「生」目之間插入「文」目，都是吳淑在「以類辨物、以禮為序」的核心原則之下，在《事類賦》部類分類和編排方面所作的新創，也是《事類賦》的編目體例判然有別於傳統類書的突出特徵。

相對於類書便於查考的功用性，《事類賦》作為文學作品的屬性則較少受到重視。本書研究致力於矯正歷來研究者對《事類賦》這種認識上的偏差，有意將關注的重心偏轉到《事類賦》作為類事「賦」的文學方面。因此本書第三章重點討論的是《事類賦》之「事」與賦的「隱諫」功能。「賦」，作為源於《詩經》「六藝」之一且兼含「風」義的詩體，其從源頭之處，即內在本質地具有以「賦」為「諫」的功能。由於「賦」主要的表達方式為「鋪陳」，所以又自然決定了「賦諫」更多地是以「博採事類、隱諫於文」的「諷諫」或者「譎諫」而不是「直諫」的形式呈現。這種隱「諫」於「賦」的方式，在一定程度上也與吳淑由南唐轉仕宋朝的舊臣身份相適宜。而以「賦」為「諫」的重要依憑，就是賦中博採綜輯自經史子集、各類雜撰之中的「事」類。鑒於《事類賦》的第一閱覽者為宋太宗，所以吳淑擇取了很多有關經世治道的事類，希望規諫人君修養君德施行德政、踵武聖賢之道，且戒奢持儉、體恤百姓。當然，《事類賦》的類「事」目的還包括告誡臣子為政輔佐之道、教化百姓知禮守俗、引導子弟孝親好學等。

與《事類賦》的類「事」目的緊密相關，在第三章的開頭自然駁斥了學界有關《事類賦》創作緣起的一種說法：吳淑創作《事類賦》，是出於「自薦」的目的，希望藉此得到宋太宗的重用；而宋太宗在閱讀了吳淑進呈的《事類賦》之後，詔令吳淑為《事類賦》加注，則是帝王為了羈縻前朝舊臣而採取的一種「役心」之舉。事實上，通過考察《事類賦》的編寫背景即可知，吳淑編撰《事類賦》的最直接目的，可能僅僅在於為宋太宗閱覽卷帙浩繁的類書，提供某種解釋提要性的參考和輔助；而宋太宗之所以對《事類賦》表示讚賞，並因而詔令吳淑為之作注，則是因為博採經史的《事類賦》的編撰，適時地契合了宋太宗以「典贍」、「尚實」變革科舉辭賦的浮華風氣之決心。

本書第四章則主要聚焦《事類賦》之「賦」，對《事類賦》作為「賦」之文學屬性主要從兩條線索進行考察：一方面，在賦體發展演變的歷史中，將

《事類賦》與歷代賦體逐一進行比照，觀察每一代賦體之於吳淑《事類賦》的影響，及其吳淑對歷代賦體發展之優長或不足的主動擇取或摒棄。這一方面的考察結論是：《事類賦》的單字題與隱語式寫作可溯源至荀子賦；在句式方面兼采詩、騷體賦；就題目所包含的內容而言，與漢晉詠物題賦一脈相承；但在賦文主體的寫作形式上，則以隋唐律賦體為範式。另一方面則是對《事類賦》的篇章結構、句法特徵、韻律原則甚至遣詞用語等文體特徵展開「細讀」式的分析：《事類賦》中的一百篇賦，雖然大致遵守著一定的篇章結構，但吳淑也進行了多種結構形式的創新和嘗試，如《劍》賦，就在賦文中容納了三首五言詩。《事類賦》以嚴格的駢體賦的形式寫成，駢體賦的一個顯著特點就是多用對句。本章通過對七種類型的對句所作的詳細舉例說明，從「事對」的獨特角度，再次確證了《事類賦》似「類書」而實為「賦」的文本性質；本章特別探討了源起於唐代試賦官韻限定的賦韻「音義相合」現象。即唐代以律賦取士的「八字韻」，所限韻字，並非僅僅具有音義功能，還具備為賦題提供闡釋和概括、彰明主旨的注腳功能。受此現象深刻影響的吳淑，在《事類賦》中的用韻與換韻處理，在事實上對宋初賦文寫作中的「經義派」和「律賦派」所遭遇到的矛盾和難題，進行了某種程度地有效化解。另外，吳淑在遣詞用語之間常常流露出的作者的主觀情志、《事類賦》在重視所賦事類經世價值的同時亦注意突顯其藝文價值，也是《事類賦》作為賦之文學屬性的另一種表現。我們或許也可將《事類賦》看作吳淑在經世與藝文結合方面所進行的重要文體嘗試和創新。

吳淑受詔為《事類賦》作注，也使得《事類賦》兼具了某種類書的屬性。第五章著重考察了吳淑的《事類賦》與前後期類書的互動或曰相互作用。本章認為，中國古代類書與源自西方的現代「百科全書」式的檢索工具書相比，具有一個本質上的不同之點，即前者帶有明顯的文學特徵。而在中國古代類書從「類事」、「類文」到「事文兼採」的歷史發展脈絡中，成書於唐宋類書編撰鼎盛時期的《事類賦》，又恰好處在類書沿革中經史與文學開始發生交融的重要轉折時期。因此，《事類賦》既層累式地繼承和保存了在它之前歷代私修和官修類書的發展成果和歷史沿革的遺跡，其突出表徵出來的類書「駢偶化」與「經藝融合」的趨勢，又對在它之後出現的眾多類書，產生了較為深遠的影響，致使後者逐漸朝著博物學的方向發展。這一影響反映在私修類書上，表現為對經史中的「微物」的關注；體現於官修類書方面，則促成了諸如《永

樂大典》、《四庫全書》等類書之集大成者的最終出現。

　　雖然本書研究之初衷，僅僅在於對一個處在工具書與文學作品邊際地帶、因而相對受到忽視的兩棲文本，加以必要的關注與考察，但對狀似犬牙參差交互、又較長時期處於研究相對停滯狀態的學科交界地帶的激活，客觀上就一定會對邊界兩邊的常規研究，產生意想之外的刺激，從而可能引發若干超越常規的學術生長點。面對《事類賦》這一兼具類書與賦的屬性、但也因此在現代學術分科研究中逐漸邊緣化的重要文本，重新發掘其中所蘊含的經史文化價值和文學審美特質，也為中國古代文學史和文化史研究提供了豐富的資源參照和思維啟示。

參考文獻

一、基本文獻

1.（漢）班固，漢書〔M〕，顏師古注，北京：中華書局，1962。

2.（漢）劉安，淮南子〔M〕，高誘，注，上海：上海古籍出版社，1989。

3.（漢）劉熙，釋名〔M〕，北京：中華書局，2016。

4.（漢）劉歆，西京雜記校注〔M〕，上海：上海古籍出版社，1991。

5.（漢）毛亨，毛詩正義〔M〕，（漢）鄭玄，箋，（唐）孔穎達，疏，十三經注疏，北京：北京大學出版社，1999。

6.（漢）許慎，說文解字注〔M〕，段玉裁注，上海：上海古籍出版社，2011。

7.（漢）佚名，爾雅〔M〕，北京：中華書局，2016。

8.（南北朝）劉勰，文心雕龍注〔M〕，范文瀾，注，北京：人民文學出版社，1978。

9.（南北朝）蕭統，文選〔M〕，李善，注，北京：中華書局，2016。

10.（南北朝）謝靈運，謝靈運集校注〔M〕，顧紹柏，校注，河南：中州古籍出版社，1987。

11.（唐）白居易，（宋）孔傳，白孔六帖〔M〕，董治安等，編，唐代四大類書，北京：清華大學出版社，2003。

12.（唐）李匡乂，資暇集〔M〕，影印本，北京：中華書局，1985。

13.（唐）劉肅，大唐新語〔M〕，許德楠，注解，北京：中華書局，1984。

14.（唐）劉知幾，史通箋注〔M〕，張振佩，箋注，貴陽：貴州人民出版社，1985。

15.（唐）歐陽詢等撰，宋本藝文類聚〔M〕，上海：上海古籍出版社，2013。

16.（唐）徐堅等撰，初學記〔M〕，北京：中華書局，1962。

17.（宋）陳振孫，直齋書錄解題〔M〕，徐小蠻，顧美華，點校，上海：上海古籍出版社，1987。

18.（宋）晁公武，郡齋讀書志校證〔M〕，孫猛，校證，上海：上海古籍出版社，1990。

19.（宋）洪邁，容齋隨筆〔M〕，上海：上海古籍出版社，1978。

20.（宋）洪邁，容齋續筆〔M〕，北京：中華書局，2005。

21.（宋）洪興祖，楚辭補注〔M〕，北京：中華書局，1983。

22.（宋）李昉，等撰，太平御覽〔M〕，北京：中華書局，2000。

23.（宋）李昉，等撰，文苑英華〔M〕，北京：中華書局，1966。

24.（宋）李心傳：舊聞證誤〔M〕，崔文印，點校，唐宋史料筆記叢刊，北京：中華書局，1981。

25.（宋）王明清，揮塵後錄〔M〕，北京：中華書局，1962。

26.（宋）王應麟，玉海〔M〕，南京：江蘇古籍出版社，上海：上海書店，1987。

27.（宋）吳淑，事類賦注〔M〕，冀勤，王秀梅，馬蓉，校點，北京：中華書局，1989。

28.（宋）楊億，楊文公談苑〔M〕，黃鑒筆錄，宋庠整理，上海：上海古籍出版社，1993。

29.（宋）朱熹，楚辭集注〔M〕，蔣立甫校點，上海：上海古籍出版社，2001。

30.（宋）朱熹，詩集傳〔M〕，北京：中華書局，1958。

31.（宋）朱熹，儀禮經傳通解〔M〕，上海：上海古籍出版社，2002。

32.（宋）朱熹，周易本義〔M〕，蘇勇，校注，北京：北京大學出版社，1992。

33.（元）脫脫等撰，宋史〔M〕，北京：商務印書館，1957。

34.（元）祝堯，古賦辨體〔M〕，四庫文學總集選刊，上海：上海古籍出版社，1993。

35.（明）吳訥，文章辨體序說〔M〕，于北山，校點，北京：人民文學出版社，1998。

36.（明）徐師曾，文體明辨序說〔M〕，羅根澤，校點，北京：人民文學出版社，1998。

37.（清）陳元龍編，歷代賦彙〔M〕，影印本，南京：鳳凰出版社，2004。

38.（清）方中德，古事比〔M〕，合肥：黃山書社，1998。

39.（清）黃圖秘，看山閣閒筆〔M〕，袁嘯波，校注，上海：上海古籍出版社，2013。

40.（清）李光地，古樂經傳通釋〔M〕，汪舒旋，校訂，成都：四川大學出版社，2015。

41.（清）林聯桂，見星廬賦話校證〔M〕，何新文，佘斯大，蹤凡，校證，上海：上海古籍出版社，2013。

42.（清）劉熙載，藝概箋注〔M〕，王氣中，箋注，貴陽：貴州人民出版社，1986。

43.（清）浦銑，歷代賦話校證〔M〕，何新文，路成文，校證，上海：上海古籍出版社，2007。

44.（清）蘇輿，春秋繁露義證〔M〕，鍾哲，點校，北京：中華書局，1992。

45.（清）孫梅，四六叢話〔M〕，李金松，校點，北京：人民文學出版社，2010。

46.（清）王芑孫，讀賦卮言〔M〕，賦話六種本，香港：生活·讀書·新知·三聯書店，1982。

47.（清）汪中，述學補遺〔M〕，續修四庫全書·集部，上海：上海古籍出版社，2002。

48.（清）永瑢等撰，四庫全書總目〔M〕，北京：中華書局，1965。

49.（清）袁枚，隨園詩話〔M〕，顧學頡，校點，北京：人民文學出版社，1982。

50.（清）章學誠，文史通義〔M〕，上海：上海書店，1988。

51.（清）周亮工，書影〔M〕，上海：上海古籍出版社，1981。

二、近人論著

1. 陳慶元，賦：時代投影與體制演變〔M〕，桂林：廣西師範大學出版社，2000。

2. 程章燦，賦學論叢〔M〕，北京：中華書局，2005。

3. 方師鐸，傳統文學與類書之關係〔M〕，天津：天津古籍出版社，1986。

4. 龔鵬程,中國文學批評史論〔M〕,北京:北京大學出版社,2008。

5. 鄺健行,律賦論體,中國賦學〔M〕,許結,何新文,主編,南京:江蘇教育出版社,298～311。

6. 郭建勳,辭賦文體研究〔M〕,北京:中華書局,2007。

7. 胡道靜,中國古代的類書〔M〕,北京:中華書局,2005。

8. 胡建升,宋賦研究:權力與形式〔M〕,上海:上海交通大學出版社,2017。

9. 姜書閣,駢文史論〔M〕,北京:人民文學出版社,1986。

10. 李夢生,左傳譯注〔M〕,上海:上海古籍出版社,1998。

11. 梁啟雄,荀子簡釋〔M〕,北京:中華書局,1983。

12. 劉葉秋,類書簡說〔M〕,上海:上海古籍出版社,1980。

13. 鈴木虎雄,賦史大要〔M〕,殷石臞,譯,太原:山西人民出版社,2015。

14. 劉培,北宋初期辭賦研究〔M〕,濟南:山東人民出版社,2009。

15. 劉培,兩宋辭賦史〔M〕,濟南:齊魯書社,2019。

16. 馬積高,賦史〔M〕,上海:上海古籍出版社,1987。

17. 聶崇歧,太平御覽引得〔M〕,北京:哈佛燕京學社,1935。

18. 歐天發,賦之名實考論——賦之風比興義說,辭賦文學論集〔M〕,南京:江蘇教育出版社,1999。

19. 潛苗金,禮記譯注〔M〕,杭州:浙江古籍出版社,2007。

20. 錢鍾書,談藝錄〔M〕,北京:生活·讀書·新知三聯書店,2007。

21. 孫福軒,韓泉欣,編輯校點,歷代賦論彙編〔M〕,北京:人民文學出版社,2014。

22. 孫福軒,中國古體賦學史論〔M〕,杭州:浙江大學出版社,2013。

23. 王珂,《宋史·藝文志·類事類》研究〔M〕,杭州:浙江大學出版社,2015。

24. 王士祥,唐代應試詩賦論稿〔M〕,北京:商務印書館,2016。

25. 許結,中國辭賦理論通史〔M〕,南京:鳳凰出版社,2016。

26. 許結,賦體文學的文化闡釋〔M〕,北京:中華書局,2005。

27. 徐志嘯,歷代賦論輯要〔M〕,上海:復旦大學出版社,1991。

28. 余嘉錫,四庫提要辯證〔M〕,北京:中華書局,2007。

29. 張伯偉,全唐五代詩格彙考〔M〕,南京:鳳凰出版社,2002。

30. 張滌華，類書流別〔M〕，上海：商務印書館，1958。

31. 張瀾，中國古代類書的文學觀念〔M〕，北京：九州出版社，2013。

32. 趙含坤，中國類書〔M〕，石家莊：河北人民出版社，2005。

33. 趙逵夫，讀賦獻芹〔M〕，北京：中華書局，2014。

34. 踪凡，賦學文獻論稿〔M〕，北京：商務印書館，2017。

35. Hansen, Valerie. *Changing Gods in Medieval China, 1127～1276*, 〔M〕. New Jersey: Princeton University Press, 1999.

三、期刊文獻

1. 陳尚君，毛文錫《茶譜》輯考〔J〕，農業考古，1995（4）：272～277。

2. 程章燦，《事類賦注》引漢魏六朝賦考〔J〕，古籍整理研究學刊，2000（2）：62～64。

3. 方向東，「裘」的文化定位考察〔J〕，古漢語研究，1998（3）：85～86。

4. 劉培，《事類賦》簡論〔J〕，濟南大學學報：社會科學版，2001（5）：47～49。

5. 劉全波，何強林，《編珠》編纂與流傳考〔J〕，北京理工大學學報（社會科學版），2019，v.21，No.112（03）：189～194。

6. 彭礪志，唐宋類書中保存的書學文獻及其學術價值〔J〕，古籍整理研究學刊，2007，（6）。

7. 蒲銳志，吳淑《事類賦》體例簡介〔J〕，安徽文學：下半月，2009，0（6）：363～363。

8. 王恩保，吳淑《事類賦》用韻研究〔J〕，古漢語研究，1997（3）：15～19。

9. 許結，論漢賦「類書說」及其文學史意義〔J〕，社會科學研究，2008（5）：168～173。

10. 許結，論唐代賦學的歷史形態〔J〕，南京大學學報：哲學，人文科學，社會科學，1996（01）：43～52。

11. 楊珺，《事類賦·樂部》中「歌賦」的音樂歷史〔D〕，西南大學，2019。

12. 張金銑，韓婷，《事類賦》與《增補事類統編》所見宋清博物觀之演變〔J〕，東北農業大學學報（社會科學版），2016（3），62～67。

13. 周篤文，林岫，論吳淑《事類賦》〔J〕，文史哲，1990（5）：71～76。

14. 祝尚書，論賦體類書及類事賦〔J〕，四川大學學報（哲學社會科學版），2008（5）：78～84。

15. （日）松尾幸忠，唐代の類書における詩跡的觀點について，中國文學研究，2003（29）：25～39。

附錄一：《宋史・文苑列傳・吳淑傳》

（卷 441，第 37 冊，第 5300 頁）

　　吳淑字正儀，潤州丹陽人。父文正，事吳，至太子中允。好學，多自繕寫書。淑幼俊爽，屬文敏速，韓熙載、潘祐以文章著名江左，一見淑，深加器重。自是每有滯義，難於措詞者，必命淑賦述，以校書郎直內史。

　　江南平，歸朝，久不得調，甚窮窘。俄以近臣延薦，試學士院，授大理評事，預修《太平御覽》、《太平廣記》、《文苑英華》。一日，召對便殿，出古碑一編，令淑與呂文仲、杜鎬讀之。歷太府寺丞、著作佐郎。始置秘閣，以本官充校理。嘗獻《九弦琴五弦阮頌》，太宗賞其學問優博。又作《事類賦》百篇以獻，詔令注釋，淑分注成三十卷上之。遷水部員外郎。至道二年，兼掌起居舍人事，預修《太宗實錄》，再遷職方員外郎。

　　時諸路所上《閏年圖》，皆儀鸞司掌之，淑上言曰：『天下山川險要，皆王室之秘奧，國家之急務，故《周禮》職方氏掌天下圖籍。漢祖入關，蕭何收秦籍，由是周知險要。請以今閏年所納圖上職方。又州郡地里，犬牙相入，向者獨畫一州地形，則何以傅合他郡？望令諸路轉運使，每十年各畫本路圖一上職方。所冀天下險要，不窺墉而可知。九州輪廣，如指掌而斯在。』從之。會詔詢禦戎之策，淑抗疏請用古車戰法，上覽之，頗嘉其博學。咸平五年卒，年五十六。

　　淑性純靜好古，詞學典雅。初，王師圍建業，城中乏食。里閈有與淑同宗者，舉家皆死，惟存二女孩。淑即收養如所生，及長，嫁之，時論多其義。有集十卷。善筆札，好篆籀，取《說文》有字義者千八百餘條，撰《說文五義》三卷。又著《江淮異人錄》三卷、《秘閣閒談》五卷。

　　子安節、讓夷、遵路皆進士及第。遵路官至祠部員外郎、祕閣校理。

附錄二：《進注事類賦狀》

（《事類賦注》，第 2 頁）

　　右，臣先進所著《一字題賦》百首，退惟蕪累，方積兢憂，遽奉訓辭，俾加注釋。伏以類書之作，相沿頗多，蓋無綱條，率難記誦。今綜而成賦，則煥焉可觀。然而所徵既繁，必資箋注，仰聖謨之所及，在陋學以何稱。今並於逐句之下，以事解釋，隨所稱引，本於何書，庶令學者知其所自。又集類之體，要在易知，聊存解釋，不復備舉，必不可去，亦具存之。凡讖緯之書，及謝承《後漢書》，張璠《漢記》、《續漢書》、《帝系譜》，徐整《長曆》、《玄中記》、《物理論》之類，皆今所遺逸，而著述之家相承為用，不忍棄去，亦復存之。前所進二十卷，加以注解，卷秩差大，今廣為三十卷，目之曰《事類賦》。乏張華之博物，叨預升聞；謝陸賈之著書，敢期稱善。徒傾鄙思，曷副宸心。伏乞皇帝陛下，俯錄微能，特紆睿覽。苟乾坤之施，不遺羭狗之微，則鉛槧之勤，庶耀縑緗之末。冒黷斧扆，兢惶載深。

附錄三：《四庫全書總目・子部・類書類・事類賦》

（卷 135，第 1144 頁）

　　事類賦三十卷（內府藏本）宋吳淑撰、并自注。凡天部三卷、歲時部二卷、地部三卷、寶貨部二卷、樂部一卷、服用部三卷、什物部二卷、飲食部一卷、禽部二卷、獸部四卷、草木部果部鱗介部各二卷、蟲部一卷。朱澹遠《語對》十卷、《對要》三卷、《群書事對》三卷。是為偶句隸事之始。（然今盡不傳）唐以來諸本駢青妃白，排比對偶者，自徐堅《初學記》始。鎔鑄故實、諧以聲律者，自李嶠單題詩始。其聯而為賦者，則自淑始。淑本徐鉉之婿，學有淵源。又預修《太平御覽》、《文苑英華》兩大書，見聞尤博。賦既工雅，又注與賦出自一手，事無舛誤。故傳誦至今。其精審益為可貴，不得以習見忽之矣。

致　謝

　　此書原為我的中文系博士畢業論文，雖然遠不及宋人刻楮，但從確立《事類賦》作為研究選題到論文完成的這三年期間，特別是在研讀《事類賦》的過程中，我對古人治學如刻楮之精神實深有所感。在此書即將付梓出版之際，我希望向各位曾給予多番指導和建議的老師們致以誠摯的謝忱。首先想要特別感謝的是我的兩位博士生導師：龔鵬程教授和王麗麗教授。在論文的選題和初期寫作階段，龔老師都提出了很多方向性的建議，如文獻版本選擇、論文切入角度與潛在的延伸方向等。在論文寫作的瓶頸期，特別感謝王麗麗老師的不斷鼓勵和督促，才使得此論文能循序漸進，一步步趨於完善。在論文的整體框架調整、章節要點的提煉和文獻格式修正等方面，王老師都提出了很多具體的建議和學術指導，引導我進行反覆修正。每篇博士論文的最終完成，和導師的學術督導作用都是密不可分的。在此，我想向兩位導師表示最誠摯的謝意。

　　從最初的選題、預答辯到答辯審閱的過程中，此篇論文的逐步完善也深深受益於北京大學中文系文藝學教研室的各位老師和校內外專家的評閱建議。在選題報告時，中文系劉永強老師、楊鑄老師和柳春蕊老師等都從不同角度提出了對標題設定和章節建構等方面的指導意見。在預答辯報告中，文藝學教研室的王岳川老師、周興陸老師和時勝勳老師等都特別強調了從文藝學專業的角度進行理論提升的重要性。得益於各位校內外老師的評閱意見，我在不斷修正和完善論文的過程中才能及時收到各種反饋，在此亦謹致謝忱。在中文系研修期間，我也深深感受到師門的力量，和一直以來家人們的支持。感謝一路走來，總有家人和師友們相伴同行。

　　最後，需要特別致謝的是曾為此書研究提供了啟發性思考的前輩學者們。關於《事類賦》的研究文獻並不多，但事實上在各種賦論或類書文獻中都多有提及此書。循著前人隱約可見的足跡，我也希望在未來的研學道路上能一直保持學術勇氣，篤實前行。